U0132462

敦煌
石窟全集

敦煌

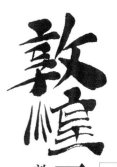

石窟全集

敦煌研究院主編

13

圖案卷

本卷主編　關友惠

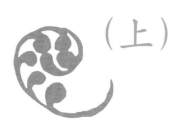

（上）

商務印書館

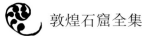
敦煌石窟全集

主編單位 …………… 敦煌研究院

主　編 …………… 段文杰

副主編 …………… 樊錦詩（常務）

編著委員會（按姓氏筆畫排序）
主　任 …………… 段文杰　樊錦詩（常務）
委　員 …………… 吳　健　施萍婷　馬　德　梁尉英　趙聲良

出版顧問 …………… 金沖及　宋木文　張文彬　劉　杲　謝辰生
　　　　　　　　　　羅哲文　王去非　金維諾　周紹良　馬世長

出版委員會
主　任 …………… 彭卿雲　沈　竹　劉　煒（常務）
委　員 …………… 樊錦詩　龍文善　黃文昆　田　村
總攝影 …………… 吳　健
藝術監督 …………… 田　村

圖案卷 （上）

主　編 …………… 關友惠

攝　影 …………… 張偉文
綫　圖 …………… 關友惠

封面題字 …………… 徐祖蕃

出版人 …………… 陳萬雄
策　劃 …………… 張倩儀
責任編輯 …………… 田　村
設　計 …………… 呂敬人
出　版 …………… 商務印書館（香港）有限公司
　　　　　　　　　香港筲箕灣耀興道 3 號東滙廣場 8 樓
　　　　　　　　　http://www.commercialpress.com.hk
製　版 …………… 中華商務彩色印刷有限公司
　　　　　　　　　香港新界大埔汀麗路 36 號中華商務印刷大廈
印　刷 …………… 中華商務彩色印刷有限公司
　　　　　　　　　香港新界大埔汀麗路 36 號中華商務印刷大廈
版　次 …………… 2017 年 4 月第 1 版第 2 次印刷
　　　　　　　　　© 2003 商務印書館（香港）有限公司
　　　　　　　　　ISBN 978 962 07 5286 5

版權所有，不准以任何方式，在世界任何地區，以中文或其他任何文字，仿
製或轉載本書圖版和文字之部分或全部。

© 2003 The Commercial Press (Hong Kong) Ltd.

All rights reserved. No part of this publication may be reproduced, stored in
retrieval system, or transmitted in any form or by any means, electronic,
mechanical, photocopying, recording, and /or otherwise without the prior
written permission of the publishers.

All inquiries should be directed to:
The Commercial Press (Hong Kong) Ltd.
8/F., Eastern Central Plaza, No.3 Yiu Hing Road, Shau Kei Wan, Hong Kong

前　言

莊嚴佛窟的智慧之花

　　敦煌是中原通往西域的重鎮，也是佛教東入中原的門戶。由於佛教文化的介入，為敦煌傳統藝術帶來了新的因素，使之成為中原與西域藝術交融的產物。在敦煌石窟藝術中，圖案是重要的組成部分，石窟沒有裝飾，就不能展示其威嚴華美。圖案在石窟裝飾中具有獨立形態，它像一條精美的紐帶，把石窟的建築、壁畫、塑像聯結成一個風格統一的有機整體。敦煌地處大漠戈壁，特殊的自然環境，使繪飾於莫高窟、榆林窟、西千佛洞等處五百餘窟的圖案保存完好，這在現存佛教石窟中是獨一無二的。這些圖案不僅紋樣豐富，色彩絢麗，而且承繼關係明確，發展脈絡清晰。從這個意義上講，敦煌石窟不僅是一座畫庫，還是一部裝飾藝術的圖典。

　　“圖案”一詞，是20世紀初由國人學子從日本引入的，在美學上泛指為美化物體施行的裝飾，它包括紋樣、符號、色彩以及器物造型等。圖案不同於繪畫，它的藝術形象是經過抽象、異化了的，並且大多在幾何圖形的基礎上進行了規範。圖案在傳統上稱為“藻飾”、“紋樣”。有些紋樣隨着民族文化屬性有它特定的寓意，如中國人因蓮花諧“連”音，借以表示“連綿不斷”，而佛教中的蓮花則是象徵“聖潔”。

　　敦煌石窟的圖案裝飾是以佛教內容為中心的，佛經中頌揚自然界的美好，倡導對飛禽走獸賦予愛心，並認為天堂就是充滿愛的淨土。為了裝點這片人們理想中的淨土，各種人間美麗的圖案幾乎填充了洞窟中所有的空白，人字坡上花香鳥語、天人飛翔，平棊佈滿蓮花綠池，藻井化為帝王的傘蓋，佛的背光燃燒着永不熄滅的火燄，不一而足。石窟仿照廟堂之華麗進行裝飾，誠如三國時期何晏在《景福殿賦》中所說：“不壯不麗，不足以一民而重威靈。不飾不美，不足以訓後”。中國宮殿的這一裝飾宗旨，與佛陀的“天上天下，唯我獨尊”思想是一致的。

　　依照圖案在石窟中的裝飾部位及性質，可分為建築、服飾、佛具器物、一般裝飾四大類。建築圖案包括石窟內的人字坡、平棊、藻井，石窟外的木構窟簷，乃至壁畫中建築物的裝飾。服飾圖案是繪在塑像、壁畫人物上的紋飾。佛具圖案包括佛龕楣飾、佛頂華蓋、佛座、佛和菩薩背光、供佛陳設。一般裝飾圖案主要是繪在建築、壁畫及各部分之間的帶狀邊飾。本卷涉及的主要是窟頂建築、佛具圖案和邊飾紋樣，木構建築、壁畫建築中的紋樣不包括在內。

敦煌地區文化的多樣性，極大地豐富了紋樣的題材、內容和繪製技法。紋樣可分為花草、禽獸、雲氣、火燄、幾何、金釭等種類，每一種類都表現出旺盛的生命力，記錄下圖案的演化過程。紋樣構成形式，有單獨紋樣、適合紋樣、角隅紋樣、帶狀紋樣、二方連續和四方紋樣等，可以說敦煌石窟圖案囊括了通常所見裝飾中的所有形式。

敦煌石窟圖案分為四個歷史時期，即北朝（公元421～581年）、隋（公元581～618年）的圖案收在上卷，唐（公元619～907年）、五代至元（公元907～1368年）的圖案收在下卷。由於時代不同，石窟形制不同，窟內圖案分佈及紋樣也隨之變化。

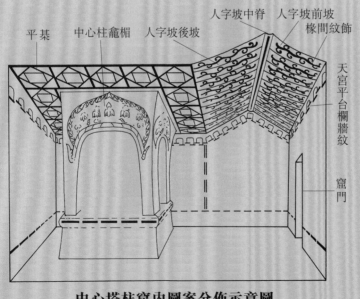

平棊　　中心柱龕楣　人字坡後坡　人字坡中脊　人字坡前坡　椽間紋飾

天宮平台欄牆紋

窟門

中心塔柱窟內圖案分佈示意圖

北涼、北魏、西魏至北周，這裏統稱為北朝。北朝時期的敦煌石窟圖案，初期多受西域影響，北魏滅北涼之後，佛事重心東移魏都平城（今山西大同）、洛陽（今河南洛陽），隨之

受到中原石窟藝術的影響，形成
了西域、中原與敦煌多種藝術因
素相融合為特徵的北朝圖案。北
朝石窟的中心塔柱式窟形，是仿
效中國廟堂建築與印度支提式窟
形而營造的。窟頂前部作人字坡
形起脊，以帶狀連續紋飾示意
脊、枋、簷、柱，圓椽和斗栱均
仿真實建築畫金釭紋和雲氣紋，
一座起脊式屋頂構架全用帶狀連
續紋構築起來。窟頂後部的平頂

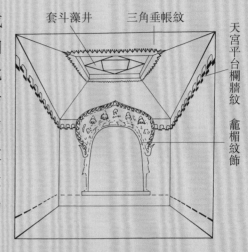

覆斗頂窟窟內圖案
分佈示意圖

上繪套斗（疊澀）方井，連續成如同殿堂頂部的平棊。有趣的是，窟頂
構架是仿中原殿堂式建築，而所繪紋樣則多是西域的，圖案與建築在石
窟裝飾中得到完美的結合。以表現建築形象為主旨，是北朝石窟圖案的
特徵。

　　北朝圖案具有優美的西域風貌和淳樸的漢畫神韻，紋樣中除雲氣
紋、金釭紋是中原傳統紋樣外，其餘均為西域紋樣。紋樣在組合中各有
一定的範圍與部位，如圓輪形蓮荷紋主要繪於窟頂平棊套斗方井中，纏
枝蓮荷紋主要繪飾在佛龕龕楣和窟頂人字坡的條椽之間。火燄紋是專用
於佛背光的紋樣。忍冬紋、幾何紋、雲氣紋繪飾最多，是築構窟頂人字
坡屋架，平棊裝飾的基本紋樣。每種紋樣又有多種樣式，同一樣式又有
不同顏色變化，在組合中變現着不同的節奏和韻律。

　　隋王朝重視開拓西北邊疆。文帝詔令各地廣建塔寺，仁壽元年（公
元601年）僧智疑奉旨送舍利到瓜州（敦煌）崇教寺（莫高窟）建塔入
藏。煬帝親巡河西至張掖，設市貿易，會見西域二十七國國王使節，士
女盛裝觀禮，人眾長達數十里。王室的活動對敦煌石窟的營建無疑有推

動作用，畫師工匠的視點由西域轉向中原也是理所當然的，中原石窟、陵墓雕飾、絲織物上的紋樣都成為敦煌石窟裝飾仿效的樣本。北朝的中心塔柱窟為新的覆斗頂窟所取代，平棊圖案為新的華蓋形藻井所取代。隋代藻井圖案題材豐富，形象華麗。突出的圖案有三兔蓮荷紋、纏枝忍冬蓮荷紋、聯珠紋、翼獸神像紋、葡萄藤紋、菱格獅鳳紋和新型忍冬紋等。三兔蓮荷紋是單獨紋樣，繪於藻井中心。纏枝忍冬蓮荷紋以蓮荷摩尼寶、伎樂化生組成，是佛龕龕楣、藻井方井的主紋樣。聯珠紋有騎士鬥獸、對馬、翼馬、鳳鳥、蓮花多種樣式，多是二方連續邊飾，繪於佛龕口沿上。新的忍冬紋形象纖巧秀麗，是藻井四邊三角垂帳的主紋飾。這些具有中亞粟特藝術風貌的紋樣，北魏時已傳入中原，並逐漸中國化，隋代統一南北之後，隨着開拓西北邊疆的形勢，西返回流，構成了以藻井圖案為代表的隋代裝飾特色。

　　唐代是敦煌藝術的鼎盛時期，以藻井紋飾為代表。紋樣主要是蓮花、捲草紋，裝飾繁縟，色彩鮮豔，給人富麗堂皇的感覺。裝飾紋樣中的花卉、禽獸紋圖案達到全盛期。

　　五代及宋代，藻井多以團龍、鳳鳥為主紋飾，服飾圖案也很有特色。西夏及元代，圖案多受北方遼、宋和藏傳佛教裝飾影響，以牡丹、鳳鳥和神獸紋為特徵。

　　敦煌石窟圖案歷時千年，內容極為豐富，紋樣有來自印度的、波斯的、中亞的、西域和中國傳統的，諸多紋樣在這裏交流融合，發展變化，形成具有敦煌特色的裝飾圖案。這些圖案有少數或在歷史文獻中有所記載，或在考古遺物中依稀可辨，但有些是在別處尚未見到的。它既是研究古代圖案的珍貴檔案，也為發展現代藝術提供了豐厚的紋樣資料。這些反映古代文明的圖案，通過設計師、工藝家之手應用於建築、織物、印染以及裝飾工程，在當代生活中繼續閃耀着瑰麗的光彩。

目　錄

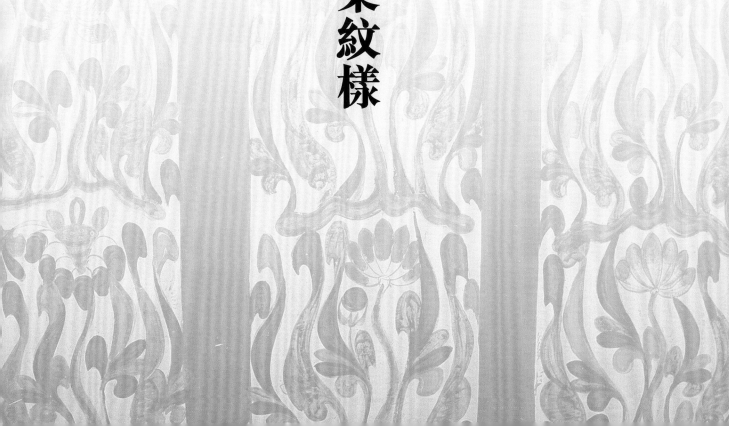

北朝：莊重樸實的建築紋樣

（公元 421～581 年）

　　敦煌石窟中現存最早的洞窟為北涼時期（公元421～439年）所建，計有三窟，圖案紋樣只有第272窟保存比較完整，其餘多已模糊不清。其整體藝術風格受到西域和中原文化的雙重影響。由於窟形各異，圖案佈飾也隨之變化，一個是長方形平頂，塑繪平棊；一個是方形近似穹隆頂，塑繪藻井；一個是縱長盝頂，四坡塑繪圓椽。

　　北魏時（公元439～531年）圖案形象樸實、莊重，氣勢恢弘。北魏中期，文成帝詔令復法，河西各地繼續建窟造像。莫高窟建造了第251、254等開鑿規範、形制相同的中心塔柱窟。這是一種圖案裝飾與窟形結合完美的仿木結構殿堂型石窟，窟頂前部為人字坡形屋頂，後部平頂，圖案以帶狀邊飾示意脊檁、簷枋、立柱、橫枋，構成窟頂平棊，圓椽和斗栱模仿實物建築施行彩繪。中心柱象徵佛塔，四面有佛龕，龕楣圖案亦如建築塔門的雕飾。石窟猶如用圖案邊飾搭建的木構殿堂。紋樣主要是來自西域的圓輪形蓮花、忍冬、幾何、火燄紋和中原的雲氣紋、金釭紋，西域與中原組合的紋樣有忍冬蓮荷紋。

　　北魏末至西魏（約公元525～557年）初，紋樣華麗，風姿瀟灑，富於生命的活力。此時，東陽王元榮任瓜州刺史，他崇信佛教，並出資修建了一座大窟，帶來了以第249、285覆斗形石窟為代表的中原風格，出現了新的忍冬紋、蓮荷紋和龍鳳禽鳥紋，以及表示華蓋的新藻井式樣。

　　北周（公元557～581年）是中心塔柱窟的平棊、人字坡圖案向覆斗頂窟藻井圖案轉化的時期。此時，又有瓜州刺史建平公于義出資建窟造像之舉，修建了以428窟為代表的諸多石窟。隨之東魏、北齊佛教造像雕刻中的禽鳥、摩尼寶、忍冬蓮荷紋、火燄紋與具有中亞粟特藝術風格的忍冬紋、齒條形火燄紋一並進入敦煌石窟，這是北周圖案紋樣的一個重要特徵。在平棊圖案中大量使用白色，彌補上好顏料的缺乏，利用白色與紅色強烈的對比加強形象的感染力，是北周圖案色彩的重要特徵。隨着北朝歷史的終結，平棊、人字坡圖案也為藻井圖案所代取。

第一節　平棊圖案

　　平棊是古代宮殿內頂部的裝飾，俗稱“天花板”、“承塵”。其單元結構是四條木板結成一個方井形，方井之內再交錯套疊方井，方井中央飾一蓮荷，即古建築中所說“交木為井，反植荷蕖”。若干方井相連裝飾於屋頂，即為平棊，或稱之為斗四方井套疊平棊、抹角疊砌平棊。考古出土的河南洛陽王莽時期(公元1世紀初) 以及山東沂南、日照和四川樂山的東漢 (公元2世紀末) 墓室頂部已

展現出畫像磚和石雕的方井套疊平棊。

　　敦煌北朝平棊圖案主要繪在中心塔柱窟內，窟頂前部為人字坡形，後部為平頂，即繪製平棊的部位。有人字坡的中心塔柱窟，現知較早的在甘肅武威天梯山石窟，即涼州石窟。繪有平棊圖案的石窟，除敦煌外，另有甘肅酒泉文殊山石窟和新疆高昌的石窟，兩處石窟是敦煌東、西近鄰，但中心塔柱窟窟頂前部沒有人字坡，繪製時間也略晚，就其

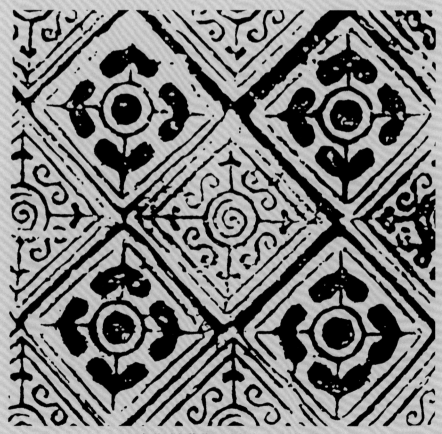

河南鄭州漢代四瓣花紋畫像磚

圖案裝飾的整體性質而言，也沒有敦煌石窟平棊圖案仿殿堂建築性強烈，只有山西大同雲岡石窟第7、8、9、10窟的平棊結構與敦煌相近，但囿於石雕，不能細繪。阿富汗巴米羊石窟和新疆龜茲石窟也有套斗疊砌方井裝飾，雕繪在穹隆形窟頂上，有所不同，屬中亞石窟系統。所以，敦煌北朝平棊圖案值得特別重視。

敦煌北朝平棊圖案，是以北朝的各種紋樣和邊飾組合而成的，是北朝圖案之大成。平棊圖案有泥塑彩繪與平面彩繪兩種。泥塑彩繪的現存只有北涼時期的第268窟，這個長方形平頂小型禪窟窟頂為斗四方井平棊，彩繪紋樣雖有脫落，大致仍可辨識。方井中的大蓮花，花瓣比較稀疏。方井邊飾隱約可見忍冬紋。與之同期的第275窟是一個長方形佛堂窟，窟頂正中為殘破的縱長平頂，四邊為斜坡形，坡面殘存泥塑半圓椽形。依據北魏晚期的第248窟窟頂實例推測，第275窟窟頂正中也應是一條泥塑彩繪斗四方井平棊圖案。泥塑彩繪平棊及側壁上的闕形佛龕，表現出早期石窟圖案模仿殿堂建築裝飾的特點。

中心塔柱窟內的平面彩繪平棊圖案現存十多窟。較早的以第251、254、257、259諸窟為代表，時當北魏中期。石窟窟體較大，開鑿規整，窟頂前部人字坡坡面較長，泥塑脊檁和簷枋下兩端壁上裝有木質斗栱，後部平棊繞中心塔柱一週。平棊方井邊飾皆土紅色，構成平棊整體紅色基調，反映傳統建築崇尚紅色的觀念。聯接各方井兩側的邊飾，各段不同紋樣的地色也各不相同，使之產生縱向的節奏變化和橫向的總體平衡。方井中的大圓蓮花在佛教中是"淨土"的象徵，在建築上又有"以厭火祥"的寓意。隨着時光的流逝，色變墨落，大蓮花粗而密集的蓮瓣和綠池中細密的水紋，只能仔細去辨識了。留給今日的大蓮花是黑褐、灰白、淡赭色大色環，在綠色方池中與土紅色方井形成的冷暖色彩對照，方圓套疊的律動美仍強烈地感染着觀者。方井套疊形成的三角形空間分別繪飛天、忍冬蓮花和摩尼寶光燄紋，這些佛界的天人、天花，源自諸天供養佛時虛空普雨天花，在這裏屈就於方井中的狹小空間。中原式殿堂平棊構架與西域式的佛教紋樣得到完美組合。嚴謹的圖案格律佈紋、鋪色，使平棊具有應有的莊嚴，天人、天花紋樣的插入又為之注入了神秘、祥和的情緒。

圖案構成法則不能違背，而應用卻是機巧的。第257窟平棊上殘存一個方井，井中是一幅四裸人環繞蓮池游水圖，蓮枝花葉分佈均衡，也頗有圖案之美。第268、254、260窟平棊中都有多餘的半個方井空間，畫工把它改為兩個小方井，繪兩個游泳人、兩個飛天。這

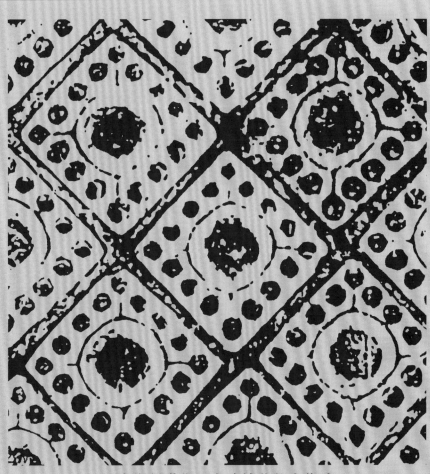

河南鄭州漢代四方連續花紋畫像磚

種小插曲因其佈局是對稱的，紋樣是同類的，因而圖案整體也是協調的，並使觀者增加了觀賞的興致。

北魏晚期到西魏，敦煌藝術出現新的繁榮。石窟營造由前期的單一中心塔柱窟形向多類型窟變化，新出現覆斗形窟頂。中心塔柱窟窟體也不像前期那麼寬闊高大，人字坡坡面也被縮短，屋脊簷枋兩端已無斗栱。有些窟內人字坡後坡簷枋直接中心塔柱，塔柱前已無平棊。石窟仿木構殿堂建築的特性明顯淡化了。平棊圖案日漸追求華麗，傳統的雲氣紋已經消失，代之以新的動物紋樣。天上的龍，花間的鳳鳥躍於邊飾之上，白鵝游於方井綠池之中。連續方井的角隅空間全塗以白色，紋樣或是飛天，或是化生，色調明亮，面貌一新。方井之間的節奏感減弱，平面整體感卻增強了。這種變化與北魏宗室元榮此時來敦煌任瓜州刺史，並直接參與建造石窟佛事活動，帶來中原文化影響有關。

北周以後，窟頂多為覆斗形，中心塔柱窟行將消失，平棊圖案也進入了晚期，第428窟平棊圖案為其代表。這是一個特大型窟，有平棊三十方，為北朝平棊圖案之最。方井邊飾紋樣種類已經減少，只有忍冬紋、幾何紋和虎紋。方井四角繪飛天和摩尼寶光燄紋。顏料和顏色也有變化，明亮的石綠色已不使用，瑩藍的石青色也為灰藍色所取代，這無疑是因為顏料的來源地發生變化。為了加強色彩、色調的對比度，大量使用白色，方井邊飾的邊框全塗以白粉，邊飾紋樣以白色相間，使同一形象紋樣產生節奏變化。同時也增強了平棊圖案的整體感。圖案中大量使用白色，這和窟內壁上的人物畫是一致的，人物面部鼻、眉、下頜均畫一筆白粉，強調局部的凸出感。這是受西域繪畫凹凸技法的影響。據研究，此窟窟主很可能即是建平公于義，他任瓜州刺史期間（公元558～560年），在莫高窟修建了一座大窟。北周與突厥及西域諸國交往甚密，于義帶來了中原張僧繇“面短而豔”的人物畫像，也迎來了西域凹凸畫風。

隨着中心塔柱窟的解體，平棊圖案也就從此消失了。

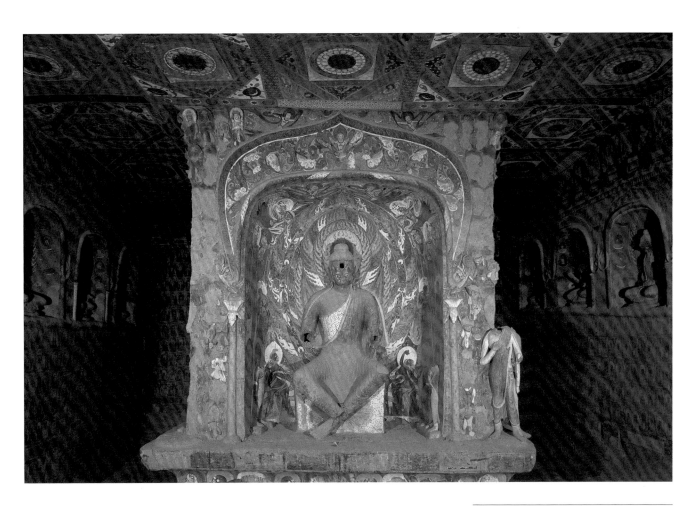

1　中心塔柱窟內景

窟中心有方柱式佛塔，四面開佛龕，佛
像背後繪火燄紋背光圖案，龕口外沿上
部繪龕楣圖案，兩側塑繪龕柱。窟頂後
部為平頂，上繪方井套（斗）疊（澀）
平棊圖案。

北魏　莫254

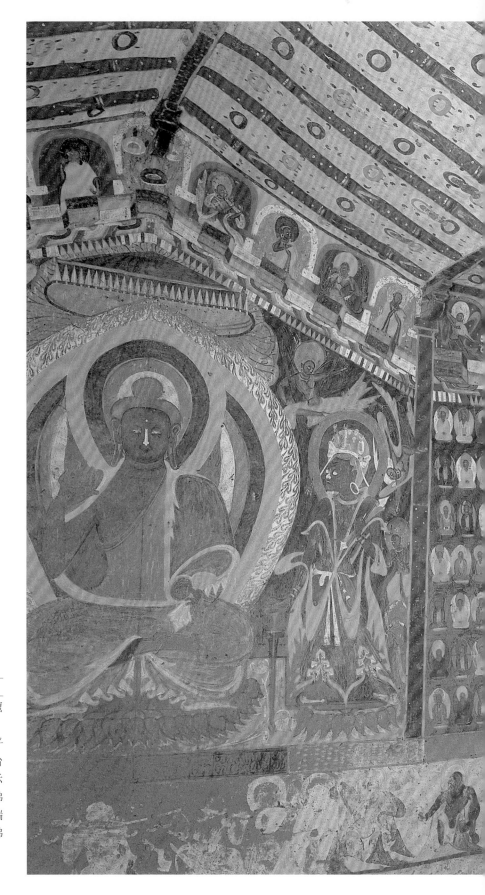

2 中心塔柱窟內景

窟形及圖案均仿木構殿堂建築形式，窟
頂前部為人字坡形，泥塑脊檁、圓橡、
簷枋，枋兩端有斗栱。窟頂後部為平
頂，繪平棊。四壁上部為天宮伎樂平台
欄牆，豎條邊飾示意立柱，橫條邊飾示
意橫枋。中心柱示意塔，四面各有佛
龕，龕額繪有龕楣，正面佛龕楣樑兩端
各有一泥塑彩繪龍立於龕柱上。龕內佛
像繪有背光。龕台沿繪邊飾。

北魏 莫251

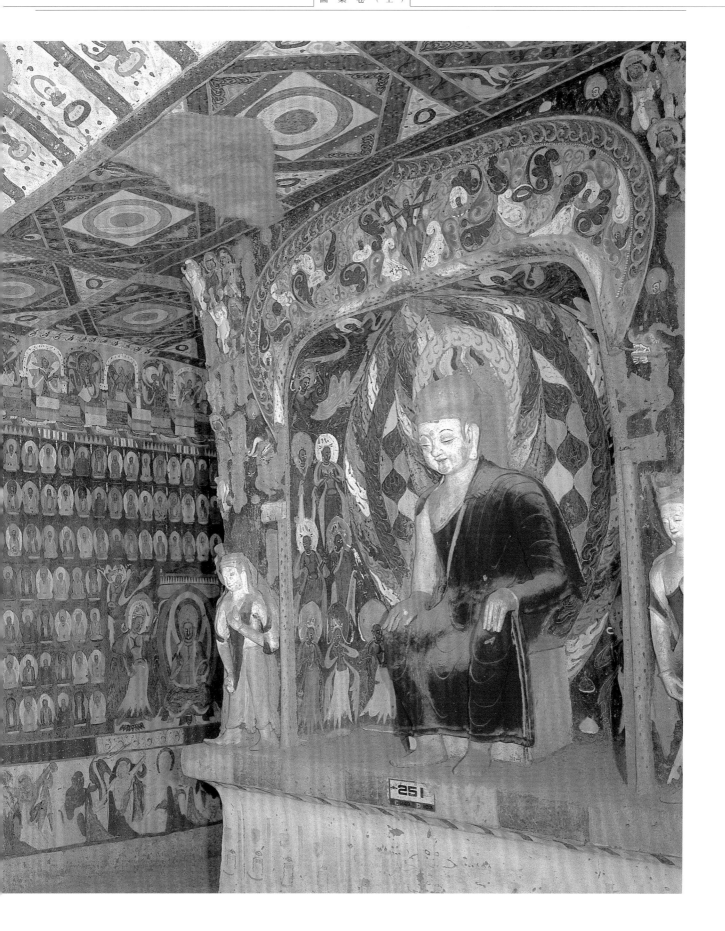

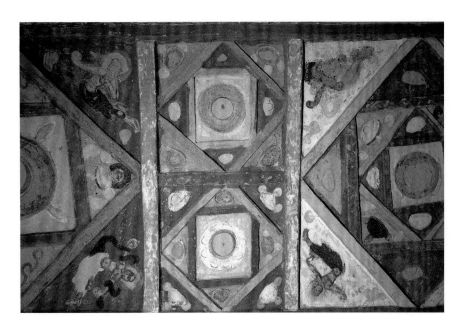

3 泥塑彩繪套斗平棊

窟頂平棊由三個大方井和兩個小方井組成。其中一個大方井為三重套疊，外層四角繪飛天、蓮花化生童子、摩尼寶。另一個為五重套疊，四角繪飛天、蓮花。兩個小方井均為三重套疊，四角繪蓮花。方井邊飾多已脫落不清，僅留有忍冬紋殘跡。

北涼 莫268 窟頂

4 蓮花飛天紋平棊

方井中心繪圓輪形大蓮花，兩個方井外層四角繪飛天和摩尼寶，另兩個方井四角繪蓮花和摩尼寶。邊飾紋樣分別為忍冬單葉連續紋、菱格紋、雲氣紋、散點小花紋。色彩以土紅為地色，紋樣以綠、白、黑色相間，色調熱烈鮮明。方井邊飾均以綠色塗邊，增加整體感。

北魏 莫251 窟頂

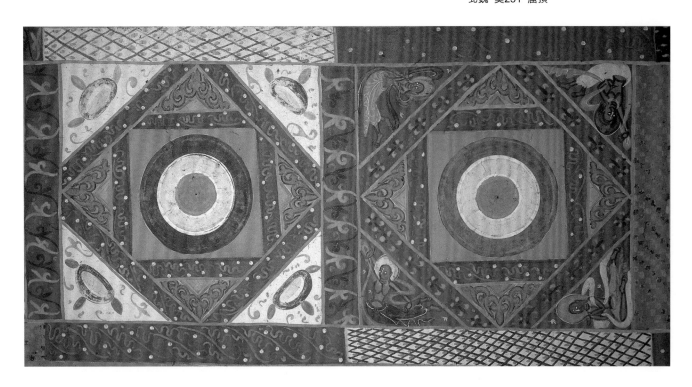

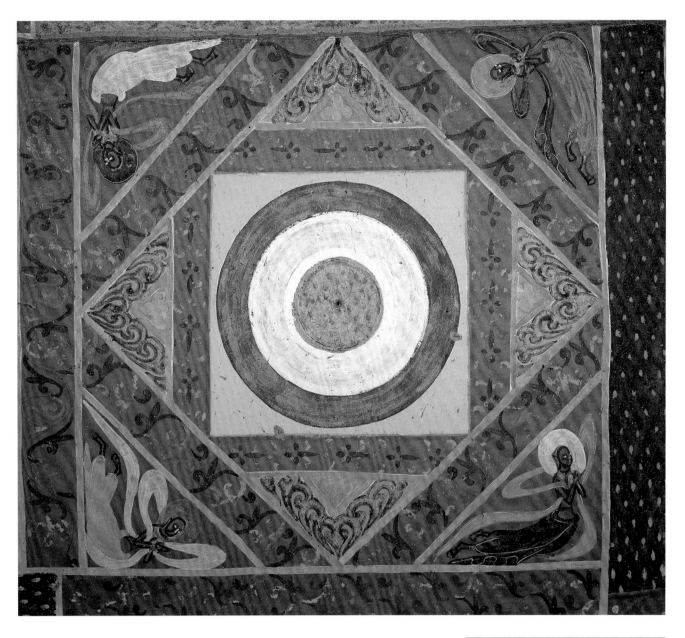

5　蓮花飛天紋平棊

方井中心蓮花的花瓣色綫均已脱落，呈
色環狀。方井外層四角的飛天均為雙手
合十，同向飛行，飛天長裙顏色各異，
以求變化。方井邊飾為忍冬單葉連續
紋、忍冬四葉連續紋、散點小花、菱格
紋。

北魏　莫251　中心柱東

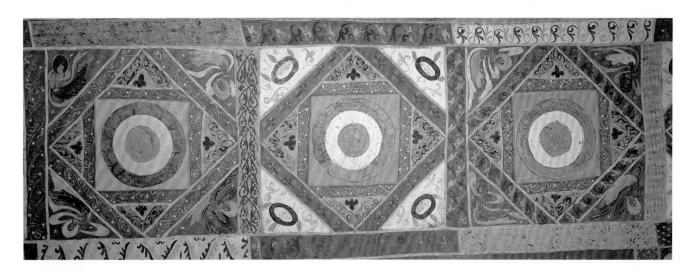

6 蓮花飛天紋平棊

方井中心繪蓮花，內層邊飾為雲氣紋，
中層為忍冬單葉連續紋和散點小花紋。
外層繪忍冬單葉連續紋、忍冬雙葉套聯
紋、忍冬四葉連續紋、菱格紋。外層四
角分別繪飛天、蓮花和摩尼寶火燄紋。
北魏 莫251 中心柱南

7 蓮花飛天紋平棊

方井中心的蓮花花瓣密集，內層邊飾為
雲氣紋、中層為忍冬單葉連續紋、外層
為斜方格紋和波綫網狀小花連續紋。外
層四角繪飛天雙手合十飛行。顏色經後
世煙熏變色。
北魏 莫254 中心柱東

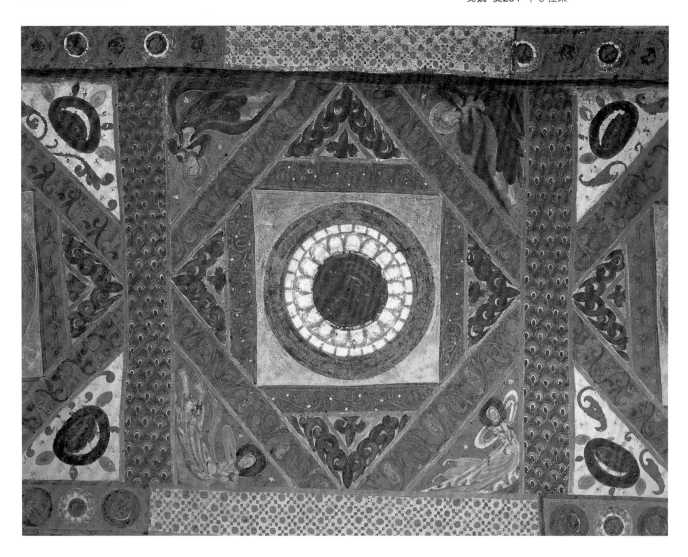

8 蓮池游水紋平棊

池中蓮花朵朵，水禽浮游，四個裸體人
張臂擊水，繞蓮花暢游。外層四角飛天
與池中人內外相應。方井邊飾有雲氣
紋、散點小花、波綾網狀小花連續紋。

北魏 莫257 中心柱東

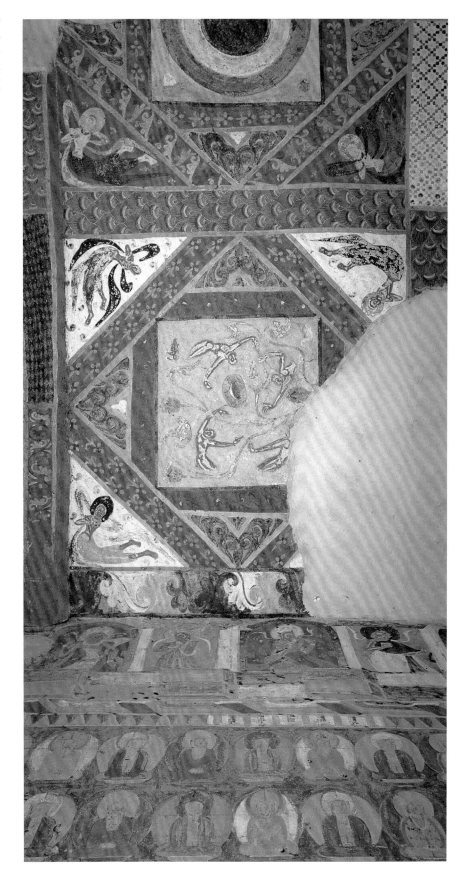

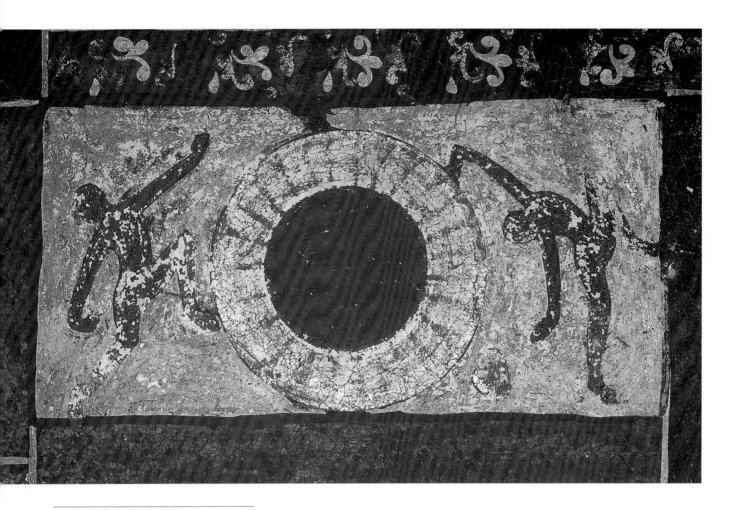

9 蓮池游水紋平棊

在平棊兩個方井之間的空檔處，繪長方
形蓮池，兩裸人繞蓮花游水，表現出一
種奮力拼搏的動感。畫面因後世煙熏變
色。

北魏 莫260 中心柱北

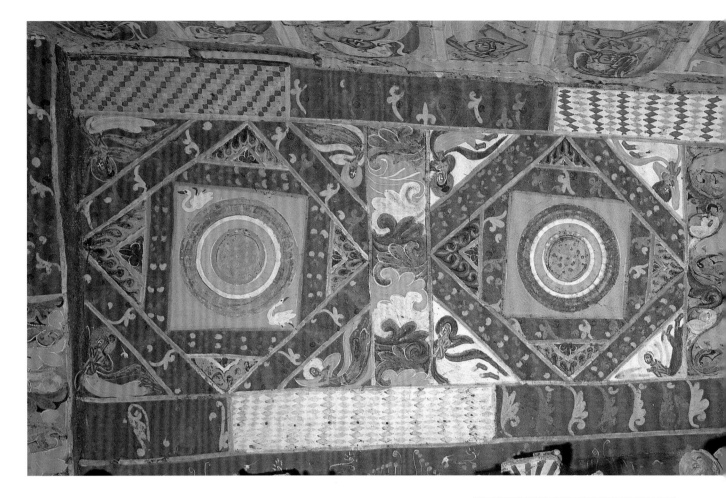

10 蓮池白鵝紋平棊

方井邊飾的紋樣分別是忍冬單葉波狀紋、散點小花、雙葉桃形藤蔓忍冬紋、雙葉藤蔓分枝回捲忍冬紋、菱形紋、方格紋，外層四角繪飛天和摩尼寶火燄紋。其中兩個方井紋樣組合相同，中間一個方井紋樣排列正與之相反，這是平棊整體組合中的相間排列法。一個方井蓮池中繪有兩隻白鵝，這在敦煌西晉墓室藻井中已有先例。

北魏—西魏 莫435 中心柱北

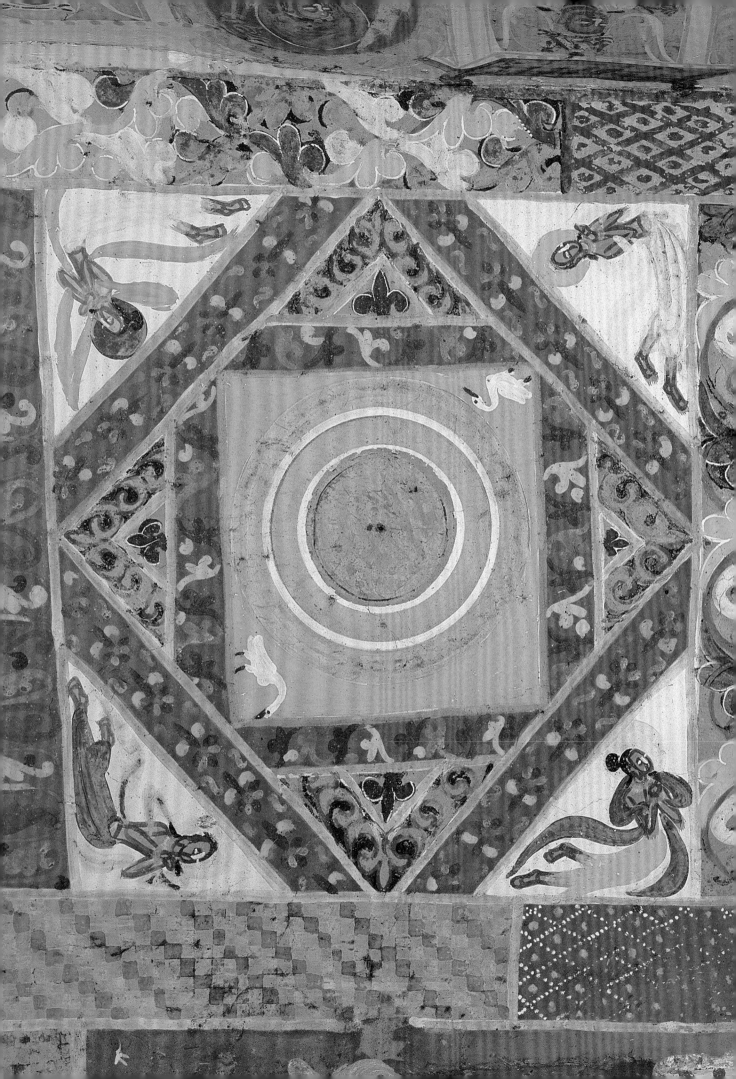

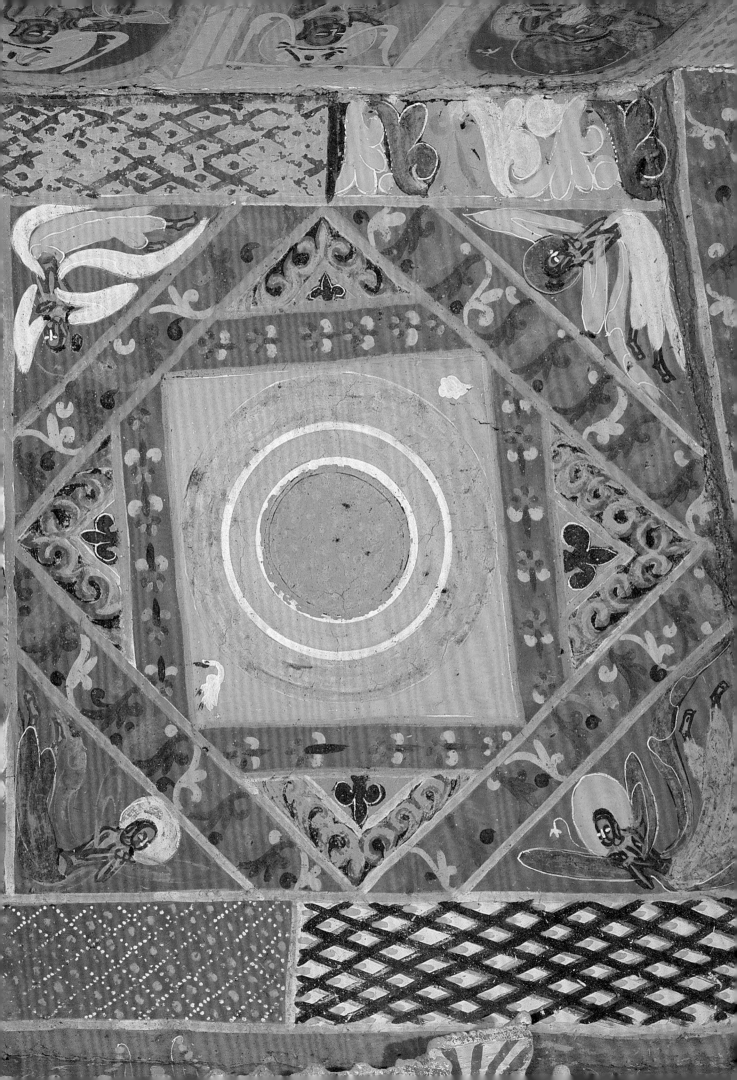

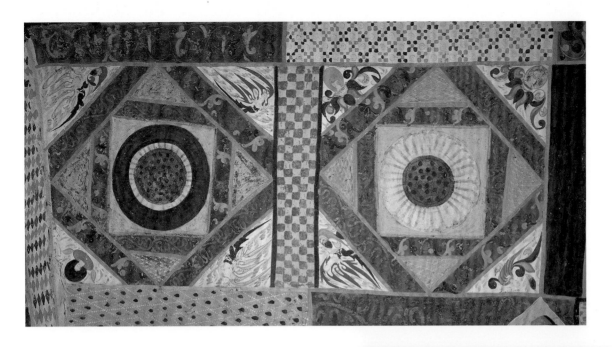

12 蓮花飛天化生童子紋平棊

方井中心為蓮花，邊飾紋樣以忍冬紋、
幾何紋、雲氣紋組成。外層四角繪飛天
和化生童子，飛天形象清秀，化生形象
各不相同。內層四角繪網紋，代替通常
的摩尼寶火燄紋。紋樣分佈，在嚴守法
則中又顯出幾分隨意性。

北魏—西魏　莫431　中心柱北

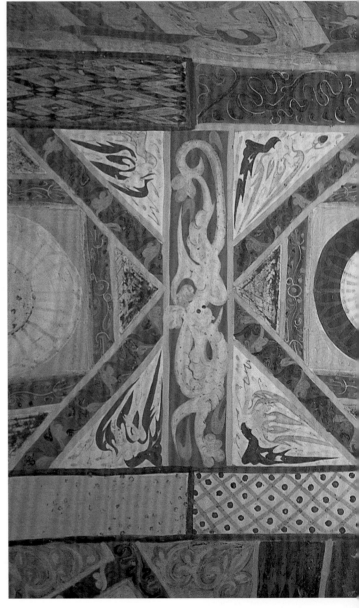

11 飛天白鵝紋平棊 ◀ 見上頁

兩個方井的邊飾紋樣相對排列，紋樣有
各種忍冬紋、幾何紋。外層四角飛天形
體清秀，蓮池中各有兩隻白鵝，是此窟
平棊紋飾的重要特點。

北魏—西魏　莫435　中心柱南

13　蓮花飛天龍鳳虎紋平棊

方井中心為蓮花，邊飾紋樣除忍冬、幾何紋外，還有龍、鳳、虎紋以及星雲"十"字小花紋、長絲花草紋。龍鳳虎紋設計巧妙，雖屈服於窄長的邊條中，仍能並顯示出展翅、騰躍、奔襲的生動神態。

北魏—西魏　莫431　中心柱南

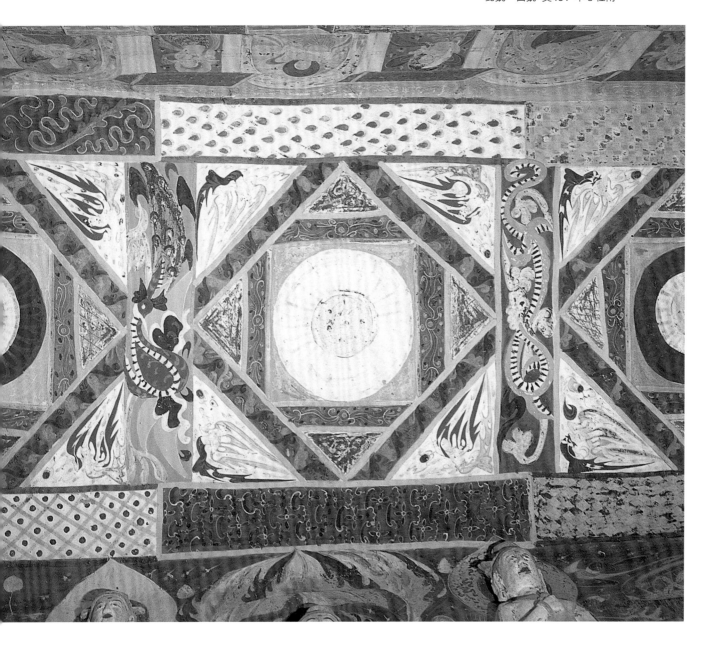

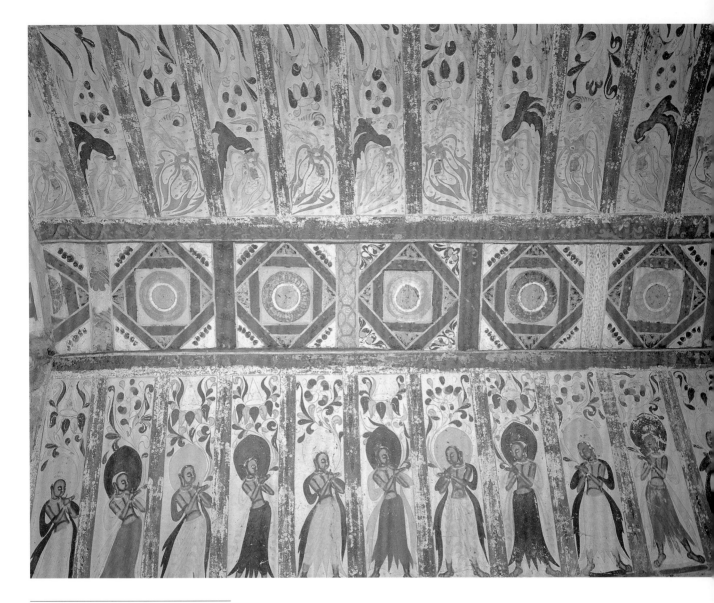

14 蓮花忍冬紋平棊

方井兩側繪雙葉藤蔓分枝回捲式忍冬
紋,紋多脫落。方井內的橫向邊飾紋樣
有幾何紋、忍冬紋、龜甲忍冬套聯紋,
內井邊飾為散點小花紋。方井四角分別
繪蓮花和摩尼寶火燄紋。圖案整體呈現
簡化傾向。

北魏—西魏 莫248 人字坡中脊

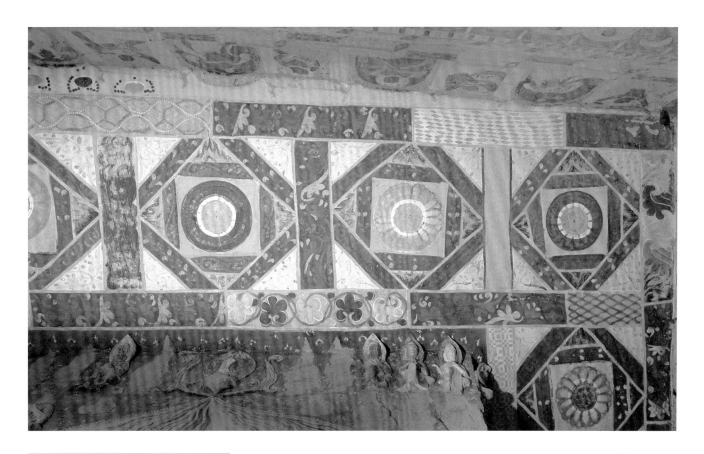

15 蓮花龜甲忍冬套聯紋平棊

方井邊飾紋樣有龜甲忍冬套聯紋、五瓣
花形藤蔓忍冬紋。這是同期紋飾中少見
的紋樣。方井四角均為白地，繪雙葉交
莖忍冬紋，也與其他平棊所不同。

北魏—西魏 莫248 中心柱北

16 蓮花飛天紋平棊

方井中心為蓮花，邊飾以忍冬、幾何、
雲氣紋為主，外層四角均為白地，分別
繪飛天和摩尼寶火燄紋，飛天雙手合十
供養或揮巾散花。平棊圖案繪製工整，
紋樣清晰，色彩完好，紋樣分佈規範，
頗有新意。

西魏 莫288 中心柱南

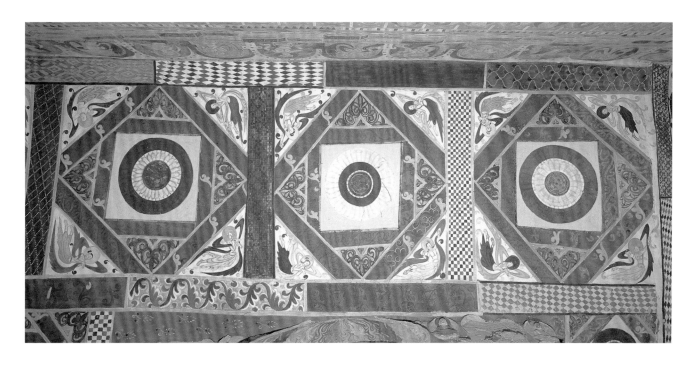

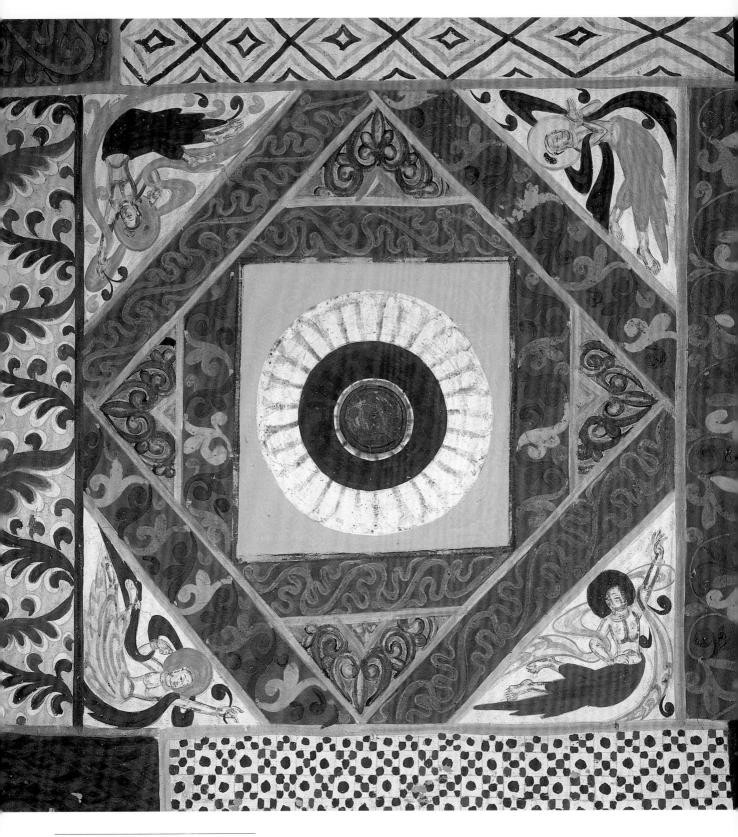

17 蓮花飛天紋平棊

方井中心為蓮花，外層四角繪飛天，一
個雙手合十，一個作舞，兩個散花，皆
為供養佛陀之相。邊飾中的菱格紋、單
葉忍冬波狀連續紋皆有新意。

西魏 莫288 中心柱北

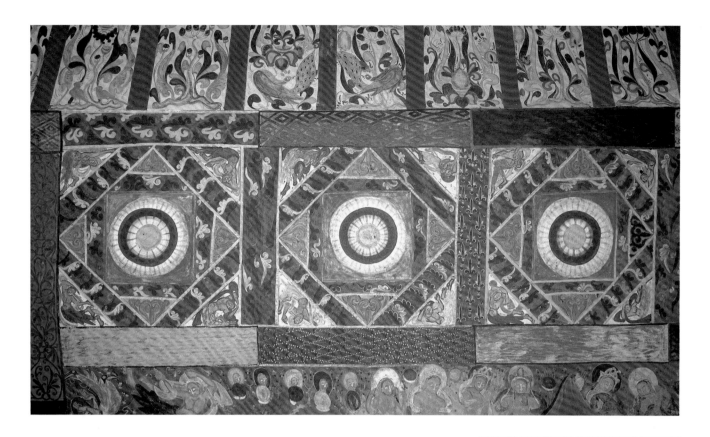

18　蓮花伎樂飛天紋平棊

方井中心為蓮花，外層四角繪伎樂飛
天，或舉臂舞蹈，或演奏音樂。邊飾中
點綫菱形紋、散點小花紋、雙葉交莖套
聯忍冬紋尤為漂亮。色彩清新，以白色
代替了已往常用的綠色，蓮花池水也以
藍色代替綠色，紅、白、黑、藍相映，
更為明快。

北周　莫428　中心柱東

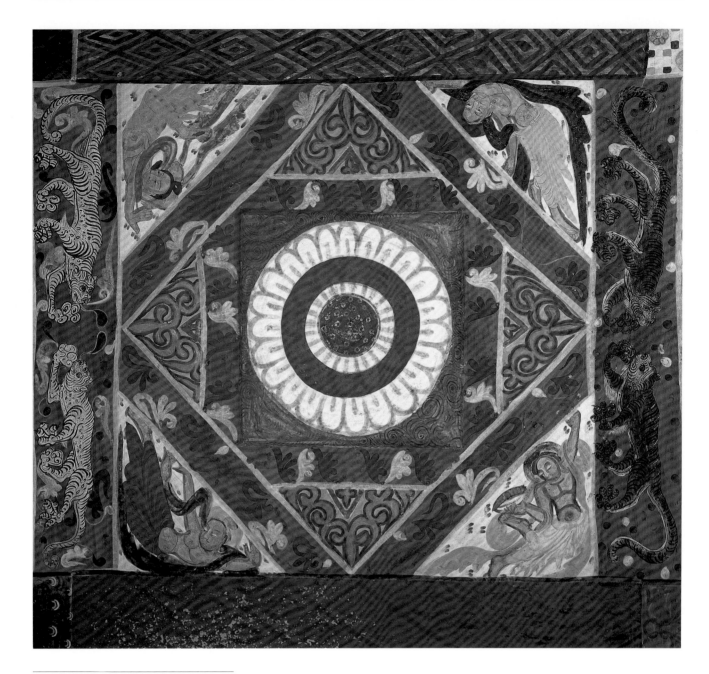

19 蓮花飛天四虎紋平棋

方井外層四角繪飛天，一身持花，三身
作舞。兩條橫檔邊飾各畫二虎相對而
立，低首引頸搖尾，似乎正在 " 交
談 " ，頗有生氣。

北周 莫428 中心柱南

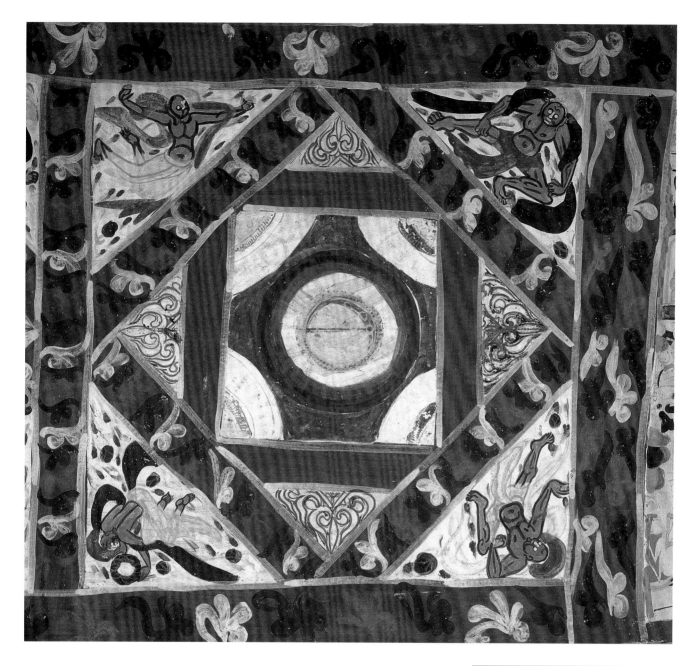

20 五蓮花飛天力士紋平棊

方井中心為大圓蓮花，四角各繪一形如
折扇的四分之一朵蓮花，外層四角繪兩
身飛天和兩身力士。方井邊飾為忍冬
紋。此平棊圖案佈局頗為獨特。

北周 莫290 中心柱北

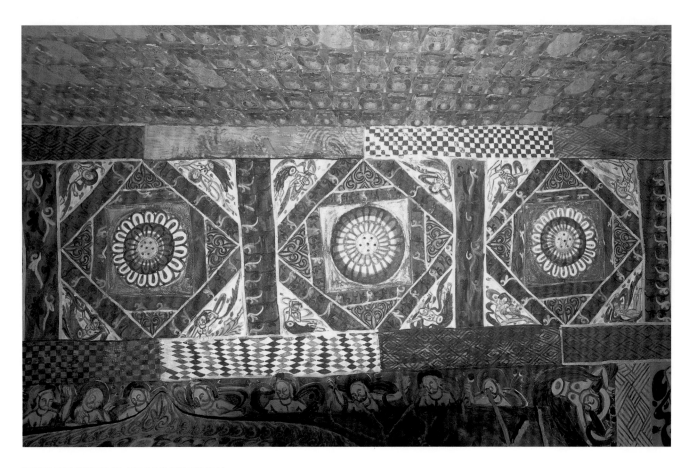

21 蓮花飛天紋平棊

三方平棊,方井中心均為蓮花,外層四
角繪裸體飛天、穿裙飛天和穿漢式寬袖
大袍飛天,邊飾均為忍冬紋。繪工雖不
甚精細,但內容頗有特色。

北周 莫428 中心柱北

第二節　人字坡圖案

人字坡圖案是繪在中心塔柱窟窟頂前部人字坡面上的裝飾，與後部平棊圖案相接。人字坡形窟頂是仿木構建築式樣，有泥塑屋脊方槫、簷枋、圓椽和承托槫、枋的斗栱，並施以彩畫裝飾。早期窟頂裝飾圖案是西域佛教紋樣與中原建築紋樣的混合體，後部的平棊圖案以西域佛教紋樣為主，而前部的人字坡圖案則是以中原建築紋樣為主。

人字坡完全依照中原木構建築紋樣施行彩繪，圓椽塗紅色，每條椽上繪有三段或兩段金釭紋，有的夾畫雲氣紋。金釭紋，上端平齊，有數道橫綫，下端有三個長尖齒形。這種紋樣多年不為人認識，陝西鳳翔在春秋時期秦宮殿遺址中出土了銅質金釭，經考古學家確定，金釭是木構建築連接加固各部位的金屬構件。漢代以後，金釭由建築構件演變為建築彩畫裝飾。敦煌石窟人字坡圓椽上彩畫的紋樣與秦宮遺址中出土的金釭極為相似，這是目前最早的建築彩畫金釭紋。第431窟的前室木結構窟簷是宋太平興國五年（公元980年）營造的，木椽上也彩畫有金釭紋，只是一端的尖齒形變成了蓮瓣形。斗栱上的雲氣紋與敦煌西晉墓所見磚雕斗栱及彩繪雲氣紋完全相同。圓椽之間均為白地，主要飾忍冬蓮荷紋，有的還繪有天人、摩尼寶、禽鳥等。這種紋樣畫滿了人字坡椽間的所有空間，有象徵佛國普雨天花，天人持香花供養佛陀的含義。屋脊方槫、簷枋繪飾由忍冬紋、幾何紋、雲氣紋組合的連續帶狀邊飾，與後部平棊邊緣上的邊飾相同。從窟內整體裝飾上看，人字坡與平棊的佈局形成前後照應、相互通達的效果。

現存最早的人字坡圖案殘存於第275窟窟頂，此窟頂雖不是標準的人字坡，但坡面泥塑圓椽及椽間的圖案紋樣與其他窟人字坡圖案是一致的。從殘存紋樣看，圓椽上繪有雲氣紋，椽間繪有蓮荷紋。用筆粗放，紋樣結構不整，表現出初始繪製的粗簡狀況。

北魏中期，人字坡圖案已經成熟，並形成了定式，各窟所繪紋樣基本上大同小異，同屬一種類型。這一時期的主紋飾忍冬蓮荷紋雖是西域和中原紋樣的混合體，但所展現的卻是中原漢代畫像磚、石雕刻的風韻。椽間蓮荷紋就其裝飾的部位而言，是窄長方形適合紋樣，基本構架是豎長的波狀蓮枝，主枝上等距分出三

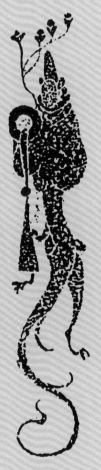

**河南南陽漢代
女媧像石刻**

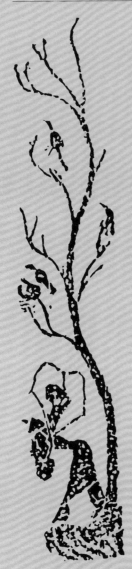

**河南南陽漢代
后羿射日圖石刻**

個分枝，分枝頭各有一蓮荷，分杈處的兩側各有一荷葉狀的花飾。蓮枝下部繪天人，或胡跪合十，或站立作舞。也有繪化生童子的。波狀彎弧向上伸展的蓮枝左右交錯，其結構與東漢后羿射日圖畫像石的樹形極為相似。其圖亦為豎長條形，樹幹亦為波狀彎弧之狀，枝杈交錯分佈，枝頭有金烏，下有人物彎弓欲射。兩者所表現的形式及節奏感完全一樣。蓮荷紋的蓮荷為側視狀，形似扁圓環形，是用飽筆濃色一筆畫成，再沿圓環點畫蓮瓣。花形與炳靈寺石窟西秦（公元385～431年）壁畫中的蓮荷完全相同，其形其法與四川德陽縣出土的漢採蓮畫像磚上的蓮荷及其排列佈局法都非常相似。這決非偶然，它說明人字坡圖案中

這種蓮荷紋的淵源就在漢畫像石中。蓮荷紋分杈處兩側近似荷葉的花飾，向兩邊伸出兩條細長的葉片，葉端回捲，兩葉中間夾畫着兩個小圓瓣，有點像忍冬葉。這種難以名狀的花飾，在別處尚未見到可供其仿效的畫樣。但透過它那簡潔的花形，卻感到有一種漢畫像石刻的渾厚氣質。蓮荷紋均以寬粗的單色"綫"塗畫，波狀如流的蓮枝，彎弧回捲的荷葉形花飾，蓮枝上那一連串芒刺狀的小點，簡潔渾厚的形象在淨白地色襯托之下，如同剪影般美麗，頗似漢畫像石中的剔地平面刻綫造型裝飾美與雲氣紋的流動氣勢。與漢墓中所見的連枝燈、搖錢樹的葉片上那種彎轉迴旋似雲如流的紋樣，也有些意趣相通。

這一時期的人字坡圖案，比較注重坡面的整體佈局，充分利用以點定位的法則。先以點為中心佈置主紋飾，然後向四方展開分佈。"大點"即橢圓形的蓮荷，"小點"即狀似荷葉的花飾。蓮荷豎排成行，橫連成片，如棋盤上的棋子，葉隨荷轉，有條不紊。蓮荷用兩種顏色交錯塗飾，使各點發生呼應關聯又產生節奏變化。葉片為一種顏色，使之主次分明。散佈的點則藉濃重的紅色長椽貫穿統一，取得完整的效果。

北魏末期，人字坡圖案開始發生變化。首先是人字坡上的屋脊方檁、簷枋兩端的斗栱消失了，坡面泥塑圓椽變為

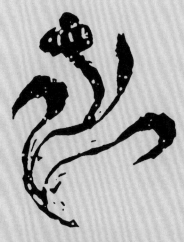

河南密縣漢代
花草紋石刻

平面塗繪，素面，或繪以簡單的散點葉紋。人字坡仿木構建築性減弱了。椽間的蓮荷紋，由前期單一簡潔的蓮荷紋變為以蓮荷紋與忍冬紋共同組合的華麗的新紋樣。畫工在新紋樣的刺激下，拋開了舊樣式，重新設計組合，繪製出多種不同的樣式，使得窟窟各具特點，甚至同一人字坡的前後兩坡圖案也不相同。如第435窟突出描繪纖秀多姿華麗的忍冬紋，而第248窟的忍冬蓮荷紋樣則比較簡煉，突出描繪供養菩薩和飛天形象。第288窟忍冬蓮荷紋，是另一種新的單元組合法，前坡面較長，每椽間繪兩個單元，後坡面略短，每椽間繪一個單元，紋中畫有各種禽鳥紋。

新的忍冬蓮荷紋，蓮瓣下垂，蓮蓬凸起，蓮枝滿佈忍冬葉紋，葉片纖秀，相間塗色，華麗多姿，充滿生命活力，是名副其實的忍冬蓮荷紋。蓮荷兩側的荷葉形花飾，變得更似荷葉，只是內中多了個繾狀的花絮。其實圖案紋樣本是具象物的變形與抽象，目的是創造更新更美的裝飾，並不要求以形狀物。這種新的紋樣遠源於漢畫，近發於南朝。蓮荷花形與山東沂南、嘉祥武氏漢墓畫像石刻中的形象相同，是純真的漢代傳統紋樣。蓮荷紋中的忍冬葉紋與摩尼寶，與充滿南朝風韻的今河南鄧縣畫像磚墓中的紋樣相似。忍冬紋隨佛教傳入中國，佛教逐漸中國化，也使忍冬紋薰染上一層神仙、道教、玄風的色彩，在畫工塑匠的畫筆雕刀下變為清秀、瀟灑、多姿。在同期的第249、285窟窟頂佛道神怪壁畫中的忍冬紋，比人字坡上的忍冬紋更為生動，形象更富於變化，如流星雨在雲中隨風穿梭飛動。天水麥積山石窟第115窟北魏的佛故事畫中的仙人，是一個長耳，雙臂生翼的中國道仙形象，手中的"仙草"卻是一枝忍冬葉，表明佛、道紋樣已經融為一體。

北周石窟窟頂為人字坡形的不多，有的人字坡繪製了佛傳及本生故事畫，所以人字坡圖案也就更少了。人字坡圖案基本沿襲西魏樣式，仍以第428窟為代表，坡面塗繪椽形，素面無紋。椽間的忍冬蓮荷紋如同第288窟，是把紋樣組成單元，前坡每椽間繪四組，後坡每椽間繪三組。單元紋樣組合為對稱狀，蓮荷居中，有的蓮荷上畫有禽鳥動物或摩尼寶。兩側各有兩枝忍冬和一枝荷葉花飾。紋樣葉枝細長，波狀向上伸展，葉稍反轉回折。忍冬蓮荷的下部畫出一橫道波狀起伏的粗紋，把條條莖枝聯為一體。細細看去，頗有隨風搖曳之感。第296窟窟頂藻井外圍的忍冬禽鳥紋邊飾，其紋樣也就是這種忍冬蓮荷紋的橫列。這種清秀細長的忍冬蓮荷紋，在中原不少佛教造像碑龕上都可見到。如藏於瑞士的東魏天平三年（公元536年）釋迦造像碑，藏於美國紐約的武定四年（公元546年）比丘道穎等造佛立像上都刻有這類紋樣。而且紋樣不僅造型、組合相似，連單元紋樣也是上下排列。由此可知，敦煌北周人字坡圖案中的忍冬蓮荷紋，是當時中國佛教造像藝術中普遍流行的紋樣。其差別只是造像碑上的是單獨紋樣，雕刻比較自由隨意；人字坡上的為長方適合紋樣，繪製比較規範整齊，形象特點也更典型。

另外，還有一種人字坡圖案，繪在敦煌西千佛洞的北周窟內，還保持較多的北魏遺風。坡面泥塑圓椽，繪金釭紋，椽間忍冬蓮荷紋是一條貫通上下的波狀纏枝，纏枝上的每一分枝構成一個回捲的圓環，環內枝頭各有一蓮荷。蓮瓣下垂，蓮蓬凸起。纏枝上滿佈忍冬葉，葉紋肥圓。它是以北魏的波狀蓮枝構架與西魏的蓮荷紋重新組合的樣式。如果說莫高窟的北周人字坡圖案是仿效中原的新樣；西千佛洞北周人字坡圖案則是莫高窟前期的舊式人字坡圖案的新發展。繪技雖然顯得粗糙，但紋樣結構上反覆連續形成的節奏感，正是莫高窟同前期諸窟所缺少的，而作為圖案，這一點是不可忽視的。

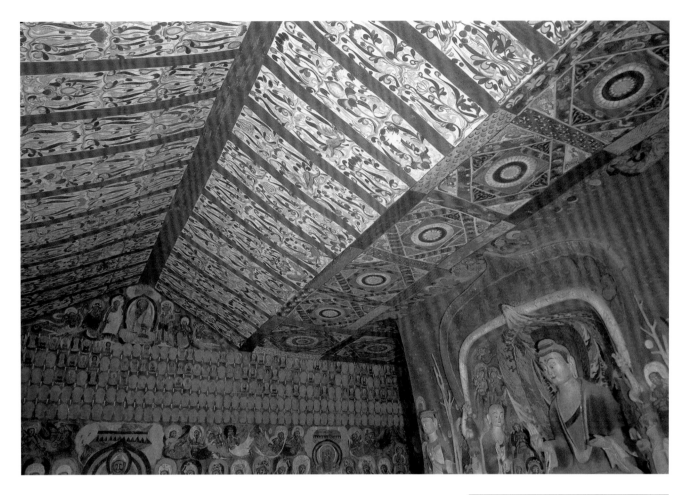

22　中心塔柱窟的人字坡

此窟是莫高窟中最大的中心塔柱窟，窟
頂繪平棊方井三十方，人字坡椽間紋飾
三十六條。中心柱佛龕塑像和龕外壁面
為後代重塗彩畫。

北周　莫428

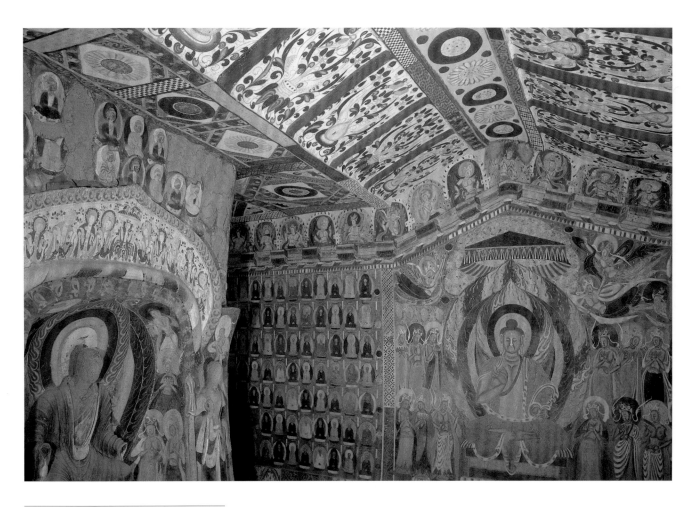

23 人字坡窟頂內景

人字坡中脊繪蓮花連續紋，坡面泥塑圓
椽不畫紋飾。人字坡下壁面畫佛說法
圖。後部的平棊、天宮伎樂、千佛佈局
與其他窟相同。

西魏 莫288

24 天人持蓮紋人字坡

窟頂人字坡前後坡面均有泥塑的椽，椽
塗紅色地，繪金釘紋和星雲紋。椽間塗
白地，繪天人持蓮花供養。同一紋樣，
色彩相間交錯，繪製工整，是人字坡圖
案的代表作之一。現存色彩是後世煙熏
所致。

北魏 莫254 後坡

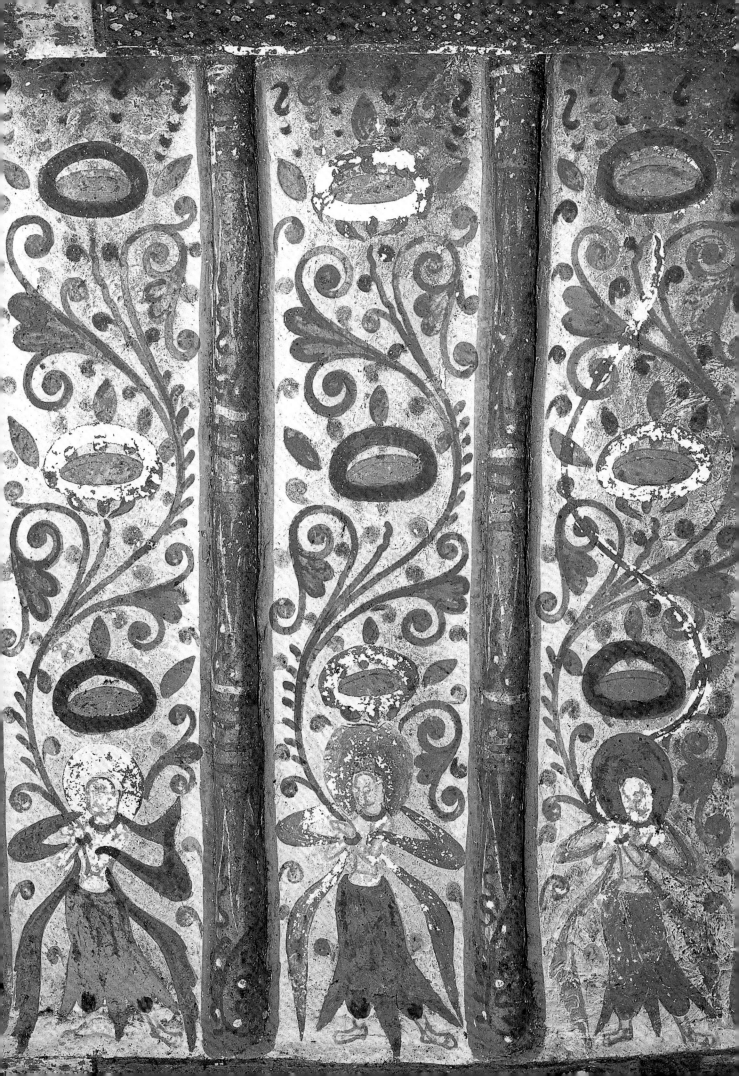

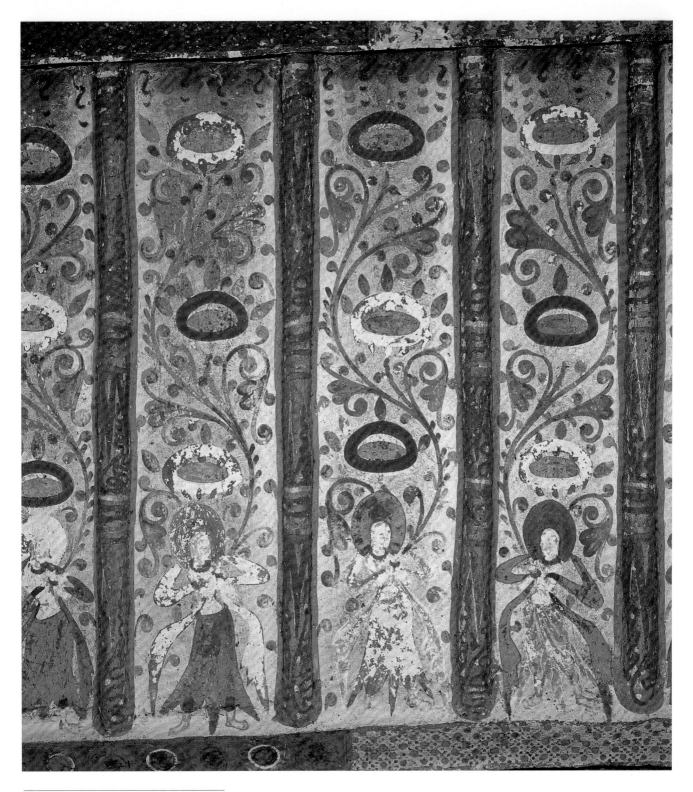

25 天人持蓮紋人字坡

人字坡繪天人持蓮花供養，蓮枝用同一
種顏色平塗，不加修飾，結構佈局主次
分明。紋樣簡潔、樸實，具有漢代紋飾
的風韻。

北魏 莫254 後坡

26 蓮枝化生童子紋人字坡

椽間蓮枝各有四朵蓮花，下面的蓮花中
化生一童子。依佛經説，信奉佛教的
人，來世將在淨土世界化生於蓮花中。
蓮枝已退色變淡，泥塑椽上的濃重的土
紅色與金釘紋、星雲紋尚清晰可辨。

北魏　莫251　後坡

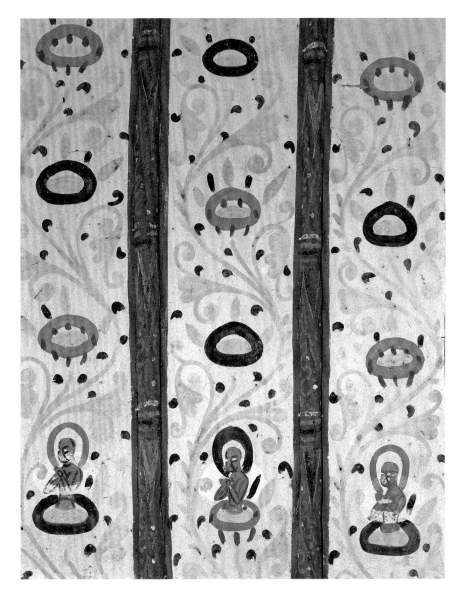

27 天人蓮枝紋人字坡

泥塑椽上繪金釘紋、星雲紋，天人形象
紋樣清晰，蓮花色彩保存完好。紋飾上
部已殘，蓮枝顏色也已退變。

北魏　莫263　前坡

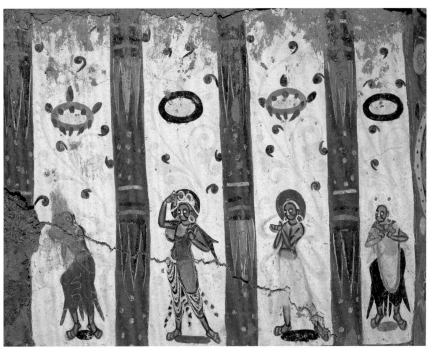

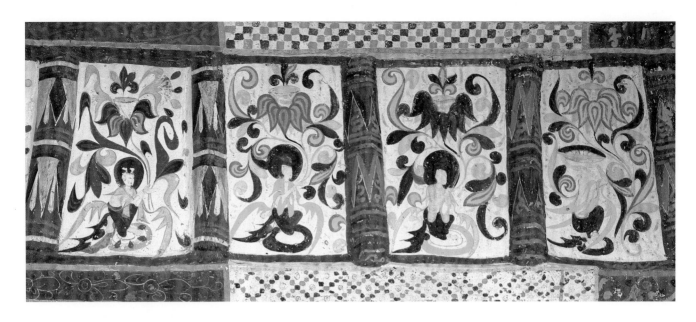

28 天人持蓮供養紋人字坡

此窟人字坡面較窄,椽間各繪一胡跪式
天人,手執蓮枝供養,蓮枝大抵相同而
葉紋各有差別。蓮花花瓣尖長下垂,蓮
蓬凸起,葉紋纖秀,是由內地傳入的新
花形。紅椽,白地上繪黑與青綠色的蓮
枝,色彩清爽而華麗。

北魏—西魏 莫431 後坡

29 天人持蓮供養紋人字坡

天人姿態瀟灑,蓮枝葉紋隨風飄蕩,呈
現着生命活力。椽上飾金釭紋。

北魏—西魏 莫431 後坡

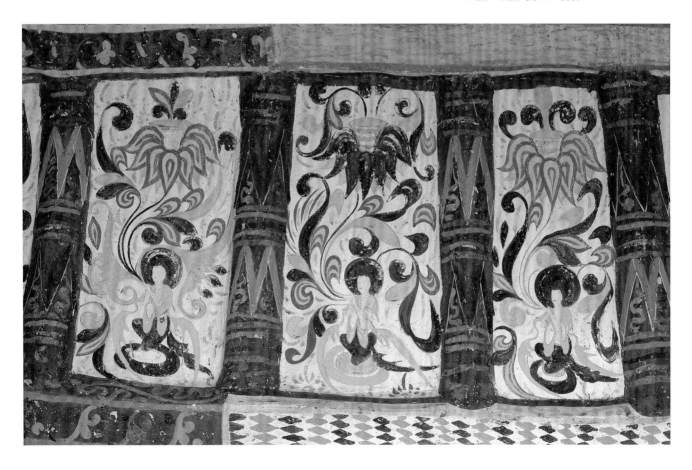

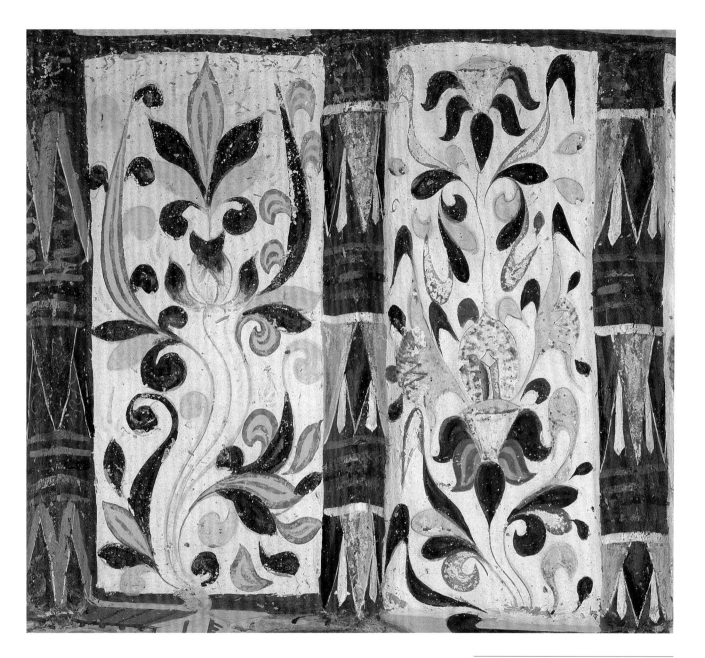

30　蓮花摩尼寶紋人字坡

蓮花中摩尼寶呈四棱晶體狀，光芒四射，表現光芒的綫紋已脫落，只存留光的橢圓形輪廓，兩側各有一荷葉形天蓮花。摩尼寶向上又伸出一枝蓮花，表現出豐富的想象。花葉如在水中蕩漾，婀娜多姿，生機盎然。紋樣勾綫流暢，簡潔明快。

北魏—西魏　莫431　前坡

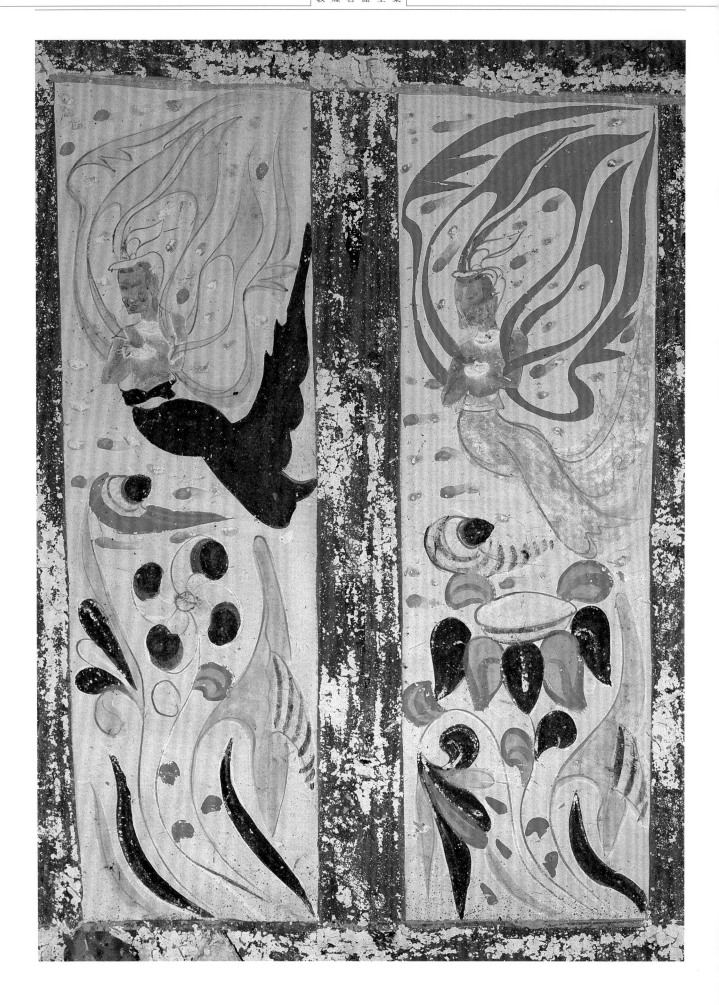

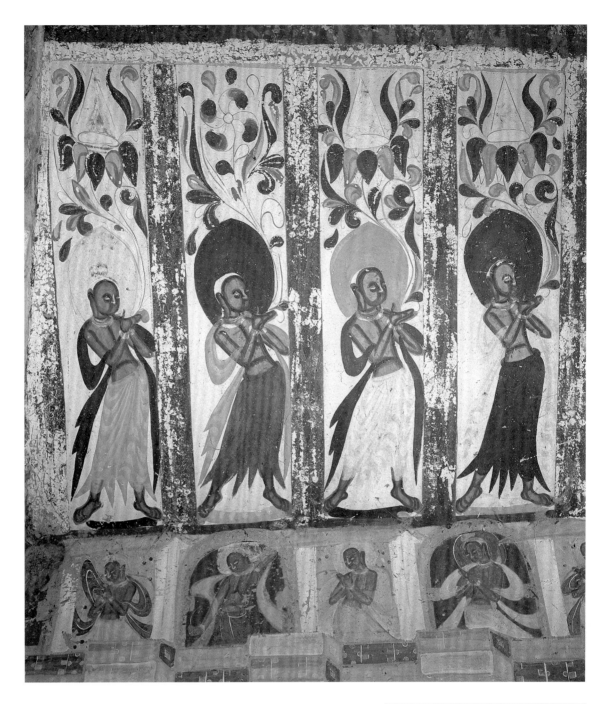

32 天人持蓮供養紋人字坡

四天人相向而立，皆雙手合十擎蓮花作供養之式。色彩在畫面上起着平衡、協調、節奏變化的作用。

北魏—西魏 莫248 前坡

31 飛天蓮荷紋人字坡

人字坡上的椽以土紅色平塗繪出，椽上塗畫散點三葉紋，代替以前的泥塑圓椽和彩繪金釭紋。椽間上半繪飛天，帔巾、長裙相間塗色，使同一形象的色彩發生變化。下半繪仰蓮，蓮瓣下垂，蓮花下一邊是忍冬葉，一邊是荷葉狀的"天蓮花"。天蓮花是佛教中一種神奇之花，紋樣出自畫工的想象。

北魏 莫248 後坡

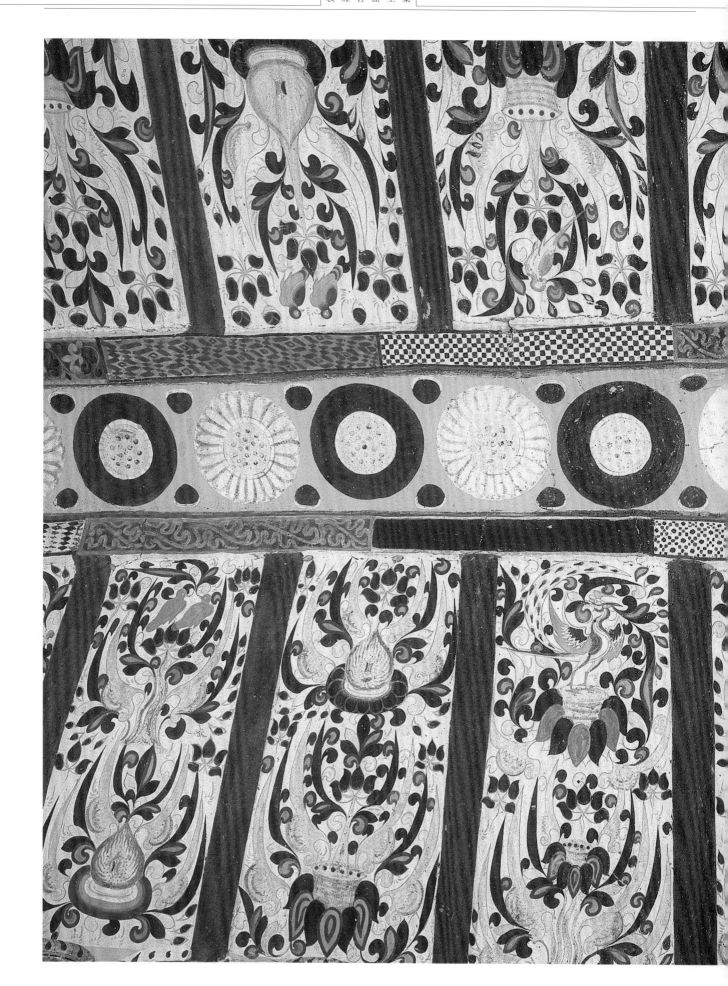

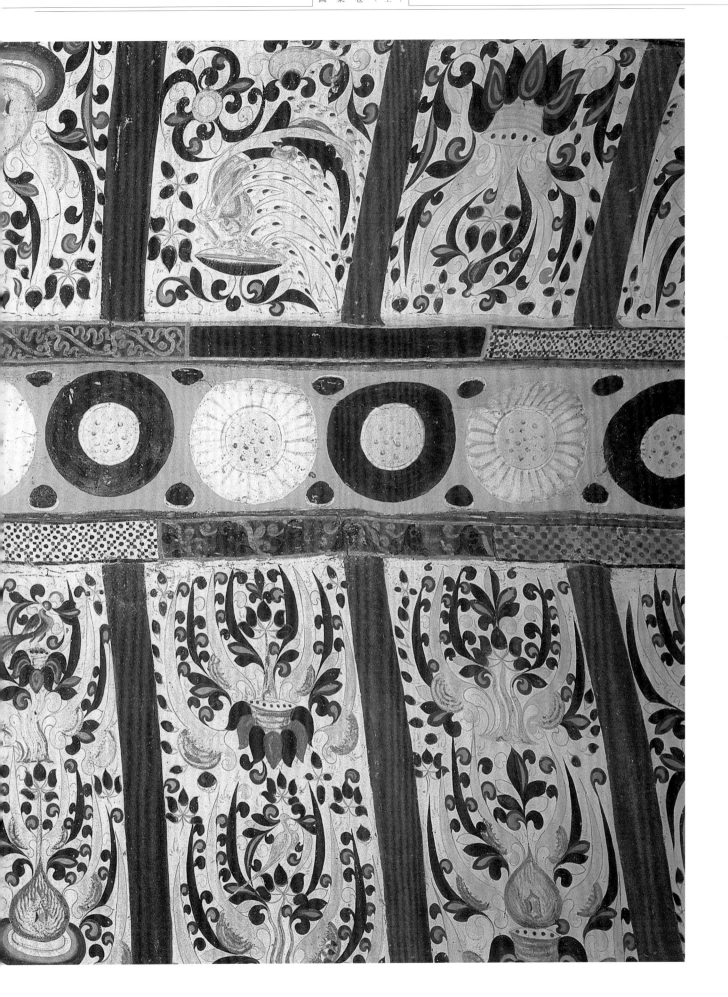

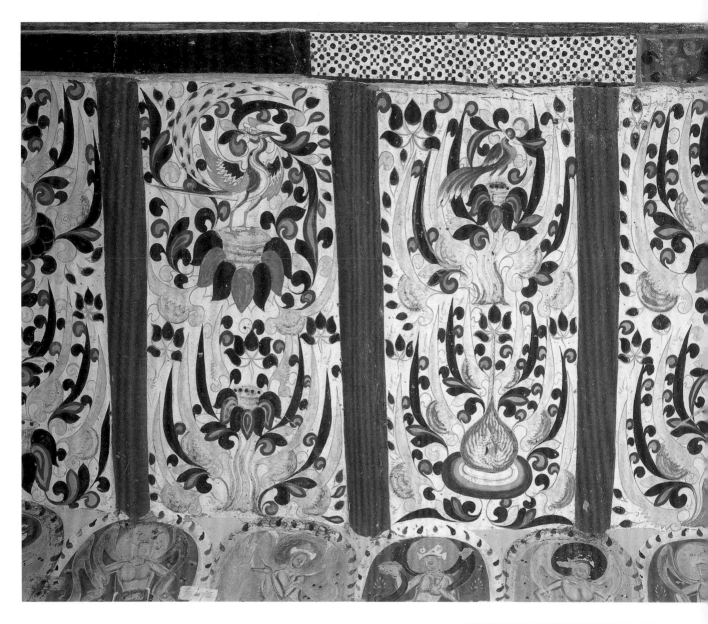

34 蓮花摩尼寶禽鳥紋人字坡

人字坡繪有禽鳥紋飾，在蓮花上立着青
綠色鳳鳥、藍色馬雞和白色綬帶鳥，馬
雞下是蓮花摩尼寶。鳥嘴均唧一枝仙草
葉，為禽鳥增加了幾分神異感。

西魏 莫288 前坡

33 前後人字坡紋飾　　◀ 見上頁

人字坡蓮花中脊將坡面分為前坡、後
坡。紋樣以蓮荷忍冬、摩尼寶、禽鳥紋
組成單元紋飾，以大自然的景象，表現
天堂的美妙與和諧。前坡面長，橡間畫
兩組；後坡面短，橡間畫一組。紋飾繁
縟，色彩鮮亮。

西魏 莫288 窟頂

35　蓮花摩尼寶鳳鳥紋人字坡

摩尼寶落置在一朵形如墊毯的圓形蓮花
上，摩尼寶為棱柱形，晶瑩放光。頂端
生出蓮花，上棲鳳鳥，口啣仙草，振翅
欲飛。圖案中佛教的蓮花摩尼寶與道教
的鳳鳥融合在一起。

西魏　莫288　後坡

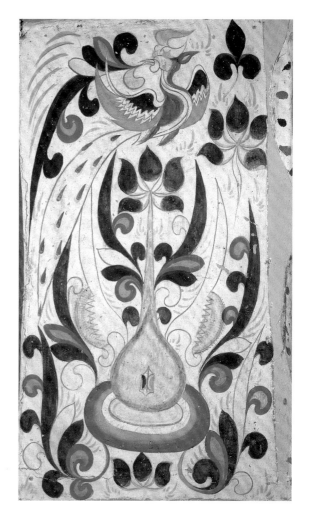

36　蓮花摩尼寶雙鴿紋人字坡

棱柱形摩尼寶上生出蓮花，上繪一對鴿
子相互依偎，低聲私語。

西魏　莫288　後坡

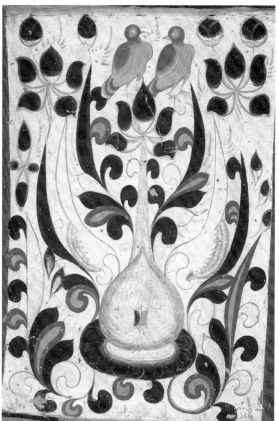

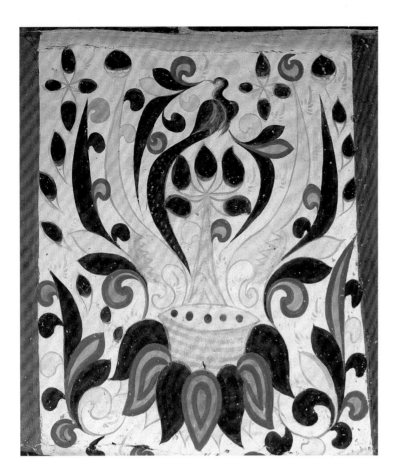

37 蓮花禽鳥紋人字坡

蓮花上繪一隻黑羽長尾鳥，羽毛上有花斑，正在回頭張望。

西魏 莫288 後坡

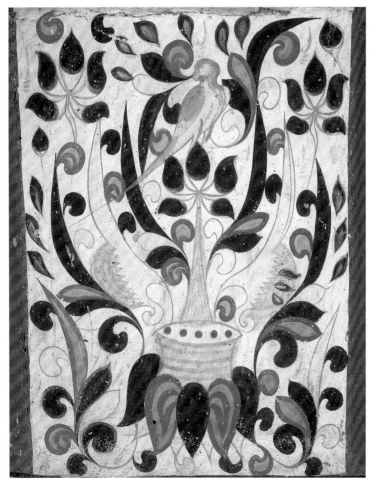

38 蓮花鸚鵡紋人字坡

蓮蓬上生出蓮花，一隻黃嘴綠羽的鸚鵡口啣長葉站在蓮花上，頗有靈性。

西魏 莫288 後坡

39 蓮荷忍冬摩尼寶禽鳥紋人字坡

人字坡紋飾是以忍冬葉、蓮荷、摩尼寶、禽鳥紋組合成相似的單元紋樣，每椽之間上下繪四組，層層相疊，葉紋細長，花間的禽鳥隱約可見，充滿生機。坡面紅色條椽如同邊框，使冷色調的紋樣更顯亮麗。

北周 莫428 前坡

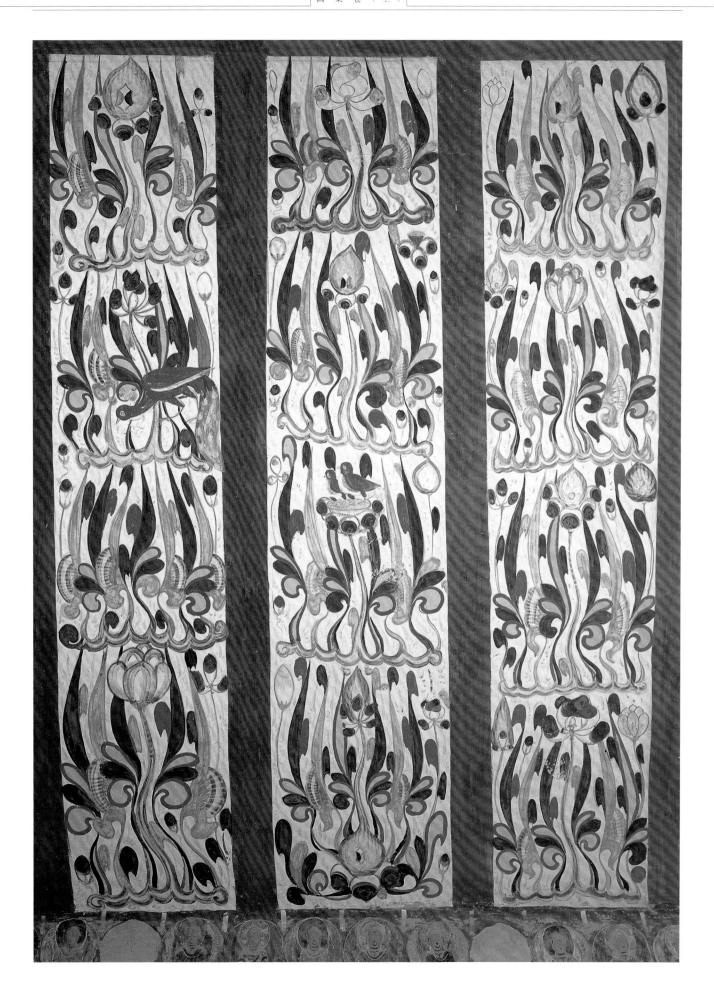

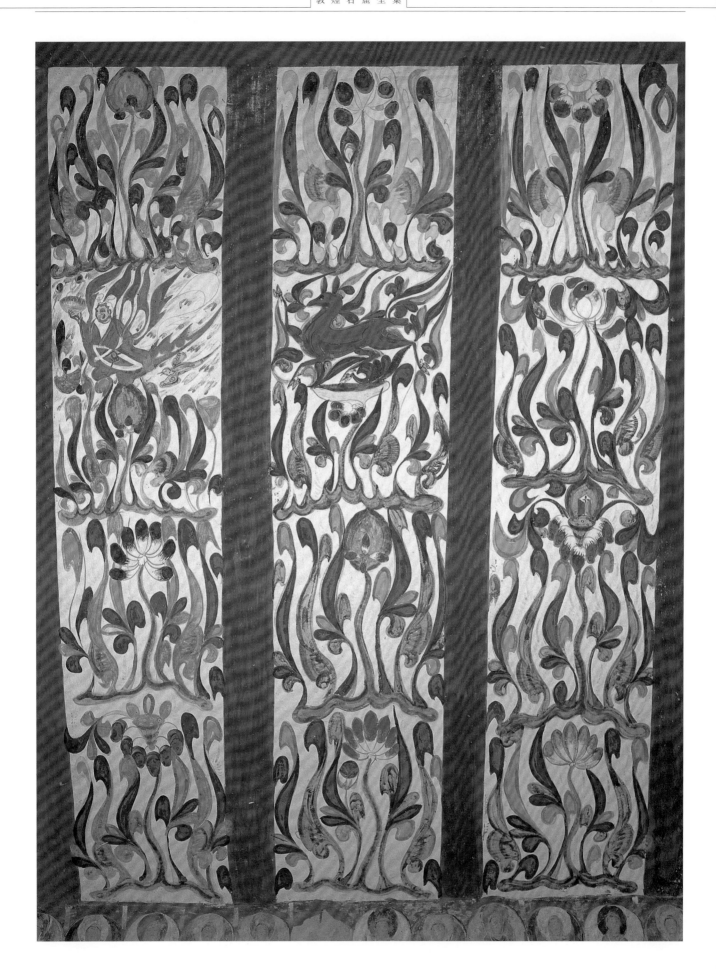

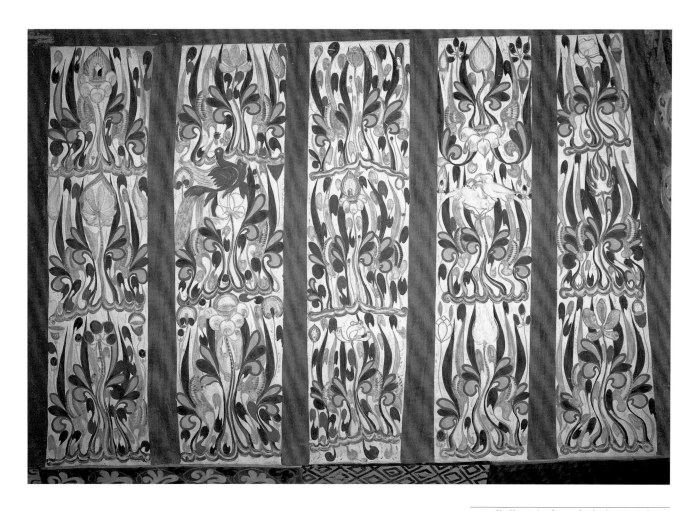

41 蓮荷忍冬摩尼寶禽鳥紋人字坡

人字坡每椽間上下繪三組紋樣，在隨波搖曳的蓮花中棲息着藍孔雀和白色綬帶鳥，有兩隻綬帶鳥，一隻低頭啄食，一隻抬頭張望，為靜謐的花草紋樣增添了生氣。蓮花頂端繪有棱柱形摩尼寶。

北周 莫428 後坡

40 蓮荷忍冬仙人神鹿紋人字坡

在椽間四組蓮花之中，繪有飛仙手持蓮花，身穿漢式大袖紅袍。另一椽間蓮花中繪有一神鹿，口啣仙草，奔走在蓮花上。蓮花上繪有棱柱形摩尼寶。

北周 莫428 前坡

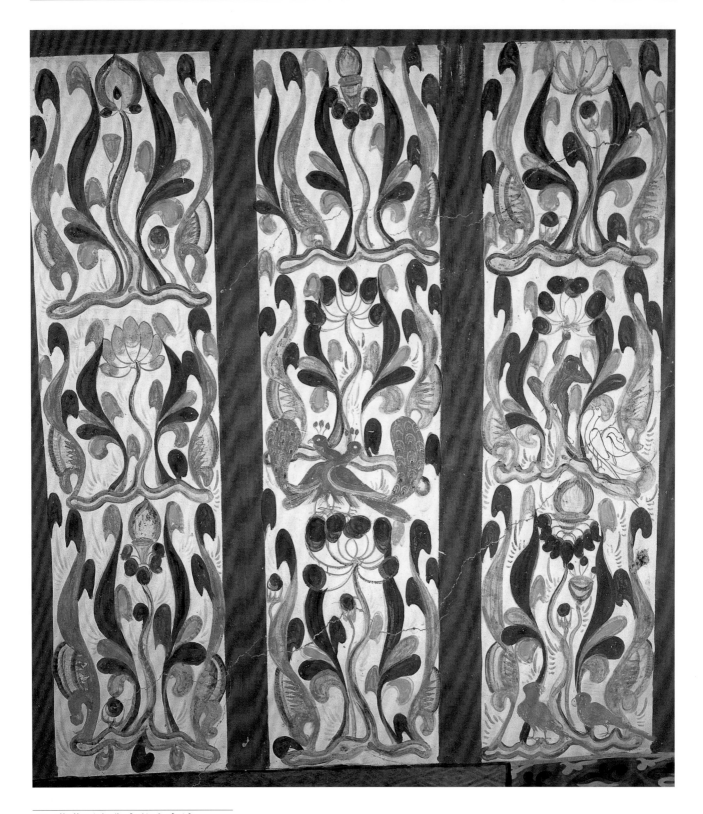

42 蓮荷忍冬猴鳥紋人字坡

橡間蓮花分三組，蓮花中繪有一猴，攀
枝眺望，下面有兩隻綬帶鳥，一隻仰望
猴子，一隻回頭啄翅。蓮花下還有一對
綠色鸚鵡在安靜地歇息。另一橡間蓮花
中有一對綠孔雀，昂首翹尾，貼頸相
依，回頭張望，頗有情趣。

北周 莫428 後坡

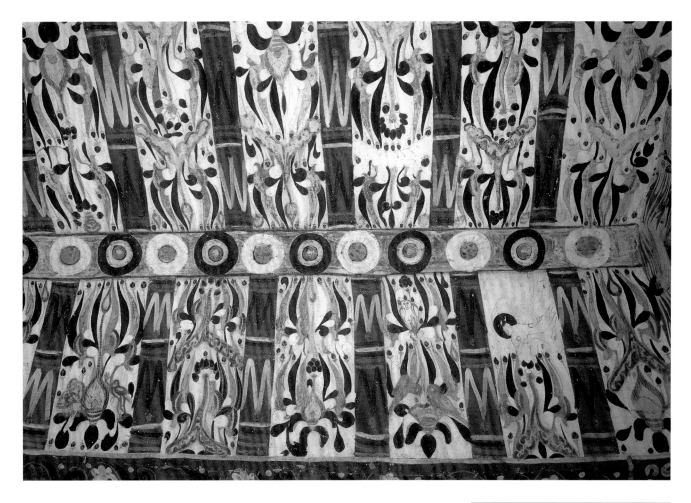

43　蓮荷忍冬猴鳥紋人字坡

這個小窟的人字坡紋飾，坡面上的泥塑紅椽還保持着繪飾金釘紋的樣式。蓮花紋中脊兩側的坡面上，繪忍冬蓮花紋，中有穿寬袖大袍的飛天，雄視的貓頭鷹，歇息的對鳥，嬉戲的猴子。色彩以黑、白、紅為主，色調明快。

北周　莫430　窟頂

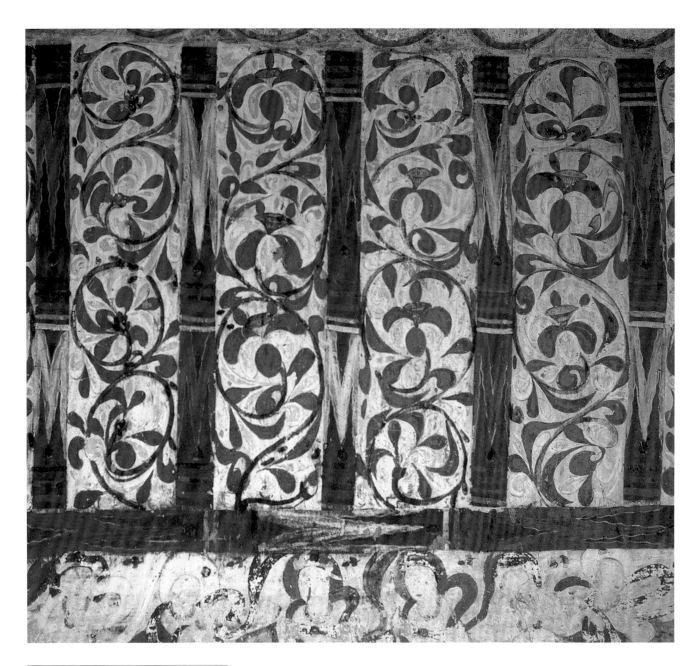

44 纏枝忍冬蓮荷紋人字坡

人字坡椽上繪有金釘紋，紋飾是以纏枝
為骨架，彎弧迴旋的纏枝成為一個環
形，環內枝頭畫蓮花，纏枝上附以葉
紋，別具一格。

北周 西10 後坡

第三節　藻井圖案

　　藻井圖案是繪在覆斗形窟頂部中央的裝飾。藻井，宋人沈括在《夢溪筆談》中説："屋上覆橑，古人謂之綺井，亦曰藻井，又謂之覆海。"並明確指出藻井是井形結構，專用於宮殿廟宇屋頂上的裝飾。"綺"本是有花紋的絲綢，"藻"本是水中花草，都可以用作形容裝飾的華美。藻井上雕飾的紋樣，古代詩賦中也有具體描述，西漢王延壽《魯靈光殿賦》："圓淵方井，反植荷蕖。"東漢張衡《西京賦》："蒂倒茄於藻井，披紅葩之押獵。"三國何晏《景福殿賦》："茄密倒植，吐彼芙蕖，繚以藻井，編以綷疏。"西晉左思《魏都賦》："綺井列疏以懸蒂，華蓮重葩而倒披。"這些持續三百多年的兩漢、魏晉宮殿內的藻井中央都是雕飾一朵華麗的倒懸的蓮荷。遺憾的是這些建築實物早已蕩然無存，人們只能隨着詩賦的華麗辭藻去遐想了。

　　有幸的是，考古發現提供了幫助想象的地下墓室的藻井形象，當然其繪製簡單粗糙，不能與地面上的宮殿建築相比。除山東沂南東漢墓室石雕藻井之外，在甘肅武威雷台東漢墓室內，藻井中央也是一朵圓形大蓮花，四重八瓣，花瓣密集，墨綫勾紋，塗以白、灰、紅色，這種藻井紋樣屬首見。墓主人"張君"為"守張掖長"，是一個有權位的官員，其墓室藻井，可能是畫工仿照其殿堂藻井繪製的。在敦煌西晉墓中，有多座墓室藻井上都畫着八瓣大蓮花，蓮瓣細腰，瓣端甚尖，與中原所見相同。有的蓮花方井內畫有水紋、魚、鴨，其中一個墓室的蓮花方井外圍繪有三道邊飾，是目前所見最早的多重邊飾藻井圖案。以上列舉多例，説明敦煌北朝石窟藻井圖案與之有着承襲關係。

　　敦煌北朝藻井圖案是仿木構建築的，同時又具有佛教特點。現存最早的藻井圖案在第272窟。窟頂與四壁連接處為圓弧狀，是介於覆斗形與穹窿形之間的形式，很像敦煌、酒泉一帶魏、晉墓室的頂部。藻井為三重套斗式，中層和內層方井邊框為泥質浮塑，方井內繪大圓蓮荷紋，方井邊框繪雲氣紋和忍冬紋，方井四角繪摩尼寶和飛天。或許因為這是敦煌石窟的第一個藻井圖案，繪製時尚無完全的圖樣可依，外層方井四

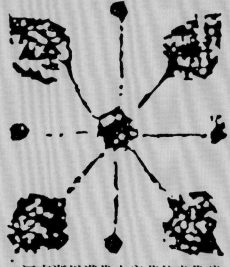

河南淅川漢代十字花紋畫像磚

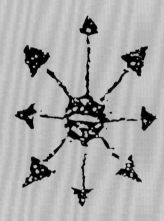

河南淅川漢代八角花紋畫像磚

條邊框畫着三種紋樣，兩種地色。地色是對稱的，紋樣形象體量卻不平均。由於顏色蝕變脫落，蓮荷紋也已模糊不清，如果仔細辨識，仍可發現稠密的重層蓮瓣，蓮瓣飽滿，略微回捲，瓣片上有豎直的脈綫。蓮瓣繪製技法與甘肅酒泉出土的北涼"程段兒造像塔"上的蓮瓣、大同雲岡石窟中的圓蓮花有相同之處。畫工正是從這說不清道不明的感覺中，設計了在他們看來只有這種蓮荷形象才是理想的美的藻井紋樣。在北朝藻井圖案中，這種樣式的蓮荷紋只有一例，但卻是重要的一例。

此後，北魏數十年中，因為沒有覆斗頂窟，所以也就沒有藻井圖案。到北魏末西魏初時出現了覆斗頂窟，也才有第249、285、461三窟藻井的繪製。三窟藻井圖案構架承襲前期套斗方井樣式，而紋樣各異，表現的側重點亦不盡同。第249窟繼續保持仿木構建築特點，依其內容與藝術風格，當繪於北魏末西魏初，藻井圖案構架與同期的平棊圖案

之一方井相同，其差別只是一個單獨方井畫在覆斗形窟頂中央，方井四角紋樣為新的蓮荷紋。藻井的四角各有一紋飾帶與窟頂四角相連，如同一個構架把覆斗窟頂支撐起來，使藻井與覆斗窟頂緊密連接在一起。這與河西一帶魏、晉墓室藻井的佈置是相同的，並對以後的隋、唐石窟藻井四角紋帶邊飾佈局大有影響。

第285窟藻井圖案繪於西魏大統五年（公元539年），是一幅兼有建築與華蓋特徵的圖案。建築特徵是言其保持仿木構建築方井套斗結構；華蓋特徵是說方井外圍四邊繪有三角形垂帳和四角畫有獸面流蘇。

華蓋亦稱傘蓋，本是帝王遮雨蔽日的用器，後來也就成為社會中表示等級、身份、權力的象徵。《漢書》說王莽造華蓋九重。《後漢書》記載，靈帝建有十二重五彩華蓋。北魏楊衒之在《洛陽伽藍記》寫道，景興尼寺佛像出遊時，佛頂上的華蓋"四面垂金鈴七寶珠，飛天伎樂，望之雲表。"

西魏之前，石窟裝飾上華蓋與藻井是有區別的，如第272窟佛龕內頂上的華蓋是一個圓形，外圍一周是三角垂帳紋，與同窟的套斗方井藻井完全不同。到西魏時，藻井圖案則與華蓋合二為一了，如第285窟門兩側壁畫的華蓋為重層三角垂帳，兩側繪有龍啣玉珮、瓔珞、

羽葆。對同窟藻井圖案的華蓋屬性，這是最好詮釋，説明藻井圖案是壁畫中華蓋的"立體展示"。作為繪有三角垂帳紋第一幅藻井圖案，對重層三角垂帳的處理似乎還沒有找到恰當的方法，因而採取了分上下兩欄排列。藻井四角繪獸面啣珠串、綏帶、玉佩 、羽葆、流蘇紋樣，紋樣延伸至窟頂四角，從窟頂的整體佈局來説無疑是好的，對窟頂四坡壁畫有分界作用，又可使藻井與四坡壁畫連接起來。但是作為"立體展示"華蓋的藻井，紋樣組合還不理想，可以看出對來自中原的新紋樣與套斗方井藻井的組合還在探索之中。第461窟的藻井圖案風格獨特，藻井為二重套斗方井，方井邊框繪雲氣紋和龍紋，方井外的方形"蓮瓣"和三角垂帳紋均為素地無紋。初看似覺單調平平，略加思索，又感到有一種漢畫像石般的恢宏大氣。這"平平"的感覺來自藻井上沒有畫出當時風行的代

表紋樣忍冬，就像石窟藝術中缺少了蓮花紋一樣。方井邊框上的雲氣紋、龍紋，是在濃重的土紅色地上用白粉粗筆畫成，不加修飾。方井外圍的方形"蓮瓣"和三角紋只塗以土紅、白、黑、粉綠地色，不畫紋飾，又顯得空空。這"平"、"空"而有序的色塊卻顯得大方、淳樸。

北周覆斗頂窟增多，藻井圖案的繪製也隨之多了。藻井繪製不像西魏那樣隨意，各展特色，而是樣式基本近似，還延續着套斗方井的結構。唯方井四角的紋樣變為折扇狀的蓮荷紋，即為中心大蓮花之一角，雖少變化，卻能四方照應，統一完整。方井邊框均繪忍冬紋，方井外周多畫有一道千佛像。三角形垂帳短小密集。由於過多重複使用相同的紋樣，以及對中原新紋樣的原樣搬用，結構各部比例略顯得不協調，紋樣形象微感拘泥不活。

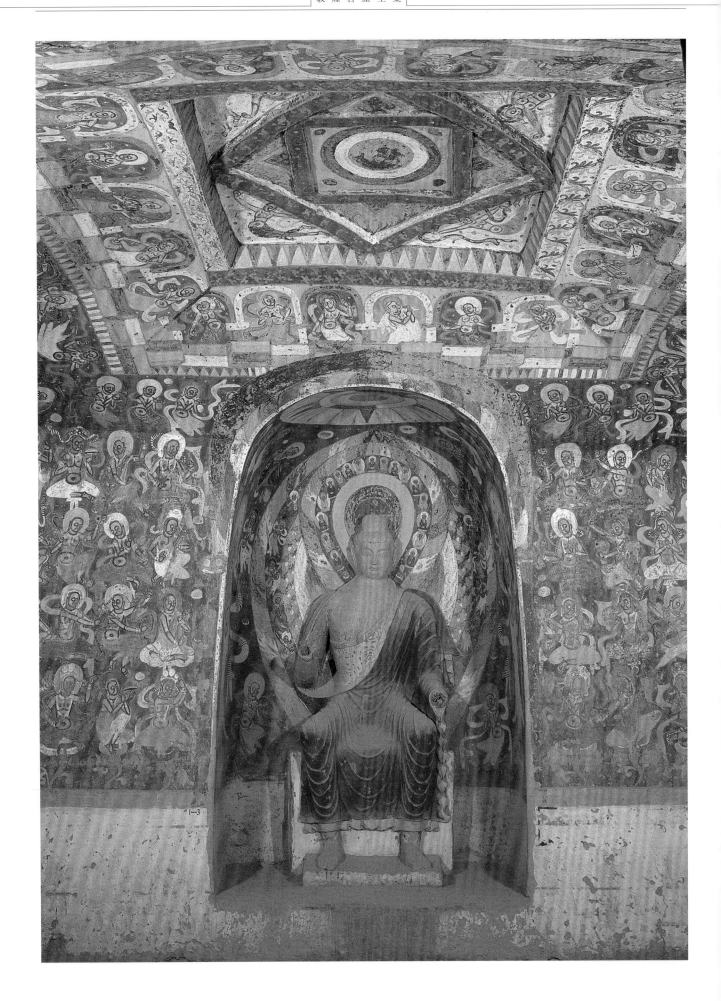

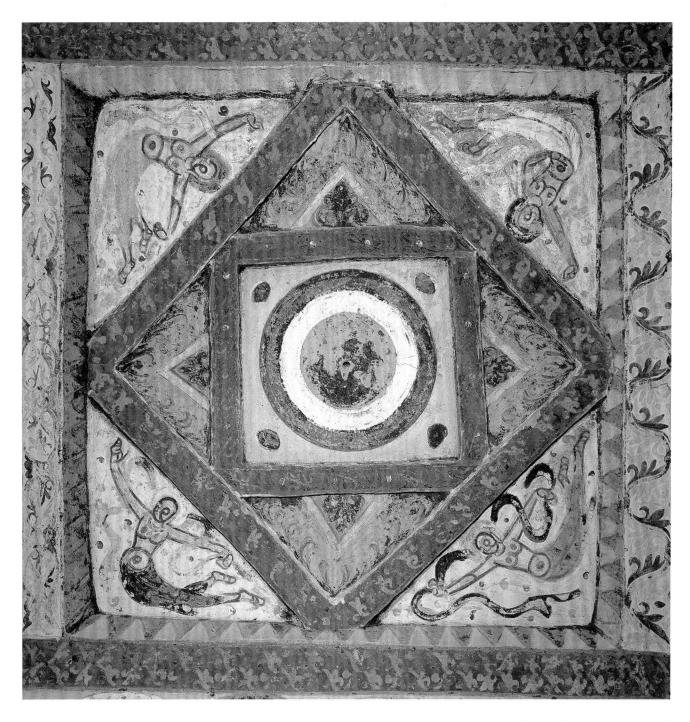

45　藻井頂窟內景

窟平面呈方形，近似穹隆形頂，中央泥塑彩繪套斗式藻井，藻井外周繪天宮伎樂及平台欄牆。正面壁鑿佛龕，龕低及地，穹隆形頂，繪圓形華蓋，坐佛背後繪背光。龕額繪有楣飾，楣樑兩端各有一龍頭。

北涼　莫272

46　泥塑彩繪套斗式藻井

藻井為三重方井套疊構架，方井邊框為泥質浮塑，向上凹進。方井中以綠地示意蓮池，繪輪形大蓮花。邊框塗紅色地，繪雲氣紋、單葉忍冬連續紋、四葉連續忍冬紋及白色地繪雙葉波狀忍冬紋、雙葉交莖套聯忍冬紋。外層四角分別繪摩尼寶、飛天。這是莫高窟現存最早的藻井圖案。

北涼　莫272　窟頂

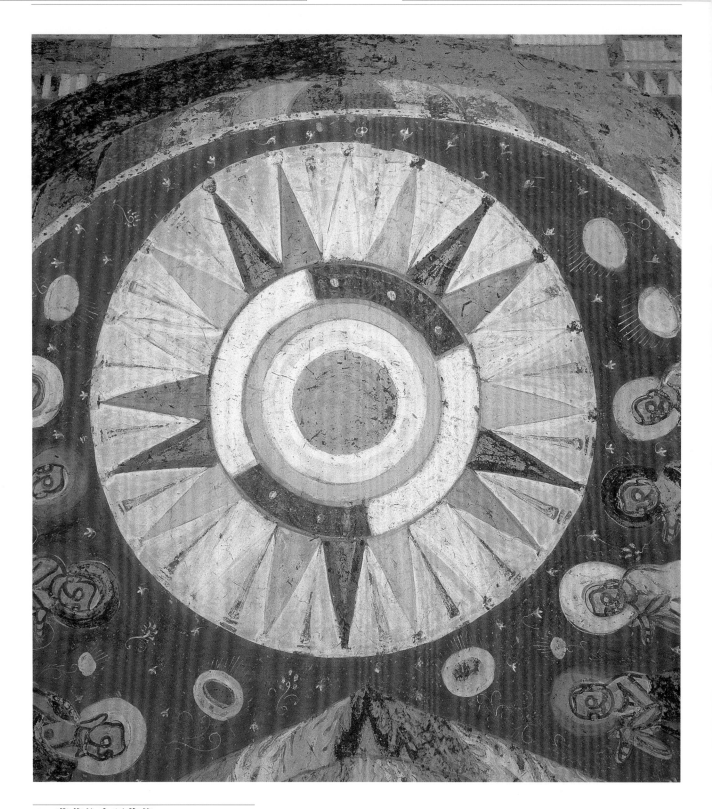

47 蓮花紋龕頂華蓋

此華蓋畫於穹隆形佛龕頂上，正圓形是一個
仰視華蓋的展開平面。中心為蓮花，蓮瓣綫
紋已脫落。環周的帶狀邊飾僅存土紅地色雲
氣紋。外層為三角垂帳，帳下垂鈴，三角帳
之間夾畫立柱形垂帶，有濃郁的西域畫風。

北涼　莫272　龕內頂

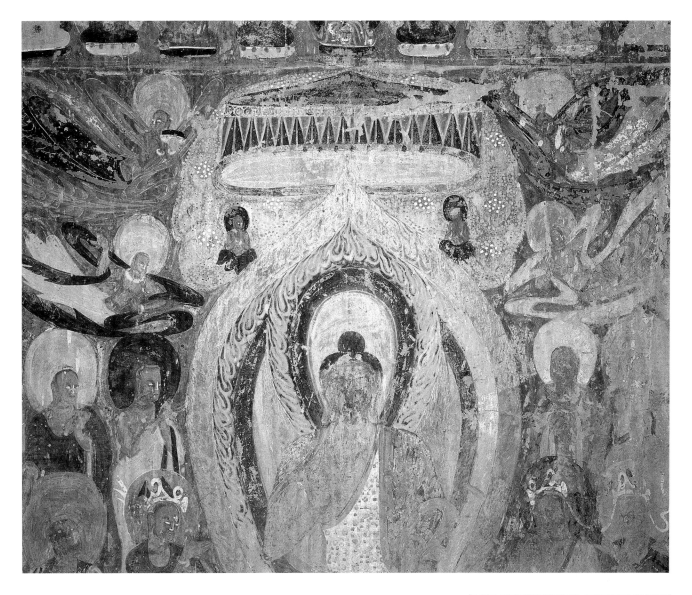

48　蓮花紋華蓋

從壁畫中的華蓋可以看出，其結構與藻
井相同。側視的華蓋蓋頂拱起，呈鈍角
形，蓋周圍飾橫條帶狀邊飾，畫小圓蓮
花紋。下垂三角帳，帳繫鈴。三角帳條
之間夾飾垂帶。華蓋後面的小圓點紋飾
是菩提樹冠。

北魏　莫260　北壁

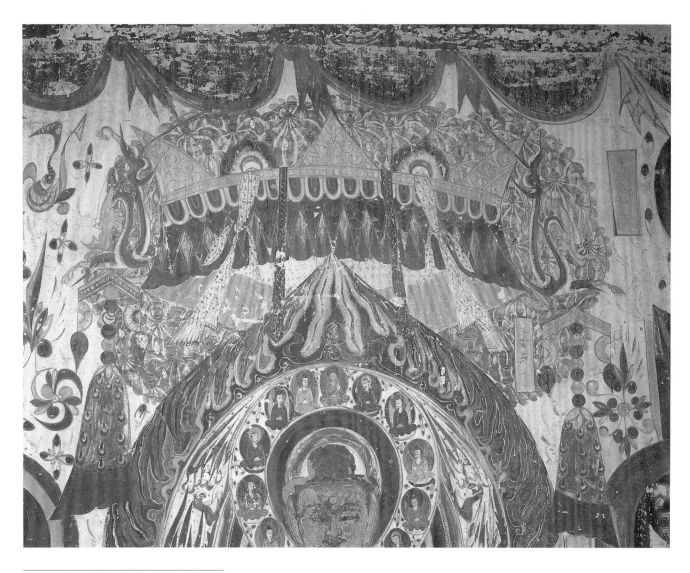

49 龍唧玉珮紋華蓋

壁畫中畫在佛陀頂上的華蓋，蓋頂飾三
角形和火珠形摩尼寶，蓋周圍垂飾帷
帳、綬帶，兩側是龍唧玉珮、葆羽、流
蘇，內容與藻井相同。背景是菩提樹。

西魏 莫285 東壁

50 蓮花紋套斗藻井

藻井為三重方井套疊構架。方井邊框土
紅色地，繪單葉忍冬連續紋。中心為綠
地水渦紋，繪重層捲瓣蓮花，四角繪摩
尼寶火燄紋和寶蓮花。方井外圍白邊繪
小雲紋和兩重三角垂帳，藻井四角繪飾
有獸面流蘇，與華蓋相同。

西魏 莫285 窟頂

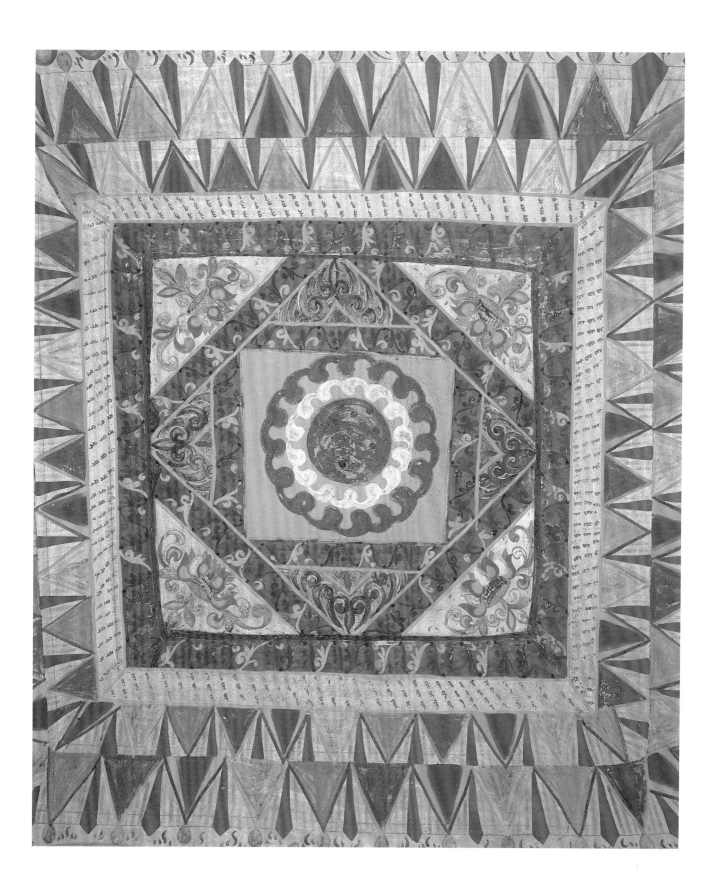

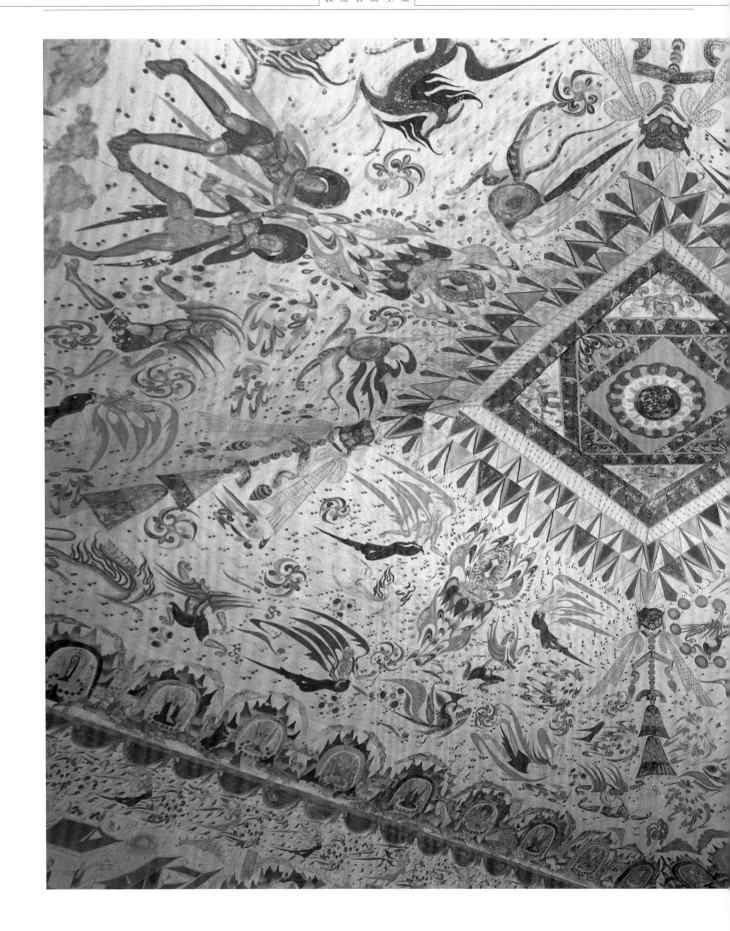

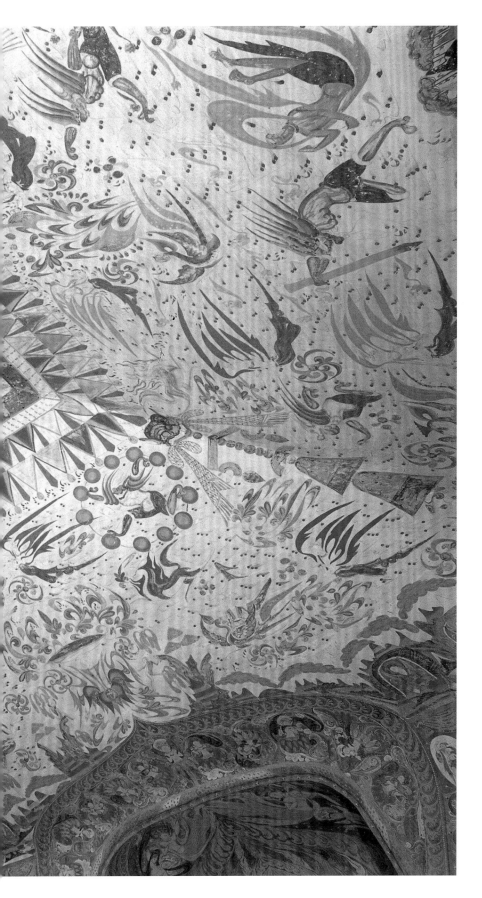

51 蓮花紋套斗藻井窟頂

藻井形同華蓋，環繞藻井的虛空中飛翔
着伏羲女媧、雷神、電神等諸路神仙和
飛天。

西魏 莫285 窟頂

52 蓮花飛天紋套斗藻井

方井邊框均為土紅地繪忍冬紋，中心塗
綠地繪白蓮花，四角為藍地黑褐色飛
天。方井外圍增畫一周千佛。三角垂帳
短小而密集，別具一格。

北周 莫296 窟頂

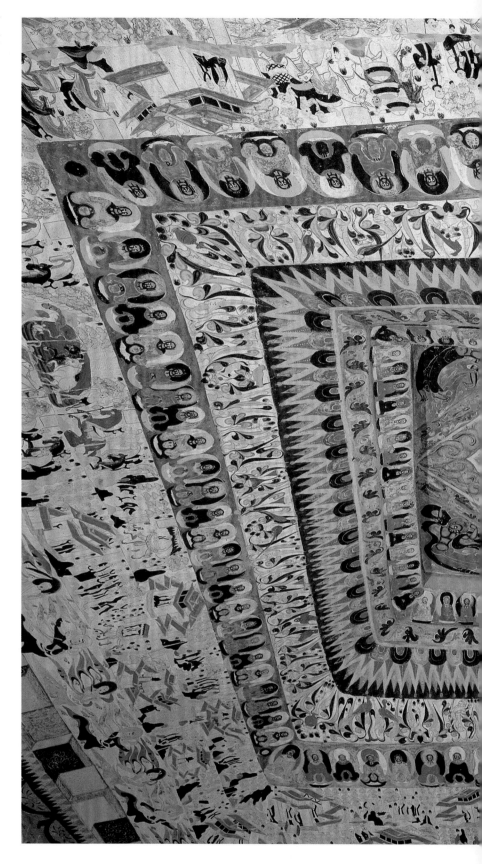

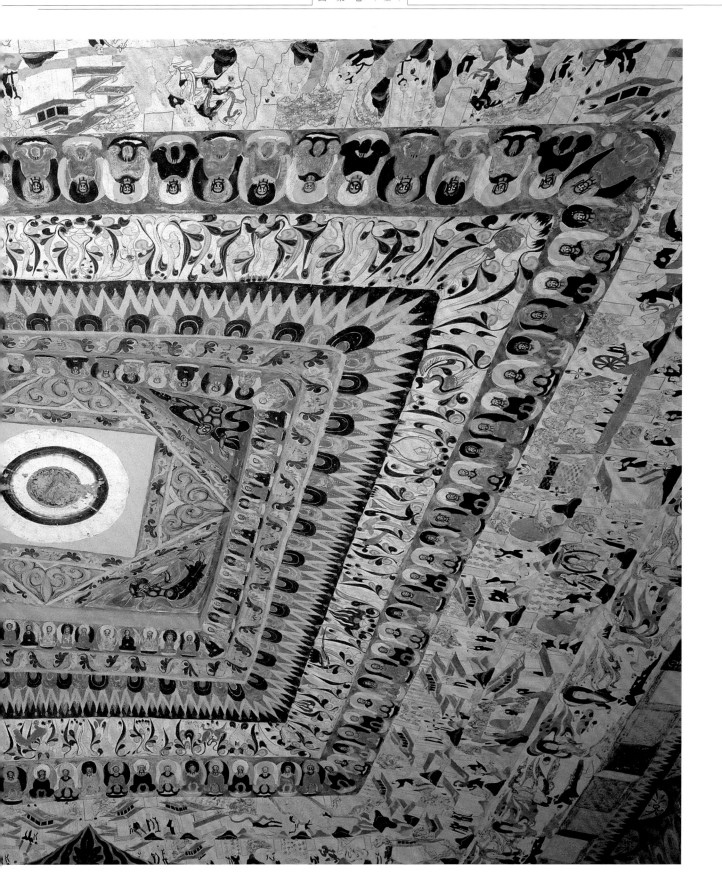

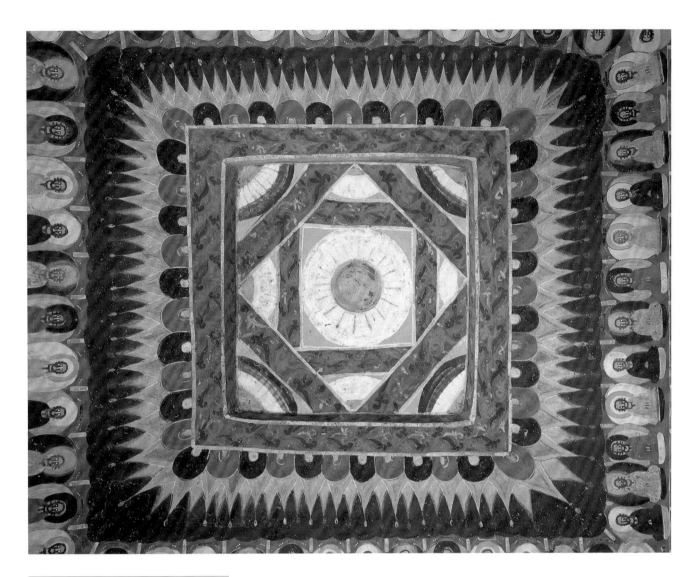

53　九蓮花紋套斗藻井

藻井紋飾簡潔，方井邊框為土紅地，同
繪一種忍冬紋。中心和內四角畫白蓮
花，外層四角畫濃色蓮花，角花形如折
扇。三角垂帳勾波形牙邊，無紋飾，形
象樸實莊重。

北周　莫297　窟頂

第四節　龕楣圖案

　　龕楣圖案是畫在佛龕楣額上的裝飾。敦煌北朝石窟中的佛龕有兩種樣式：一是西域式圓拱形龕，一是漢式闕形龕。圓拱形龕龕口上部有楣飾，兩側有立柱；闕形龕龕口即是屋簷，無楣飾。圓拱形佛龕楣額上部正中呈尖凸狀，兩端向下的彎弧座落在龕口兩側的立柱上。關於圓拱形龕楣的形成，毋需再去遠溯公元前的印度石窟門楣和明窗建築的形式，只要辨別一下兩件佛龕造像就完全明白了，一件是阿富汗毗摩蘭出土的圓形金舍利盒，盒一周有八個像龕，龕楣均為尖圓拱形，楣面較窄，楣中只有一條凸起的綫紋，龕口兩側為希臘多利安式立柱。另一件是烏茲別克南端貴霜王朝寺院遺址出土的白石雕佛像龕，龕內為一坐佛像，龕楣尖圓拱形，楣中有一道凹凸紋，龕口兩側有矮小的立柱，柱頭類似希臘科林斯式。兩件作品的製作時間，前者為公元1至2世紀，後者為公元3世紀。另外，在敦煌西邊的近鄰新疆樓蘭古城出土一件殘木雕，橫向連續雕刻五個佛像龕，龕楣亦為窄長的圓拱形，龕口兩側亦為矮小的科林斯式立柱。製作時間約在公元3至4世紀。值得注意的是，新疆主要石窟羣龜茲諸石窟，窟內佛龕外壁沒有楣飾，但在壁畫上繪有簡單的圓拱形龕飾。非常清楚，圓拱形的佛龕楣飾是傳自中亞，而古樓蘭的佛龕楣飾則直接影響敦煌。

　　敦煌石窟中最早的佛龕楣飾在第268窟，佛龕為淺圓拱形，龕楣窄長，隨龕形彎弧，兩端向下垂落在龕口兩側矮小的立柱上，柱頭為希臘愛奧尼樣式。楣面繪簡單的火燄紋。窟內左右壁的四個禪室圓拱形門額上亦繪有簡單的火燄紋楣飾。同期的第272窟，佛龕為弯窿形，龕楣亦為窄長的圓拱形，原繪有火燄紋。楣下部繪有圓拱橫樑，樑體分段塗成黑、綠、紅、白色連續斜方格形，格內原有鱗甲紋。樑體兩端各繪一獸頭。這種繪有鱗甲紋的圓拱形楣樑，無疑又是源自龜茲石窟。遺憾的是，這些楣飾紋樣已模糊不清了。

　　如果說早期的龕楣圖案是西域式的，那麼北魏的龕楣圖案則是西域與中原的混合式。北魏石窟均為中心塔柱窟形，佛龕的位置隨之提高了，龕楣的楣面、楣樑以及龕柱均為泥質浮塑再施彩繪。楣面比較寬大，兩端向下的彎弧縮短，龕柱升高。柱頭多為“T”字形，如同希臘多利安式，或束以帛巾。楣飾繪忍冬、蓮荷、化生童子，化生童子居正中上部，雙臂左右伸展，手握蓮枝或長巾，蓮枝向左右作對稱式彎曲伸延，每彎有一回捲的分枝，枝頭各有一蓮荷化生童子。龕楣邊緣繪火燄紋帶。蓮荷化生與火燄表示佛國淨土佛法光明照耀。龕楣下部為凸起的半圓形楣樑，樑體繪五彩斜方格，格內繪鱗甲紋。樑體兩端各塑一龍首,立於龕柱上。聰明的畫工塑匠,把西域式的繪有鱗甲紋的彎弧樑體裝飾為龍身,與龍首組合在一起,恰似一軀弓身躍起的長龍,應當說這是以中國文化為依托的藝術再創造。這種半拱形龍首楣樑,也見於河西走廊諸石窟和內地的大同雲岡、洛陽龍門諸石窟,是北魏石窟中流行的龕楣樑飾。當然它的最初設計者並不是雕造北魏佛窟的能工巧匠,而是遠在漢代,或更早的時代。山東嘉祥、沂水與河南唐河出土的漢代畫像石刻中,都有同體二首龍,與佛龕楣樑近似,但它不是甚麼拱樑,而是表示天空的彩虹。這一概念源自春秋時期的玉璜,其形也即是商代甲骨文中的"虹"字。佛龕上的拱形鱗甲紋楣樑雖然來自西域,但漢代畫像石刻中的雙首虹龍,又賦予了它新的內容。兩種藝術形式的完美結合,反映出此時的中國佛教信仰,已融入中國的多神崇拜思想。龍,作為一種文化表象,印度佛教中

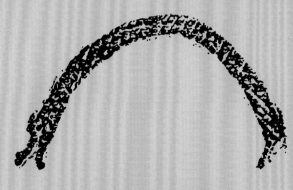

河南唐河漢代虹紋石刻

有,中國傳統文化中也有。印度之龍,梵語"那伽",身長無足,蛇屬之長。在佛教中為"天龍八部"之首,是護衛佛法的守護神眾之一。

北魏末到西魏,佛教在中原發展到幾乎狂熱的程度,寺院裝飾極為華麗。這種風氣也影響到敦煌石窟的裝飾,龕楣圖案一改前期那種諸窟一面的模式,有的龕楣在忍冬蓮荷紋中增繪了禽鳥,有的龕楣全繪以天人,有的繪成佛經故事畫。忍冬蓮荷紋的蓮瓣長大而下垂,蓮中的化生童子多持樂器,形象突出。在這諸多華麗的龕楣圖案中,第285窟左右壁上的八個禪室楣飾,尤為惹人注意。禪室楣飾與佛龕楣飾樣式完全相同,楣面邊緣亦為火燄紋,中部繪忍冬禽鳥紋,其區別僅是禪室楣飾中沒有化生童子,楣樑兩端也不是龍首,而突出的是忍冬紋中的一對對稱的禽鳥。因為蓮花化生是佛界淨土所有,而禪僧只能享有人間的花木禽鳥自然景致。禪室裝飾圓拱楣飾,印度阿旃陀石窟已有先例,但只雕出素面,沒有紋飾。西域石窟僧房多無裝飾。北魏洛陽寺院禪室環境則如同"仙居"。《洛陽伽藍記》記載"眾僧房前,高林對牖,青松綠檉,連枝交映"。"誦室禪堂,周流重疊,花林芳草,遍滿階墀"。據此推想,第285窟禪室裝飾這樣

華麗的楣飾圖案也就不難理解了。

北周時期，龕楣蓮荷紋中的蓮荷造型逐漸趨向自然化，忍冬葉原形也漸蛻變，出現了第297窟的彩塑雙龍、羽人的佛龕楣飾。這是一種新樣式，龕柱柱頭多為蓮瓣下垂的仰蓮荷形，柱身纏繞蓮莖。大同雲岡石窟有的門楣上即雕有雙龍，中原各地佛造像碑碑額上也多雕有龍形，傳為龍子。第297窟雙龍龕楣正是仿效中原樣式所為，取其護衛佛法的含義。龕楣中的羽人本是道教中的“飛仙”、“仙人”，傳說道人羽化能飛升登天。第249、285窟窟頂壁畫即把佛、道、神怪內容的形象融匯在一起，其中也有羽人的形象。河南鄧縣彩繪畫像磚墓中的佛教飛天，也稱“飛仙”。這些都是佛教在中國發展過程中，佛、道思想相互融合滲透在藝術上的反映。

敦煌北朝龕楣圖案，就其總體而言，其紋樣仍以忍冬蓮荷化生紋為主，上緣繪火燄紋，下邊彩繪泥塑楣樑。蓮荷化生應是重視往生淨土的表現。

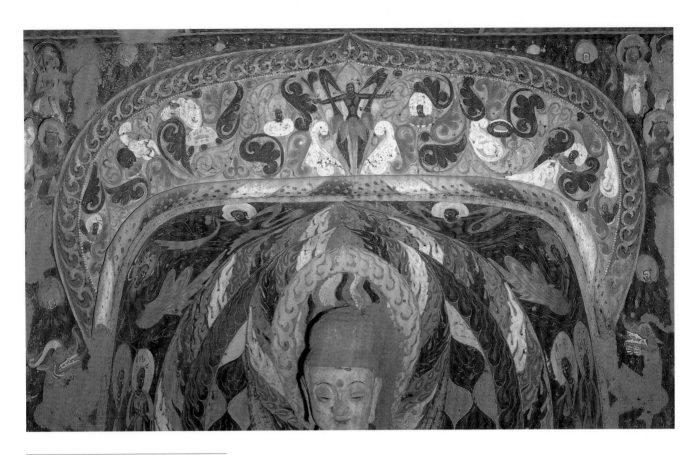

54 蓮花化生纏枝忍冬紋龕楣

龕楣尖拱形,泥塑楣面、楣樑。楣面中
央繪蓮花化生童子,童子自蓮花中生
出,化生半身,兩臂伸出,手握蓮枝。
兩側纏枝中各有三個蓮花化生和一個無
化生的蓮花,化生有頭無身。其內容是
表現"上品生"、"中品生"、"下品
生"的淨土世界。圖中還可看到壁畫的
製作程序,先以淡赭色勾出紋形,再塗
飾濃重厚色,最後加描白綫。楣樑兩端
的龍身已毀。

北魏 莫251 中心柱東

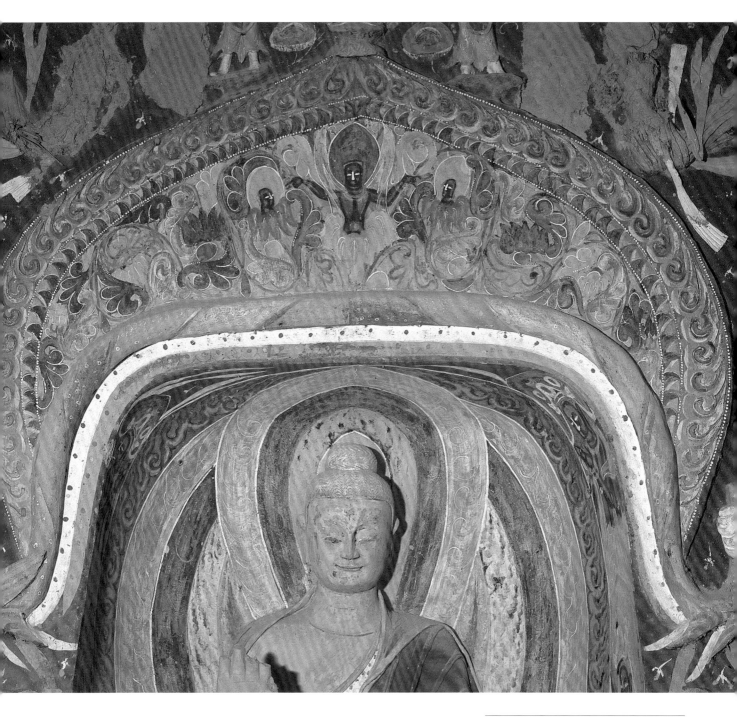

55　蓮花化生纏枝忍冬紋龕楣

纏枝中只繪中央一個大化生和左右兩個
小化生，紋飾簡略，但綫條清晰、色彩
保存較好。

北魏—西魏　莫435　中心柱東

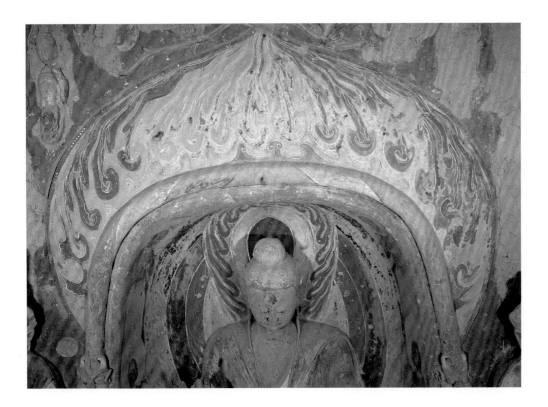

56 火燄紋龕楣

火燄紋的單元紋樣相同,用不同的顏色
依次重疊塗飾,以色彩形象求其變化,
中央為赭灰色,左綠色,右藍色,次黑
色。雖不對稱,而經白綫勾描,則在變
化中得到統一。

北魏—西魏 莫248 中心柱東

57 蓮花伎樂化生童子禽鳥纏枝紋龕楣

龕楣中央畫蓮花化生童子雙手舉蓮,右
左各有二身奏樂化生,吹笛、簫、排簫
和角,還各有一孔雀。色彩對比鮮明,
用青金石研製的藍色特別亮麗。

西魏 莫249 西壁

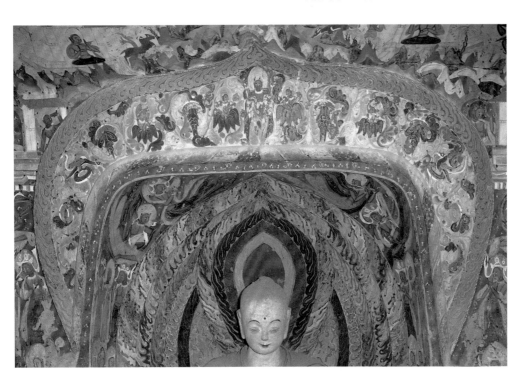

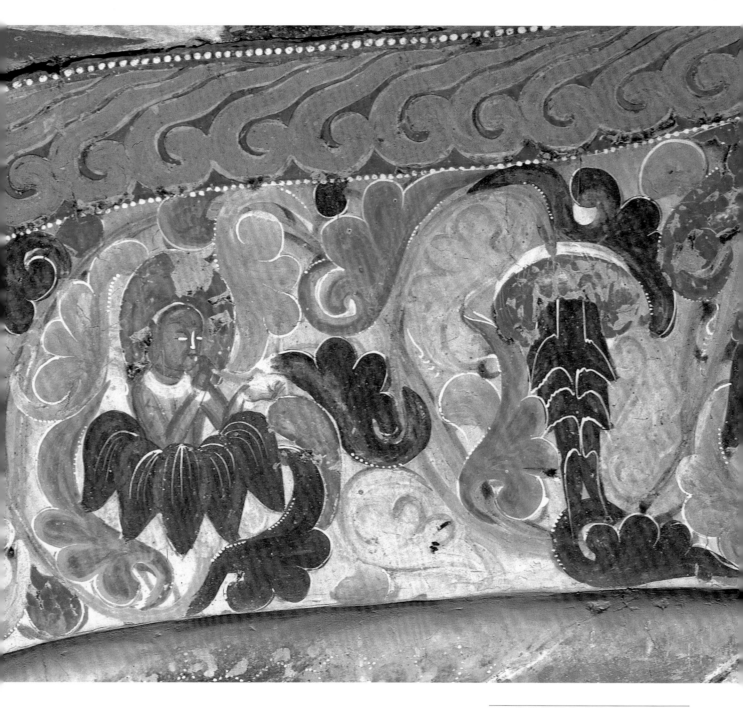

58　蓮花伎樂化生童子

此紋是前圖龕楣的細部，化生童子從蓮
花中生出，手捧畫角吹奏樂曲，蓮瓣像
裙一樣下垂。

西魏　莫249　西壁

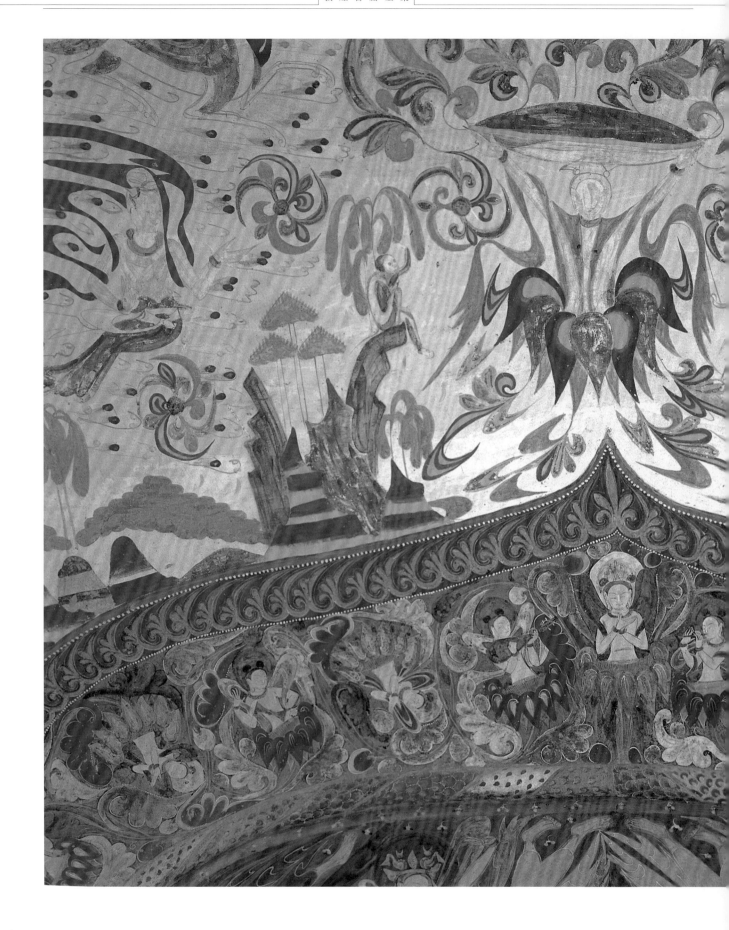

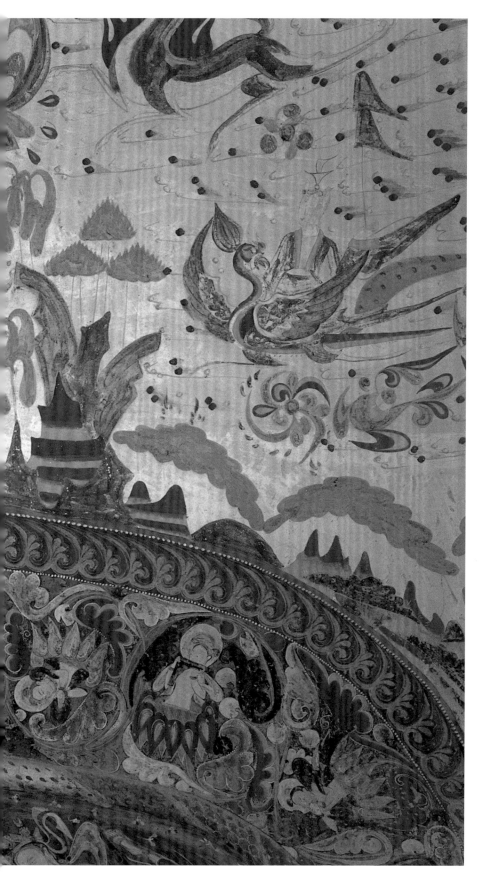

59　蓮花伎樂化生童子龕楣

蓮花化生伎樂童子隨花俯仰，均為半身，頭梳雙髻。中央童子雙手合十敬禮，左右各有三童子演奏樂器，二童子合十行禮。樂器有琵琶、豎笛、腰鼓、排簫、橫笛。繪工精緻，色彩保存完好。

西魏　莫285　西壁

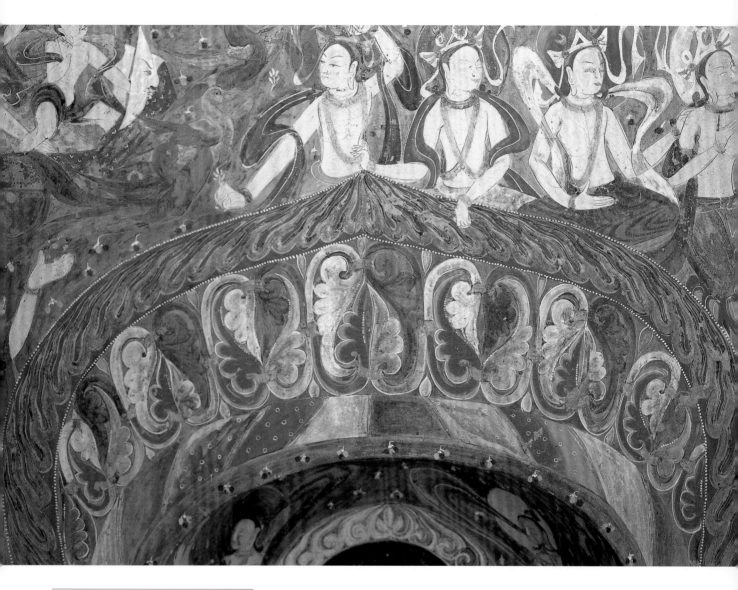

60 忍冬火燄紋龕楣

紋樣以四片忍冬葉為一個單元,兩葉合
併在內,另兩葉葉柄相連,葉片背向分
開向內包合,左右連續。四葉忍冬均以
青綠、淡朱、黑褐三色相間塗繪。紋飾
簡潔規整,很富裝飾感。

西魏 莫285 西壁

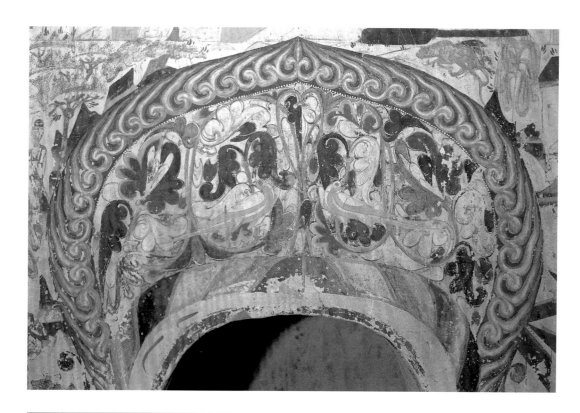

61 忍冬鸚鵡火餡紋禪室楣飾

禪室楣飾亦如佛龕。繪以纏枝忍冬紋，
纏枝彎轉迴旋，葉色青、綠、朱、紫相
間，葉中畫兩隻綠羽紅嘴鸚鵡，相對而
立，回頭張望。
西魏 莫285 南壁

62 忍冬馬雞火餡紋禪室楣飾

禪室楣飾畫纏枝忍冬紋，葉中有兩隻灰
藍色馬雞，相對而立，翹尾，低頭引
頸，睜圓雙眼，表現出一副準備啄鬥的
神態，為平靜的楣飾增添了幾分生氣。
西魏 莫285 南壁

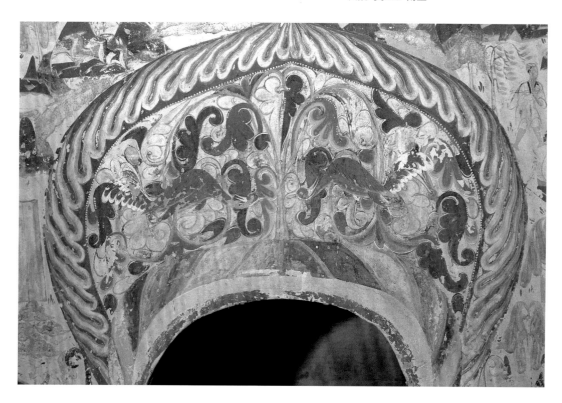

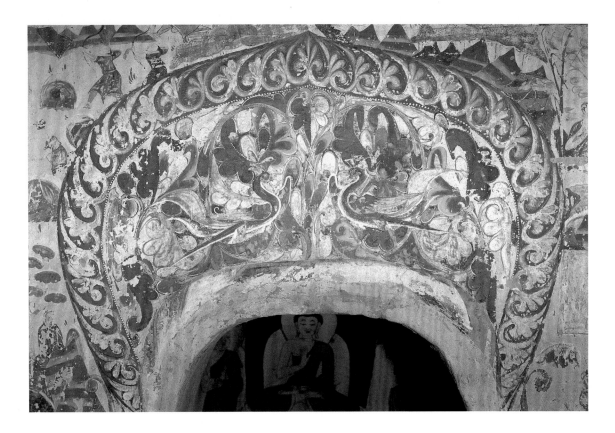

63 忍冬鳳鳥火燄紋禪室楣飾

禪室楣飾畫纏枝忍冬紋，葉中有一對鳳
鳥，翹尾振翅，昂首而立。
西魏 莫285 北壁

64 忍冬雙鴿火燄紋禪室楣飾

禪室楣飾畫纏枝忍冬紋，葉中畫有兩隻
鴿，棲息枝頭。回頭顧盼。
西魏 莫285 北壁

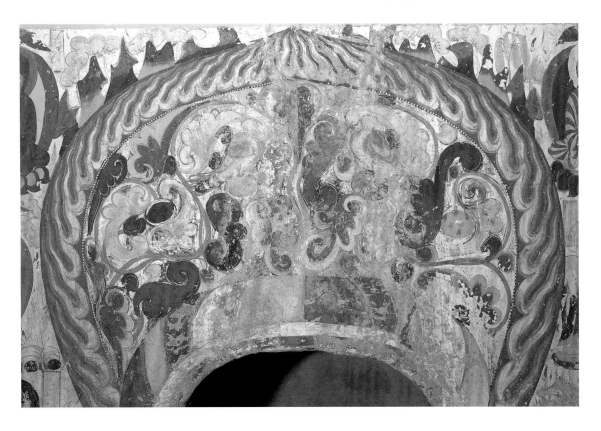

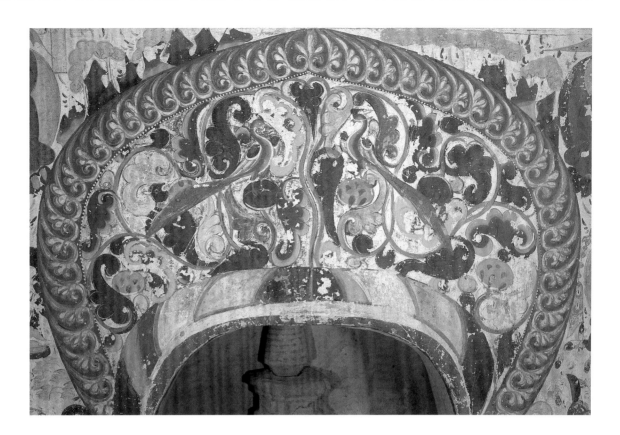

65　忍冬青鳥火餤紋禪室楣飾

纏枝忍冬紋中繪一對青鳥，對面靜立在
蓮花上低頭歇息，長羽尾，頸有白色環
紋，羽翅華麗。青鳥是傳說中的神鳥。
西魏　莫285　北壁

66　忍冬鸚鵡火餤紋禪室楣飾

纏枝忍冬紋中繪一對鸚鵡，對立於蓮花
上回頭張望。運用朱紅、青綠、黑褐色
強烈的色彩對比，是此窟禪室楣額華麗
裝飾的藝術特色。
西魏　莫285　北壁

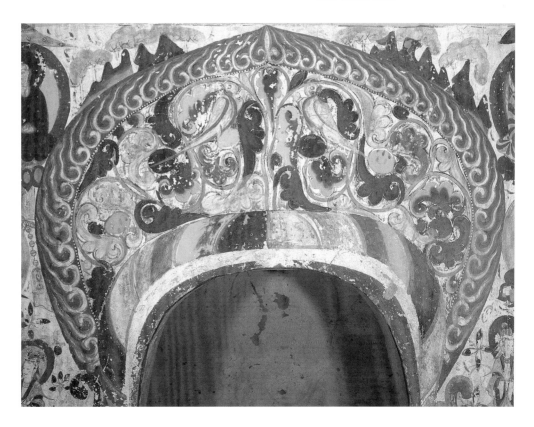

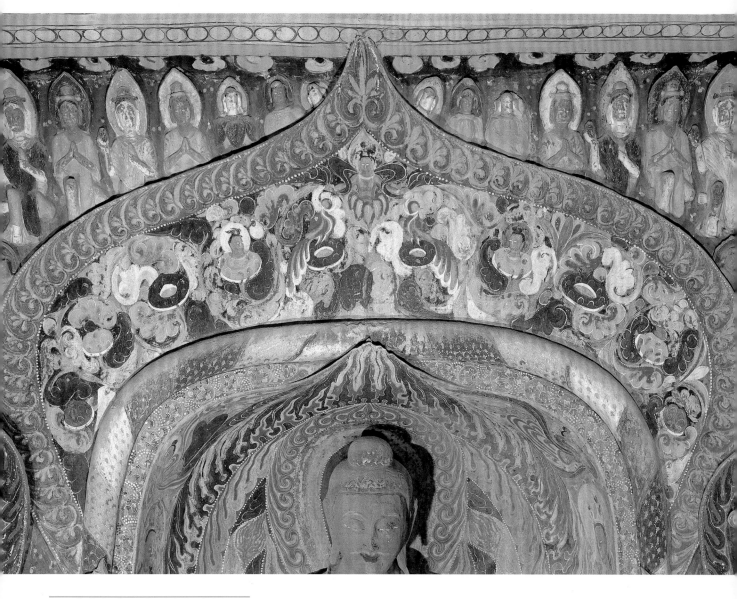

67 蓮花化生馬雞忍冬紋龕楣

龕楣中央畫小朵蓮花化生，其下畫一對
藍馬雞，羽毛青綠色，羽尾如忍冬葉
形。兩側各有一蓮花化生和三朵蓮花。
呈現一派清冷的色調。

北周 莫432 中心柱東

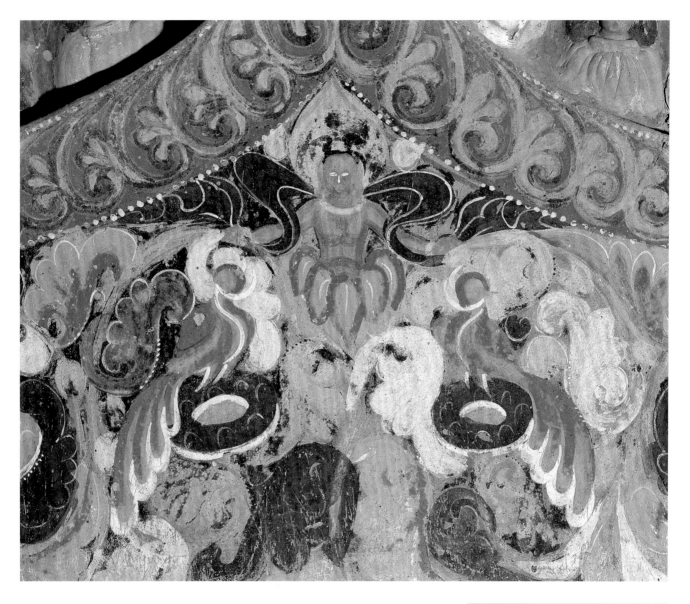

68 蓮花化生馬雞忍冬紋
此紋樣是前圖龕楣的細部，蓮花中童子
揮動舞帶，兩隻藍馬雞回首顧盼。
北周 莫432 中心柱東

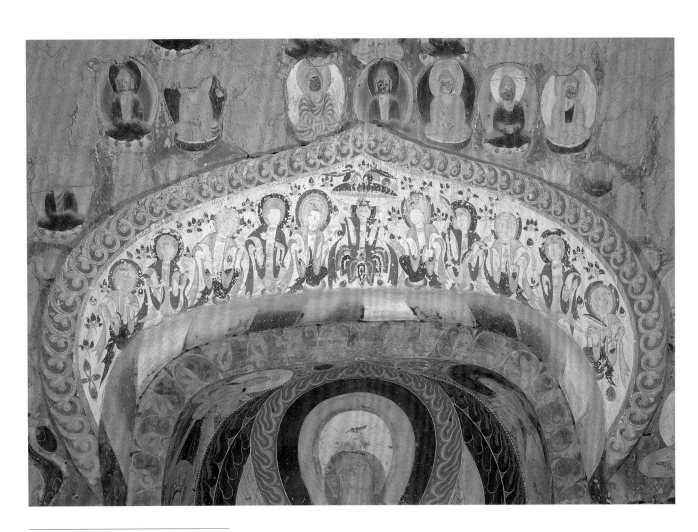

69　蓮花化生天人忍冬紋龕楣

龕楣中央畫蓮花化生童子，童子雙手托
舉一大蓮花，蓮花大如傘蓋，左右各有
五個天人持蓮花胡跪供養。色彩以石青
為主，間以黑褐、紫灰，清淡雅致。
西魏　莫288　中心柱東

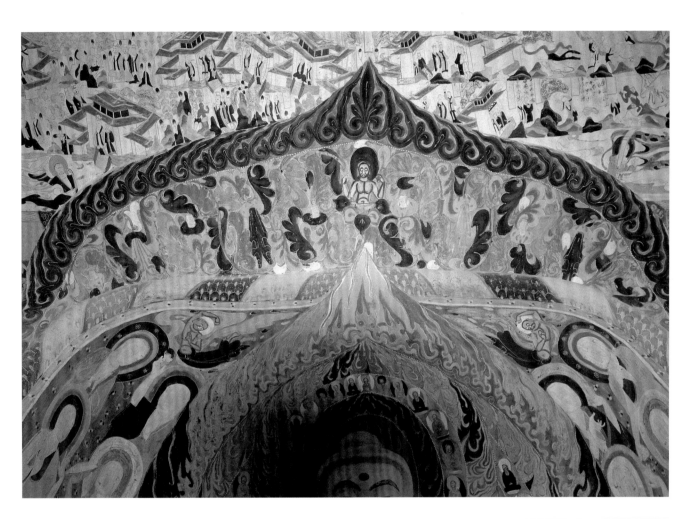

70 蓮花化生忍冬紋龕楣

龕楣中央畫蓮花化生童子，兩側纏枝中
各有三朵蓮花下垂帛巾，是北魏龕楣遺
風。蓮花化生形體甚小，隱在稠密的葉
紋中。忍冬葉片形狀肥短，葉裂較深。
紋飾色調冷暖對比強烈。

北周　莫296　中心柱東

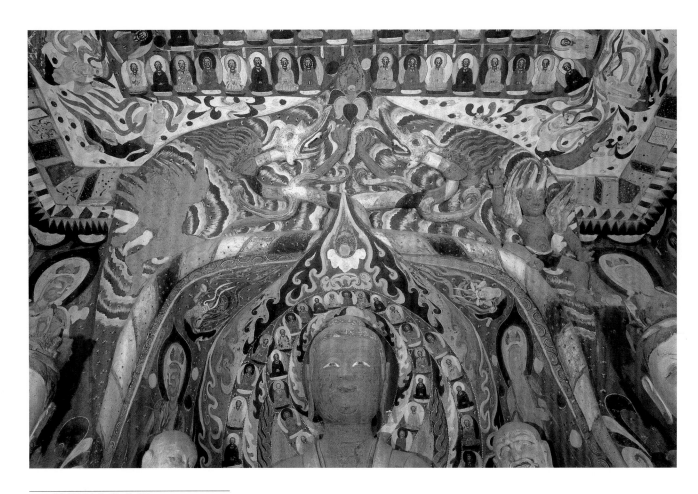

71　雙龍羽人紋龕楣

龕楣為泥塑，二龍交體對首戲珠，在壁
上畫出龍頸上的鬃鬣，龍體後半與楣樑
融而為一，設計非常巧妙。二羽人為童
子形象，趾爪，兩臂生翼，頭長雙角，
現存一身。龍與羽人塑在龕楣上是表示
護衛佛法。

北周　莫297　西壁

第五節　佛背光圖案

佛背光圖案是畫在佛龕內佛塑像身後壁上的裝飾。背光包括頭光和身光，頭光亦稱圓光、項光。壁畫上的佛像也繪有背光，與塑像背光相同。

作為藝術造型的佛像，於公元 1 世紀在犍陀羅雕造出來之始，頭後即有圓形光環，素面無紋飾。佛身何以有光？依佛經說，佛是聖人，身有"三十二好相"，或稱"八十種好相"，其中有"身金色相"、"常光相"，身體經常放射着金色光芒。中國人對佛像最初的認識，是《後漢書》注中說：明帝夜夢金人，長大，項有日月光，以問羣臣，或曰："西方有神，其名日佛。"這"日月光"即佛之光。那時世界上還沒有製造出佛像，或者尚在初創，中國人還不可能見到佛像，對"佛"的認識尚處在朦朧之中，因此區別西方佛與中國神的唯一標誌就是頭後有無日月光。

如何表現佛光，佛經上沒有說，佛像產生之初，佛光只是一個光環。印度馬圖拉政府博物館收藏的公元 2 世紀雕造的釋迦牟尼坐像，頭後圓光邊緣上刻有如同中國漢代銅鏡上的連弧紋。從這種紋樣中還看不出與佛光的聯繫。在新疆和闐附近曾出土一件公元4世紀的木雕立佛像，像的頭光、身光上均刻出放射狀的直綫，是以太陽光芒表現的，完全是西方藝術風格。新疆龜茲石窟中的佛背光，大都是一個多層的色環，圓環內

繪紋樣的不多。偶有所繪，紋樣多是放射狀的波綫或折綫。這波綫、折綫雖然簡單，卻與直綫有根本的區別，其形近似火燄，是以火之光表現佛光。

火燄紋是佛教造像用以表現佛光的紋樣，其源當在中亞，北朝時期流行。而敦煌北朝佛背光紋樣是一種更近似真實的火燄形態，並且有多種變化和濃厚的圖案意趣。北朝佛背光上的火燄紋樣可歸納為：單頭火燄紋、三頭火燄紋、多頭火燄紋、單頭套聯火燄紋、三頭套聯火燄紋、忍冬形火燄紋、齒條形火燄紋、波狀火燄紋。一般來說，早期簡潔，中期變得華麗，晚期又趨向簡化。

佛背光圖案仍以第268、272窟為最早，頭光與身光都是由多重色環組成。第268窟背光各層色環均繪單頭火燄紋，現已模糊不清。第272窟的頭光外兩環繪三頭火燄紋和千佛，內環紋樣不清。身光各環分別繪多頭火燄紋、天人、四葉連瑣忍冬紋、單頭火燄紋。這些紋樣在各地北朝石窟中或雕或繪都可見到。火燄紋佛光中的小千佛、天人、化生都是佛光中化現的形象。《觀無量壽經》說，佛"頂有圓光，其圓光中有五百化佛如釋迦牟尼佛，一一化佛有五百菩薩"，"舉身光中，五道眾生，一切色相皆於中現"。第156窟前室北壁有唐人墨書《莫高窟記》，在追述莫高窟初始建窟時說：沙門樂傅錫杖西遊至此，見金光如

千佛之狀。可見凡有佛光，佛光中就有化佛、化菩薩、化生的形象，它是佛背光紋樣中的重要內容。

北魏佛背光圖案基本沿襲早期紋樣，並形成以火燄紋為主紋樣的地區特點。火燄紋種類繁多，千變萬化，但化佛、化菩薩、化生繪製並不很多。背光的外環層較寬，繪多頭火燄紋，用石綠、白、淡赭、黑褐（變色）諸色反覆連續塗飾，使同一形象的連續紋呈現鮮明的節奏感。背光的內環各層，依次向內逐漸變窄，分別繪較簡的火燄紋，有的繪有化佛、化菩薩、化生。由於各環層地色不同，紋樣簡者不單調，環層多者不繁瑣。

北魏晚期到西魏，背光圖案的塗色採取新的連續套聯法，即把同一環層中的前一個紋樣尾部與後一個紋樣首端用同一種顏色塗飾，使前後各單位紋樣連續不斷，成為一個整體，在視覺上形成紋彩相交，形色難分。持續半個多世紀的"老"紋變得更為豐富華麗，且有熊熊火光之感。這在石窟圖案繪製方法上應是又一進步。這進步又應是從漢代絲織彩錦、刺繡雲氣紋上得到啟發。

北周佛背光圖案仍以火燄紋為主，但形象已呈現簡化的傾向，已不再那般華麗。大致分為兩種：一種背光中增繪有齒條形火燄紋，其源當在西域，這種紋樣在西魏背光中已經出現，只是採用

甚少，尚不足以引起觀者注意。另一種背光中，頭光與身光都繪千佛像。這是來自內地的影響。這兩種都是前期所未見的新樣式。由於此時缺乏上好的顏料，色彩形象魅力減弱了。北周藝術就整體而言，人物故事畫超越前期，大有發展，而圖案裝飾明顯缺乏生氣，這一現象持續到隋代開皇中期以後才有轉機。

火燄紋樣作為北朝時期佛像背光裝飾紋樣，有共同的發展規律，也有各地區的特點。現存最早的火燄紋樣繪於甘肅炳靈寺石窟第169窟，為西秦時期繪製的，都是最簡的各種單頭火燄紋，主要龕像和大型佛背光中多有化佛、化菩薩。而一個題有北魏延昌三年（公元514年）遊記的龕像佛背光只繪化佛、化菩薩而不繪火燄紋。所有背光繪製都比較粗簡。可以看出，當時畫工只是單純的為完成一個可供禮拜的偶像而作畫，似乎還沒有意識到背光圖案對莊嚴佛像的重要性。大同雲岡、洛陽龍門及鞏縣諸石窟，可能是囿於石雕的原因，不能如敦煌石窟那樣精描細繪，背光環層只有兩三層，光環中大都雕有一圈化佛。可以想象原來的彩色也不會很豐富。甘肅張掖馬蹄寺千佛洞作為敦煌石窟的東側近鄰，兩地背光圖案的藝術風格、繪製方法最接近。而背光上的火燄紋也只有邊緣一個環層，其餘環層則繪化佛、化

菩薩、飛天和無紋色環。麥積山石窟壁畫現存不多，從殘存的佛背光圖案看，無論西秦或北魏繪製，大都有化佛。這一點，上述各石窟可以說是相同的。敦煌石窟則不同，除早期的一個窟與後來的北周部分石窟佛背光中繪有化佛外，北魏、西魏這些主要石窟裏的佛背光，無論頭光或身光，層層光環都畫作火燄紋，層層光環紋樣各不相同，色彩豐富，富於變化，具有鮮明的濃厚的裝飾美。

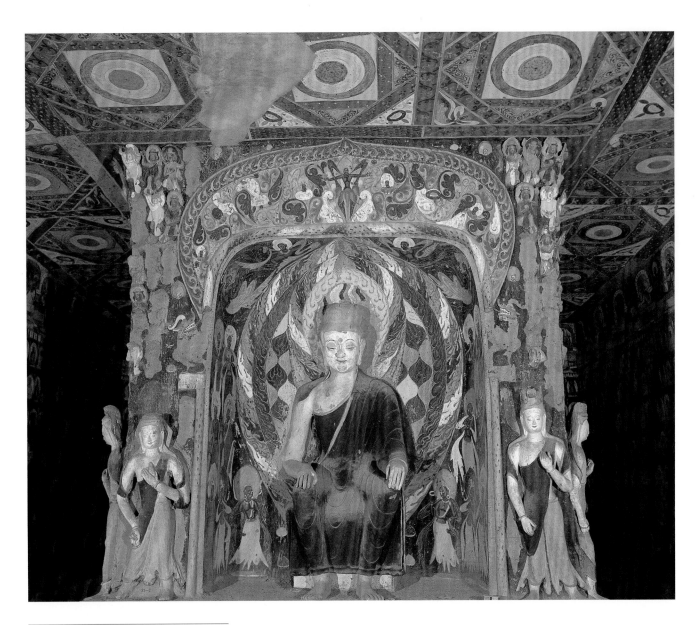

72 火燄紋佛背光

佛背光由多種火燄紋組成，身光中的波
狀單綫火燄紋環層面較寬，頭光中的波
狀四色火燄紋在敦煌石窟中極少見。

北魏 莫251 中心柱東向龕內

73 火燄紋佛背光

此紋樣是前圖佛背光的細部，從中可以
看出火燄紋的結構和描繪技法。

北魏 莫251 中心柱東向龕內

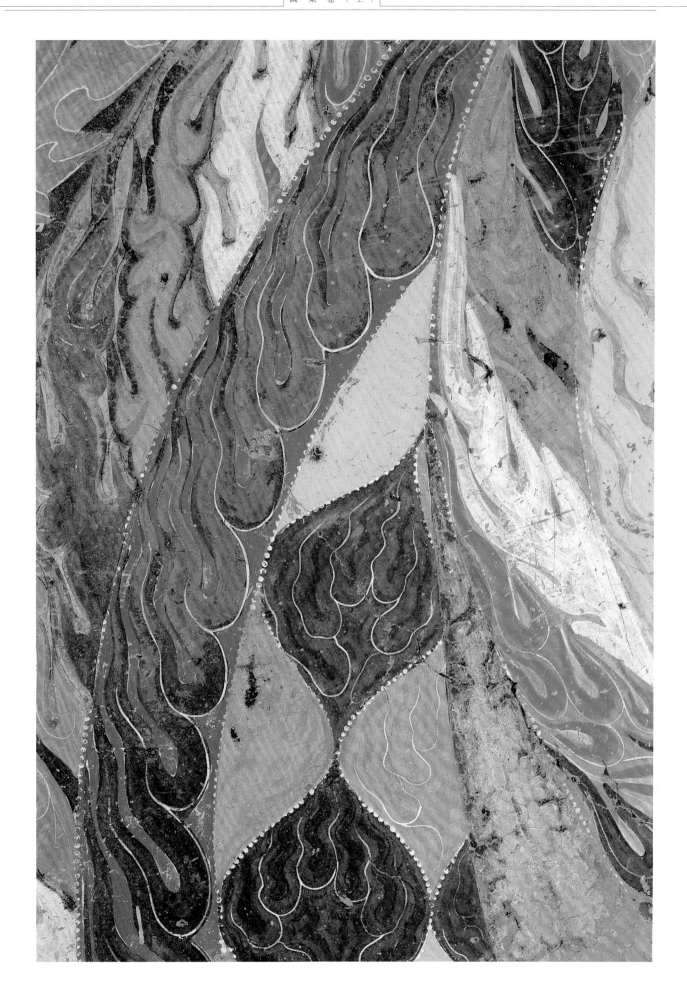

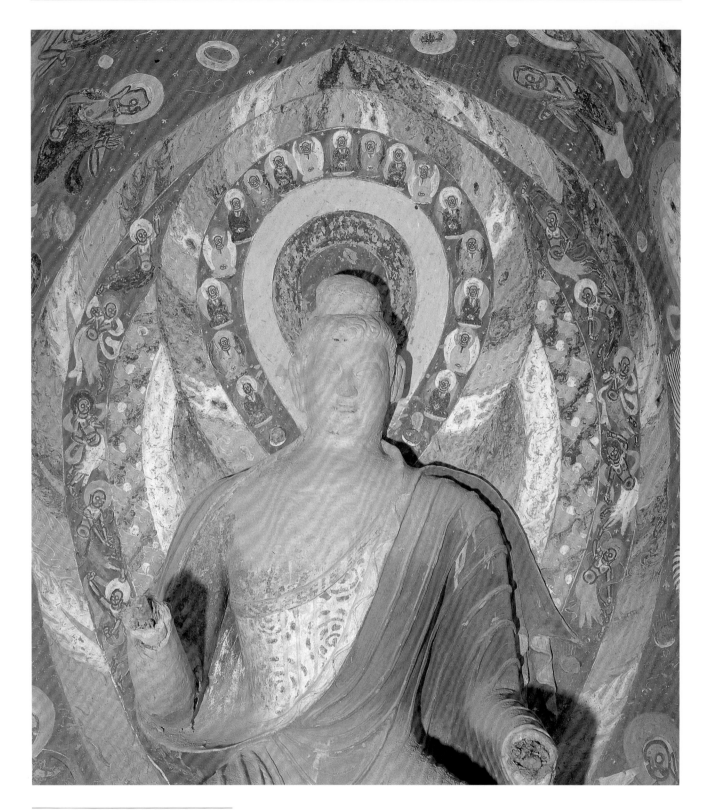

74 天人千佛火燄紋佛背光

佛龕穹隆形，龕內有彩塑佛像，頂部畫
圓形華蓋，佛的身光、頭光均為四重光
環，身光繪火燄紋、天人、四葉連瑣忍
冬紋。頭光繪火燄紋和千佛。火燄象徵
佛身放金光，天人、千佛是佛光中化現
的形象。

北涼 莫272 西壁龕內

75 火燄紋佛背光

畫在壁面上的佛背光，其紋飾、色彩均
與龕內佛像背光相同。

北魏—西魏 莫248 南壁

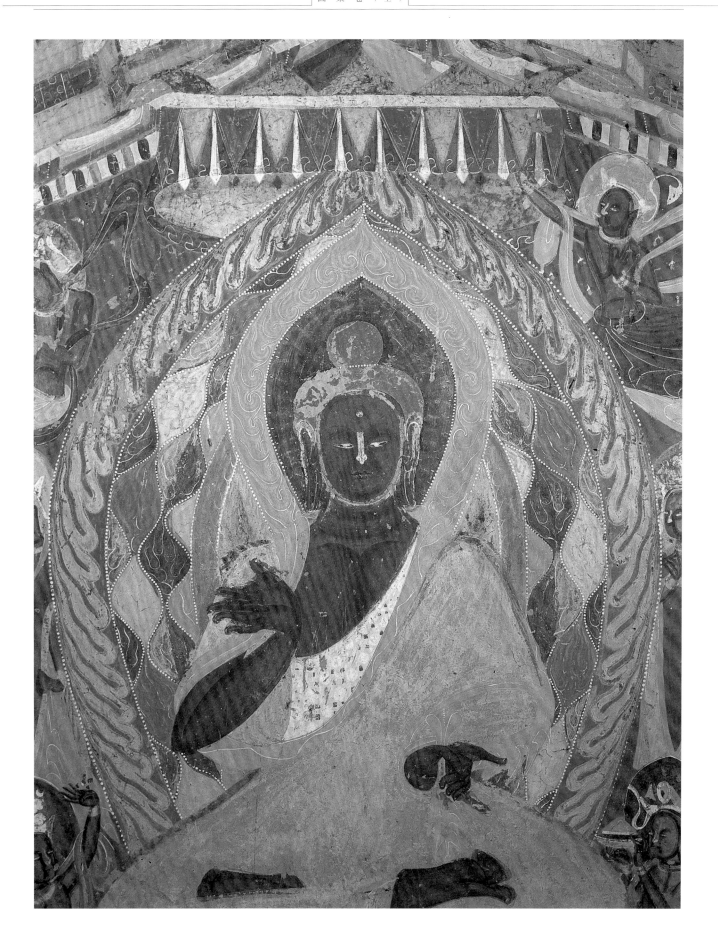

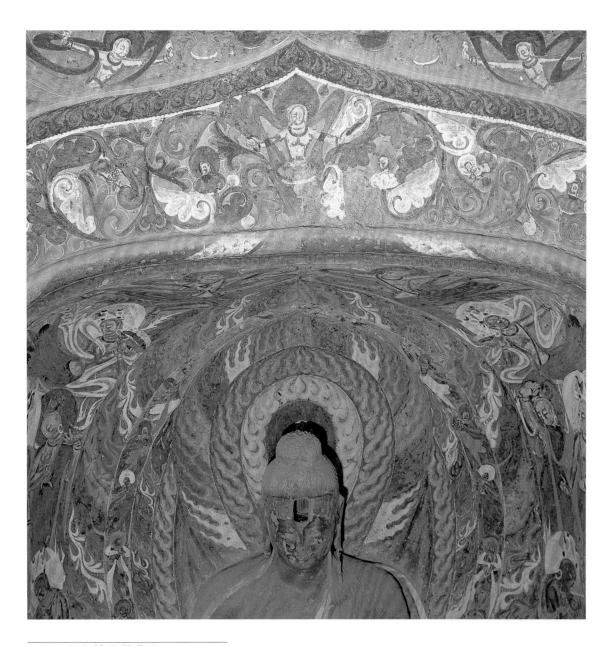

76 天人火燄紋佛背光

佛背光以火燄紋為主，火燄形式有單
頭、三頭、多頭等幾種樣式，以色彩形
象求其變化。

北魏 莫254 中心柱東向龕內

77 天人化生火燄紋佛背光

佛身光為五重光環，繪天人與火燄紋。
火燄紋中有一環為一開一合的波狀單綫
火燄紋，比較少見。頭光中有一環化
生。紋飾色彩鮮麗。

北魏 莫257 中心柱東向龕內

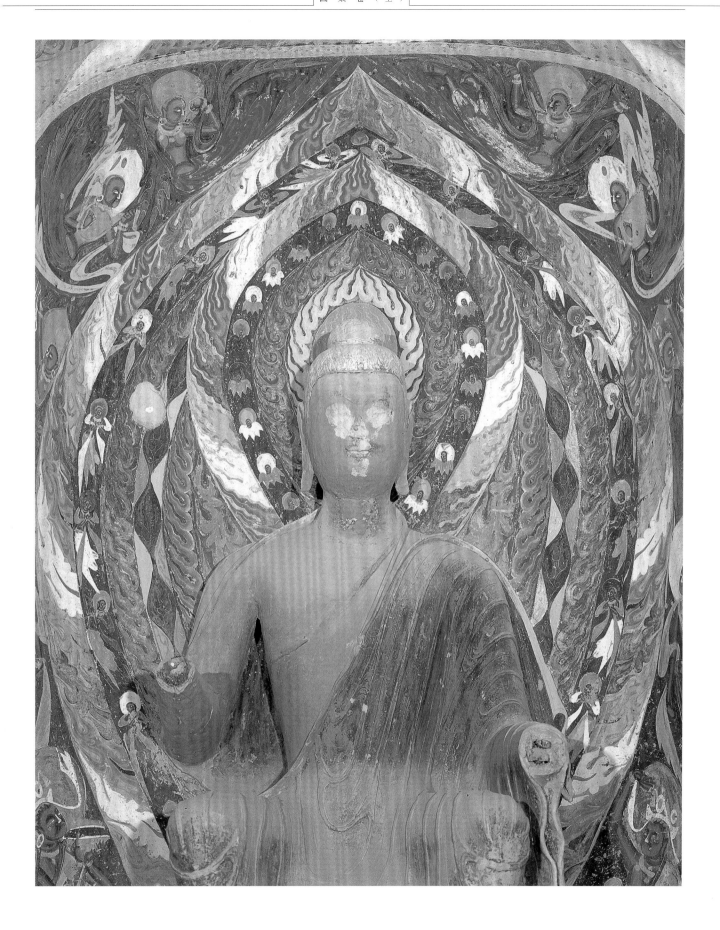

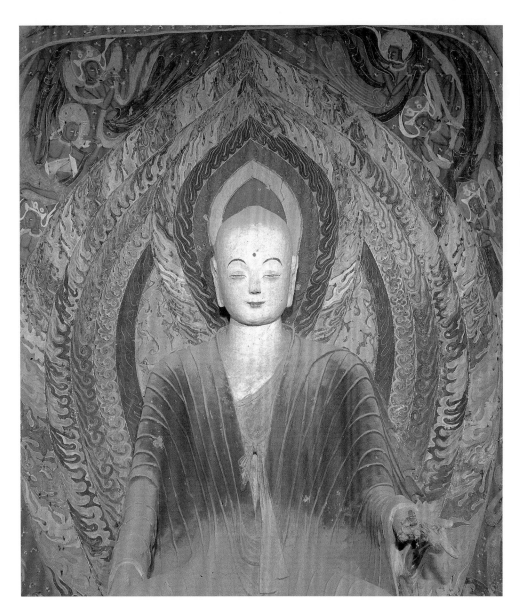
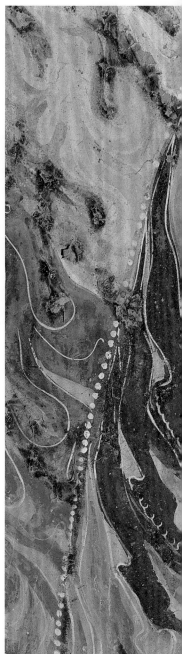

78 忍冬火燄紋佛背光

佛背光光環為多層,由多種火燄紋組
成。塗色技法除採用同色深淺疊暈之
外,還採用了新的套聯法,即前一單元
紋樣之首的顏色延續到後一紋樣之尾
部,使之層層相接,紋樣持續不斷,變
化莫測,極大的豐富了色彩形象,增強
了紋飾的節奏與動感,充分發揮了以色
造型的功能。

西魏 莫249 西壁龕內

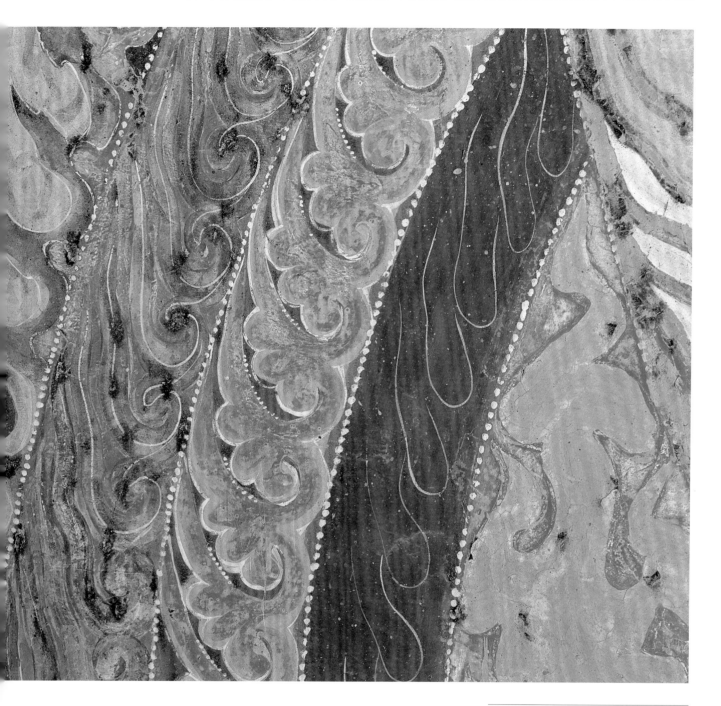

79 忍冬火燄紋

此紋樣是前圖佛背光的細部，環外層是
多頭火燄紋，二環是多色套聯單頭火燄
紋，三環是單色單頭火燄紋，四環是忍
冬火燄紋，五環是單綫火燄紋。色彩起
着重要的造型作用。

西魏 莫249 西壁龕內

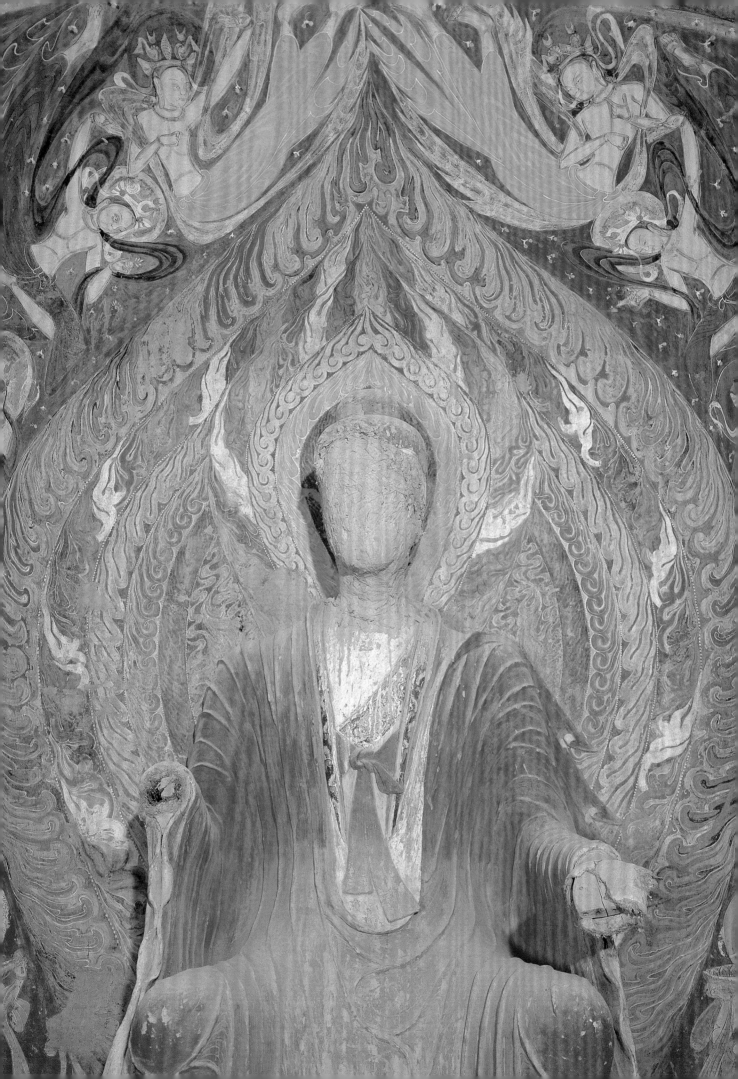

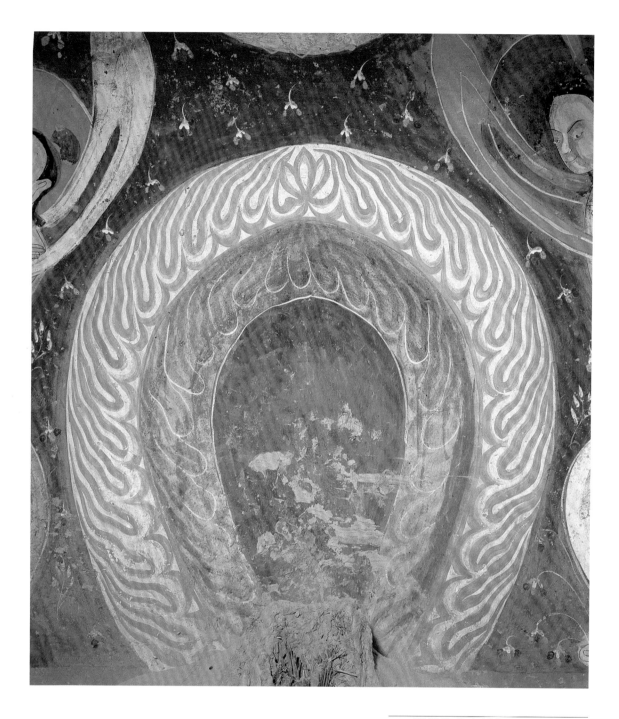

80　火燄紋佛背光

佛背光光環為多層，但火燄紋種類少，只是把通常用於身光環層的多頭火燄紋，移畫於身光的二環層和頭光外環層上。身光外環層的單頭火燄紋塗色採用了套聯法。這樣小小的紋樣部位改變，即表現出與眾不同的美。

西魏　莫285　西壁龕內

81　禪僧蓮花火燄紋頭光

禪僧塑像後所繪頭光為綠色火燄紋光環，中央結為蓮花，色調清爽淡雅，在周圍紅色襯映下顯得很美。紋樣簡練，別具一格。

西魏　莫285　西壁南龕內

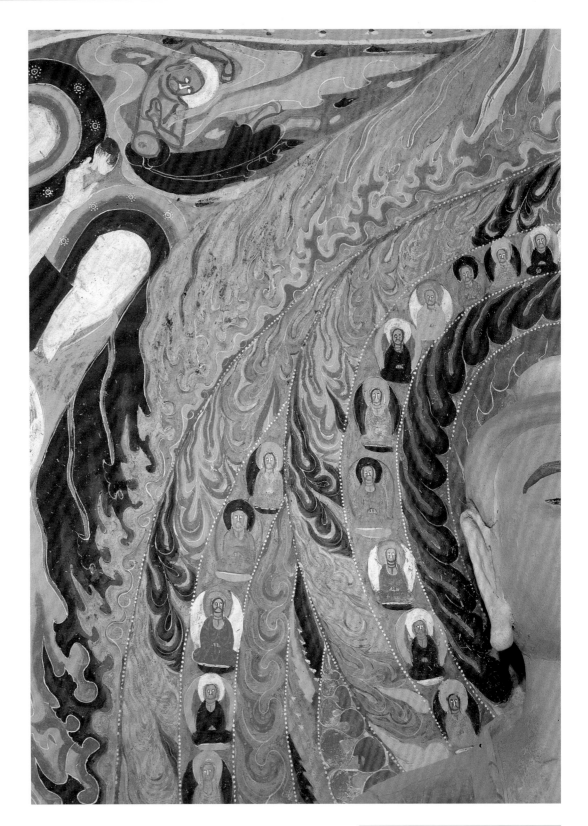

82 千佛火燄紋佛背光

佛背光中繪有千佛環層，以及新出現的
齒條形火燄紋和波狀折帶形火燄紋。這
種新的火燄紋，已無意表現火燄，而是
在追求一種單純的形式美。顏色多用赫
紅與綠，色調熱烈華麗。

北周 莫296 西壁龕內

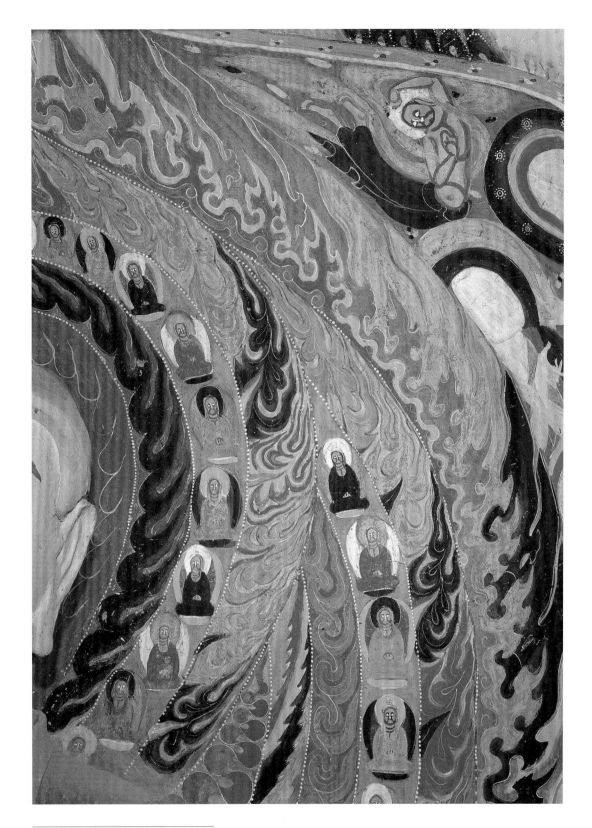

83　千佛火燄紋佛背光

此紋樣是前圖佛背光的右半部分。

北周　莫296　西壁龕內

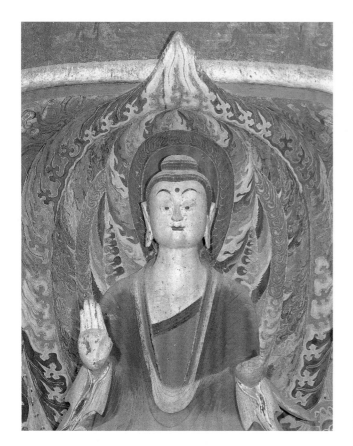

84 火燄紋佛背光

背光由多種火燄紋組合而成，色彩豔
麗，北周時期代表作之一。

北周 莫428 中心柱東向龕內

85 千佛摩尼寶火燄紋佛背光

在佛背光中繪新式火燄紋和千佛，特別
突出了背光尖端的蓮花摩尼寶，這是北
周時期佛背光的一個重要特徵。白色集
中塗飾在佛頭兩側和肩的上部，強調了
背光中心的亮度。現存佛頭部顏色為後
世重塗。

北周 莫297 西壁龕內

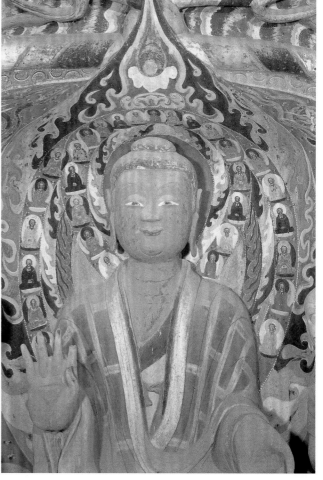

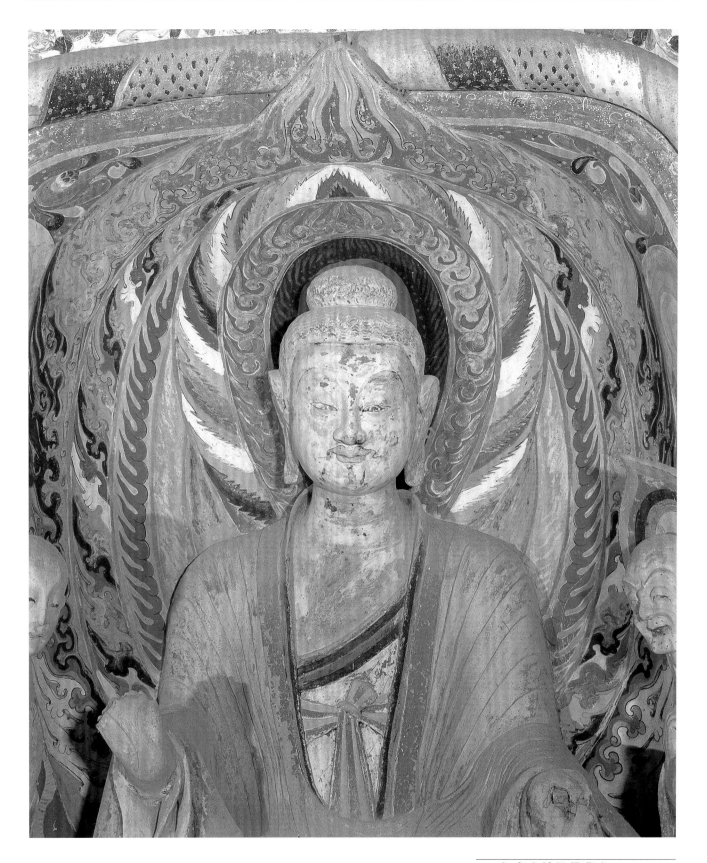

86 如意火燄紋佛背光

在火燄紋佛背光中，出現齒條形新紋
樣，塗飾有白、藍、綠、土紅、土黃
色，如此色彩組合構成了時代的特點。
北周 莫290 中心柱東向龕內

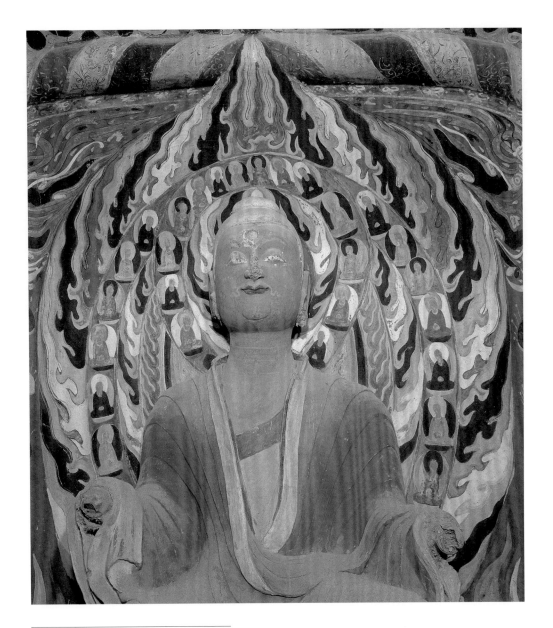

87 千佛火燄紋佛背光

背光中的火燄紋樣已經簡化,同一火燄
紋形,用土灰、白、青綠、黑四色,依
次反覆塗飾,光環層中夾畫千佛層,紋
飾簡潔而奇特。

北周一隋 莫301 西壁龕內

第六節 紋樣與邊飾

　　北朝各類型圖案都由共同擁有的紋樣及邊飾組合而成，也就是說，紋樣及邊飾是組構成圖案的基礎要素。石窟內各部位的裝飾各有紋樣類屬範圍，如窟頂藻井、平棊圖案中心是圓輪式大蓮花，並由忍冬紋、幾何紋、雲氣紋相聯組成構架。因此，解析各種紋樣的淵源、發展、演變，是開啟北朝圖案之門的鑰匙。

　　北朝紋樣主要有蓮荷紋、忍冬紋、幾何紋、雲氣紋、龜甲忍冬套聯紋、鱗甲紋、纏枝花草紋、天宮欄牆紋、祥禽瑞獸紋等十多種。

1、蓮荷紋樣

　　蓮荷即蓮花，是佛國淨土的象徵，其形象是佛教藝術的代表紋樣。公元前建造的印度桑奇大塔塔門上即雕飾有精美的蓮花。公元3世紀的犍陀羅佛陀造像上常見雕刻有蓮花座。蓮花也是中國傳統的裝飾紋樣，春秋時期鄭國曾把蓮花鑄造在青銅器上，戰國時期陶豆上有彩繪蓮花，到漢代是宮殿建築內部裝飾的主要紋樣之一。隨著佛教東傳，中國的蓮花紋樣應用範圍日漸

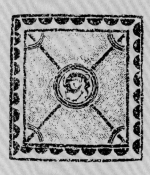

**江蘇徐州漢代
藻井紋石刻**

廣泛，造型也更為完美。

　　敦煌北朝的蓮荷紋基本是兩種，即表現為俯視的正圓形與側視的橢圓形。正圓形蓮花主要繪在藻井、平棊的方井中，其色彩形象是一個三環同心圓，中心圓是蓮蓬，外兩環是蓮瓣。與今新疆和闐、巴楚一帶古寺院遺址出土的蓮花紋飾基本相似，與印度佛教的蓮花紋樣一脈相承，只是蓮瓣較為密集，如同輪盤，有其地方特點。橢圓形蓮花多與忍冬紋組合繪於窟頂人字坡和佛龕楣飾上。

2、忍冬紋邊飾

　　忍冬紋是一種由多裂葉片組成的植物紋樣，源自西亞，約在2至3世紀經印度、中亞流入西域，4至5世紀隨佛教東傳，傳入中國內地，日漸成為普遍流行的一種裝飾紋樣。在建築、繪畫、雕刻、金銀器、刺繡等歷史文物上都可見到。至今在新疆的哈薩克、維吾爾諸少數民族的地毯、衣帽裝飾上還在使用。

　　忍冬紋樣流佈甚廣，橫跨亞歐，在中國延續一千多年，其命名可能是因為紋樣頗似忍冬藤，即金銀花。由於不同地域、時間及裝飾工藝、質材等原因，使紋樣呈現種種不同的差異。於是研究者對忍冬紋樣的自然原形提出多種議論：有棕櫚葉、椰棗葉、葡萄葉、掌狀蓮花、莨苕葉等說。還有的認為是由埃及蓮花紋——希臘棕櫚紋——莨茹忍冬紋

演變來的。在印度阿育王時期雕造的公牛石柱柱頭、座板上有兩種紋樣，一種是由蒂中長出七片細長的葉子，葉端甚尖，回捲狀；另一種是蒂中長出十一片相連的葉片，如同一片長圓形的闊葉，被認為是忍冬紋與棕櫚葉紋。而這些都與敦煌北朝石窟圖案中的忍冬紋相差太遙遠了。由此可見，不同的植物紋樣是各有系譜的。

敦煌石窟的忍冬紋源自西域，同時也受中原的影響，而重要的是它有鮮明淳樸的個性形象。紋樣的原形是一個三裂或四裂葉片組成的如同側視的葉形，這與犍陀羅雕刻上所見的忍冬紋是相同的。在敦煌石窟裝飾中，有單獨適合紋和帶狀連續紋兩類。單獨適合紋樣多是與蓮荷紋相組合，裝飾於某一特定的空間，或方，或圓，或多角，隨形而變。帶狀連續紋結構多樣，有單葉波狀、雙葉波狀、四葉連瑣、雙葉桃形、雙葉交莖套聯、莖蔓分枝單葉回捲、莖蔓分枝雙葉回捲、四出忍冬、禽鳥忍冬等多種邊飾。其中的莖蔓分枝單葉回捲忍冬邊飾，與大英博物館收藏的犍陀羅涅槃圖中雕刻在棺床邊緣上的忍冬紋完全一樣。雙葉桃形忍冬紋在阿富汗巴米羊石窟壁畫中有繪製，以及藏於意大利國家博物館的陶器上的桃形紋都很相似。從這裏可以看到敦煌北魏時期的桃形雙葉忍冬紋與西方桃形棕櫚葉紋的演變關係。

在敦煌單葉波狀忍冬紋類型中有一種式樣，是在每片忍冬葉紋的背後加畫數條平行綫，使之如同多層葉片重疊，頗有凹凸感。它與新疆龜茲石窟壁畫中的同類忍冬紋完全一樣，無疑是以其為樣本的。四葉連瑣忍冬紋、四出忍冬紋在山西大同雲岡、河南洛陽龍門、鞏縣等石窟中都有相同或近似的紋樣，只是敦煌以西的石窟中忍冬紋形體肥大，紋飾遍佈滿地，且有凹凸之感；敦煌以東的石窟中忍冬紋形體略顯纖秀，裝飾華麗。而敦煌石窟中的忍冬紋造型簡潔鮮明，形象淳樸。多以土紅色為地，石綠、白、黑（變色）為紋。色調熱烈，對比鮮明，裝飾感強，這是與別處所不同的。

3、幾何紋邊飾

幾何紋在敦煌北朝圖案中是僅次於忍冬紋繪製最多的邊飾，在石窟裝飾中也非常引人注目。幾何紋在敦煌以東的河西諸石窟中，因壁畫多已殘毀情況不明。大同雲岡、洛陽龍門石窟中沒有幾何紋。相比之下，敦煌北朝圖案中的幾何紋不僅豐富，而且保存完好。

敦煌幾何紋主要繪在中心塔柱窟內，與忍冬紋、雲氣紋組合裝飾於窟頂藻井、平棊和四壁的帶狀邊飾。依其結構，可分為方格紋、斜方格紋、單綫菱形紋、複綫菱形紋、點綫菱形紋等。方格紋是以垂綫與橫綫直角交叉，組成網狀方格，以單色或兩色在格內相間填色；斜方格紋是以平行斜綫作直角交叉，組成斜方格，格內相間填色；單綫菱形紋是以平行斜綫作 30 度交叉，組成菱形網狀，以兩色或三色交錯填色；點綫菱形紋是以點綫組成的菱形紋，菱格內再填以小紋樣。每種幾何紋樣，由於格內填色的方位不同及數的變化，又可產生出多種不同的形式。

幾何紋作為裝飾紋樣，在五千年前的彩陶上運用已經成熟。考古出土的漢代五彩織錦、菱紋綺，説明兩千年前中國絲織物上的幾何紋圖案工藝已經相當複雜精緻了。在佛教藝術中，印度帕魯特大塔出土的公元前2世紀石雕波斯匿王禮佛圖中，柱頭上刻有"米"字形四方連續紋樣。在犍院羅雕刻上可以看到多種斜方格紋，巴基斯坦呾叉始羅博物館藏的石雕舍衛城芒困樹下現大神變佛座上雕有斜方格紋，格內為四葉紋，非常美觀。印度加爾各答博物館藏的帝釋天拜訪佛陀佛座上刻方格紋，方格內刻對角綫，使之成為四個三角形相拼合，每個三角形內又有一個小三角形，變化非常巧妙。這種組織結構法與敦煌北朝幾何紋完全相同，只是它不具有豐富的色彩形象。

在中國其他石窟中，幾何紋最多的是新疆龜茲石窟，幾何紋幾乎是遍佈全窟，窟頂的佛故事畫即呈菱形網格狀，每格內畫一個故事或一坐佛像。雖然它並不屬於圖案紋樣。壁畫中的所有佛像座台，供養人畫像衣服上都用白色點綫畫斜方格紋。敦煌比較複雜的幾何紋，是繪在佛涅槃像棺床沿和壁上的由彩帶交叉組成的斜方格紋邊飾，每格內畫一個四葉紋。這和犍陀羅雕刻佛座上的紋樣非常相似，只是斜方格中的四葉紋已不是蓮花，變為近似忍冬紋了。然而這種圖案構造法則嚴格而複雜的幾何紋邊飾，在龜茲石窟中卻為數不多。

非常清楚，敦煌北朝的幾何紋是仿效西域樣式的。亦如上所述，幾千年來中國畫工世代相傳，早已熟練地運用製作幾何紋圖案的基本法則，在模仿西域的幾何紋樣的同時也給予改造，變得更為豐富多彩。幾何紋中除去點綫菱形紋外，均為滿地紋，不露空地，多以青、綠、黑褐（變色）為紋，間有淡赭、淡紅，形象樸實無華。隨着中心塔柱窟形的解體，幾何紋也就消失了。

4、雲氣紋邊飾

雲氣紋是中國特有的傳統紋樣，在敦煌主要繪於北朝中心塔柱窟的窟頂平棊和壁上邊飾中。雲氣在中國神

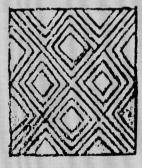

河南鄭州漢代菱形紋畫像磚

話傳説中多與仙人、龍密切相聯，如仙人駕雲升天，龍行雲佈雨等，因而雲氣也就成為吉祥的徵兆，並用於裝飾上。考古出土的戰國漆器，漢代石雕磚刻，魏晉墓室壁畫都可見到綫條流暢的雲氣紋飾。東漢皇戚大將軍梁冀的府第、北魏胡太后建造的永寧寺南門重樓均畫有"雲氣仙靈"。可是在全國現存北朝石窟裝飾圖案中雲氣紋並不很多，除敦煌石窟外，只有甘肅天水麥積山石窟、新疆龜茲石窟有少量繪製。

雲氣是一種自然現象，流動不息，變化莫測。它不同於忍冬紋、幾何紋有其具體固定的形象；雲氣沒有固定的形象，只有動勢的感覺。先人以非凡的想象力設計了用連續回轉的弧綫表現風雲氣流的動感，既有形象特徵，又有韻律。圖案與繪畫不同，魏晉時期繪畫中的雲氣是對自然大氣萬象感覺的想象，圖案紋樣則是這種感覺的抽象，把飛動的氣流簡化、提煉使之適合於狹窄的條邊之中，使變化的萬象統一為一個模式。天水麥積山石窟的雲氣紋有較多魏晉遺風，紋樣波狀主綫的側旁點畫着一道道如同流星劃過的粗紋。新疆龜茲石窟雲氣紋受中原影響，但又在彎曲弧綫的側旁加畫一條白綫，具有西域特點。敦煌北朝石窟雲氣紋比較簡略，它的基本造型是"S"形連續紋，繪製運筆又有幾分隨意，在帶狀土紅色地上用白色粗筆彎曲回轉疾速畫去，如飛龍騰躍，地蛇蜿蜒，氣勢貫通。邊飾上的雲氣紋或首尾相接反覆連續，或兩行並列，空間處加點幾顆小圓點，示意星辰。這些小圓點與運筆的隨意性又為整齊劃一的雲氣紋增強了節奏感。雲氣紋鮮明的色彩形象，與多姿的忍冬紋、華麗的幾何紋組合，相互映襯。

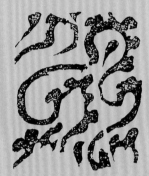

**陝西綏德漢代
雲紋石刻**

5、龜甲忍冬套聯紋邊飾

這是一種呈六邊形的纏枝與忍冬紋、波狀寬綫套聯的紋樣，近似龜甲，敦煌石窟中僅有兩窟繪製這種紋樣，即北魏早期的第259窟和晚期的第248窟。另外，在石窟區出土的北魏太和十一年（公元487年）佛説法圖刺繡殘片上，也繡有龜甲忍冬套聯紋。各地發現的紋樣

陝西綏德漢代雲紋石刻

其基本結構是龜甲形或近似龜甲形的環狀纏枝與忍冬紋套聯，有的穿插動物形象。壁畫、刺繡、漆棺畫上的龜甲形均用白色點綫組成，結構屬同一類型，紋樣、用色均具西域特點。相比之下，西域和中原雕飾繪製的紋樣繁縟華麗，而敦煌石窟的紋樣已被簡化。北朝石窟中的各種紋樣邊飾都是組合用作裝飾的，在組合中，龜甲忍冬套聯紋那直綫與弧綫繁縟的套聯形式，與只有單一直綫的幾何紋、單一弧綫的忍冬紋和雲氣紋，結合得並不那麼和諧。從圖案構成的變化與統一法則來看，繁縟與簡潔形象個性的差異仍是不可忽視的。龜甲忍冬套聯紋雖然新穎而華美，卻沒能在敦煌石窟中廣泛發展。

6、鱗甲紋樣

紋樣如魚鱗狀，地色多以青、綠、黑褐、紫灰諸色相間塗繪，每個色段均為斜菱形。通體用白色點綫畫鱗甲紋，甲片中再加填一色塊，層層鱗甲如疊雲狀。此紋樣主要繪於拱形佛龕楣飾的拱樑上和闕形佛龕的闕壁上。鱗甲紋樣及其所裝飾的部位（除闕形佛龕外）與新疆龜茲石窟壁畫中所繪完全相同，無疑是依其為範本的。敦煌以東諸石窟尚未見有繪製。

7、纏枝花草紋邊飾

此邊飾單元花形如展開的折扇，花絮呈放射狀，以波狀纏枝串聯，纏枝滿佈小葉。圖案飾土紅色地，用白、綠、黑褐勾畫，華麗美觀。此紋樣繪於北魏晚期的第248窟窟頂人字坡簷枋兩端壁面上，是一條通高近兩米的邊飾，示意支撐簷枋的立柱。這種紋樣來自西域，與新疆龜茲石窟所繪同類紋樣基本相同，繪製精細，結構緊密，整體感強。裝飾之處都是石窟重要的部位，說明在畫工心目中，這是一種華美新穎的紋樣。然而這種華美的紋樣卻未被廣泛採用，只有北周的第297、299、432三窟龕口邊沿上繪有已被簡化了的小紋樣。此時的石窟圖案紋樣已形成定式，遲遲晚來的新紋樣雖然華美，若無大的變革潮流影響，仍遭排斥。而這正是宗教藝術特有的墨守成規的頑固性。新穎的纏枝花草紋在敦煌石窟中只能是曇花一現。

8、天宮平台欄牆紋邊飾

天宮平台欄牆紋是一種仿建築紋樣，繪於窟內四壁上部，呈凹凸狀繞窟一週，欄牆內有伎樂天人。其源遠在印度，敦煌石窟是直接模仿新疆克孜爾石窟壁畫的樣式繪製的，為了使欄牆適應當地人視覺的習慣，敦煌畫工依據自己熟悉的物象，把具有立體透空感的西域欄牆，改繪為條磚、方磚疊砌的平面欄牆。欄牆下有挑樑、三角形牙子，下邊還增加了垂帳。北周以後，伎樂天人變為一長列的伎樂飛天，凹凸狀欄牆也變為一長條立方體形連續紋，失去了原有的建築性質，成為純粹的裝飾紋樣了。欄牆邊飾繪製的形象雖然是建築，但它遵循的是圖案製作法則，紋樣呈現統一、重複、連續、節奏、韻律感，構成一種特殊的邊飾，在石窟整體裝飾中，起分界、連接的作用。

9、祥禽瑞獸紋樣

北朝圖案中的禽獸紋樣有龍、鳳、猴、鹿、孔雀、鸚鵡、長尾鳥等。在中國的神話傳說中，這些動物多與神仙靈異思想有關，並賦予它們吉慶祥瑞的寓意。這些紋樣大則雕飾於宮室殿堂建築，小則裝飾於日用器物。新疆龜茲石窟壁畫中的禽獸動物形象更為豐富，而且生動傳神。在印度桑奇大塔圍欄上也雕有象、牛、馬、鹿、獅、孔雀、龍等動物。龜茲石窟和桑奇大塔的動物形象都從屬於佛經故事畫的內容，而敦煌北朝圖案中的動物紋樣則是屬於仿中國殿堂建築的裝飾，繪在平棊、人字坡、藻井、龕楣上。在諸多動物紋樣中，除龍、鳳外，其餘皆是依照西域紋樣繪製的，形象依然保持西域的風韻。紋樣組合諧調統一。

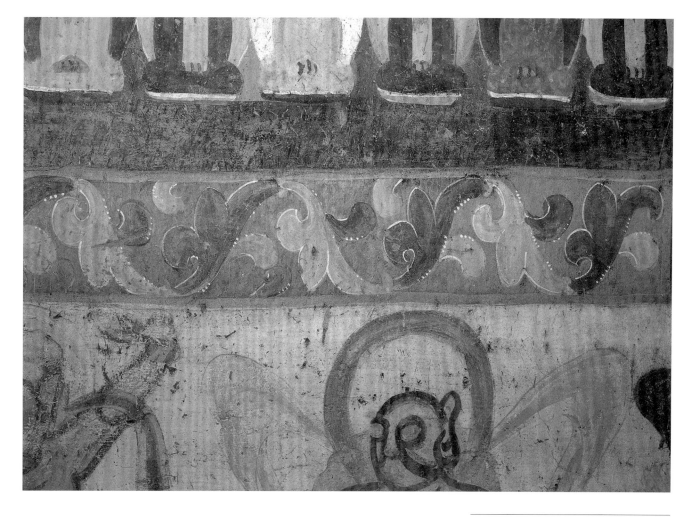

88　單葉忍冬波狀連續紋

忍冬紋飾中葉片以青綠、赭黑兩色相間
塗飾，紋樣簡練，節奏鮮明。

北魏　莫251　北壁

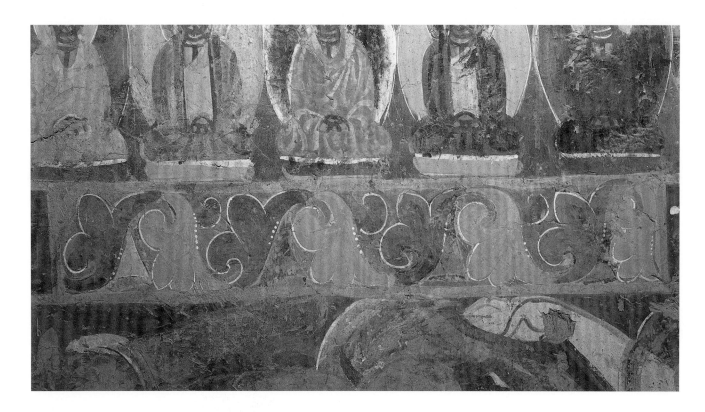

89　單葉忍冬波狀連續紋

忍冬紋樣形似一側視的三裂或四裂葉
片，首尾相聯成波狀。葉片前面勾白色
綫，背面點一串小白點。空檔處夾畫一
小圓葉。此圖屬葉體肥大型，色彩節奏
感鮮明，為石窟中繪製最多的紋樣。

北魏　莫254　南壁

90　單葉忍冬波狀連續紋

忍冬葉紋細長，葉裂甚深，首尾相聯成
"S"形連續狀。

北魏　莫254　南壁

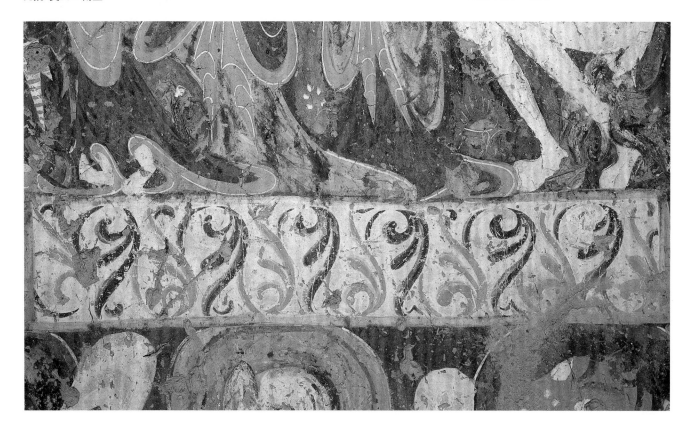

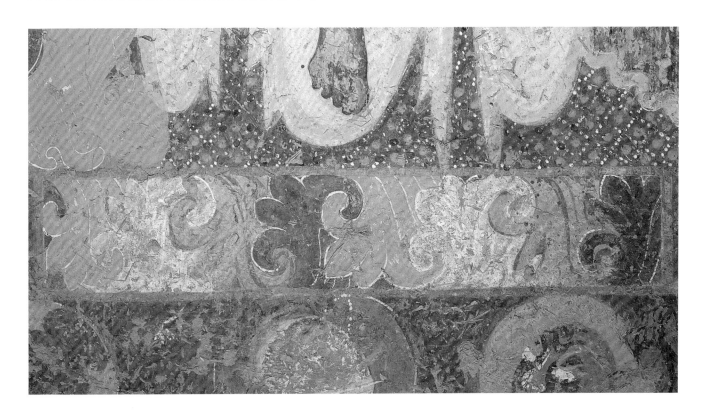

91　單葉忍冬波狀連續紋

忍冬葉紋滿地鋪飾，葉片首尾相聯呈反
轉圖形，重疊套聯，如同翻騰浪花，不
留空處。每葉片背後加畫若干平行綫，
如同層層重疊。

北魏　莫254　北壁

92　單葉忍冬波狀連續紋

忍冬紋飾葉片纖細，每葉四裂，兩色相
間塗飾，力求新意。

北魏—西魏　莫435　北壁

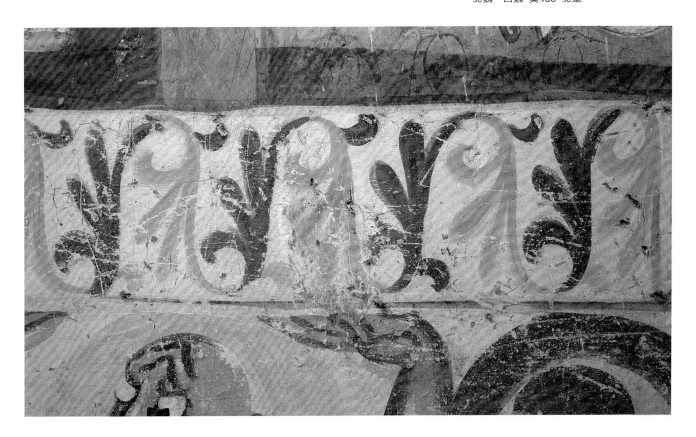

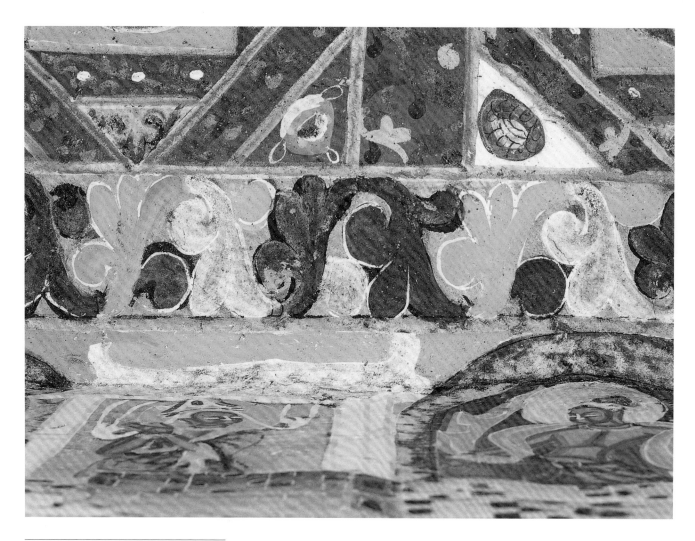

93 單葉忍冬波狀連續紋

單元紋樣是忍冬葉形,葉片分四裂、三
裂,相間連續排列。青綠、赭綠、淡紅
等顏色亦相間疊暈塗飾,呈現節奏韻律
變化。白綫有"點睛"的作用。
北魏—西魏 莫435 窟頂

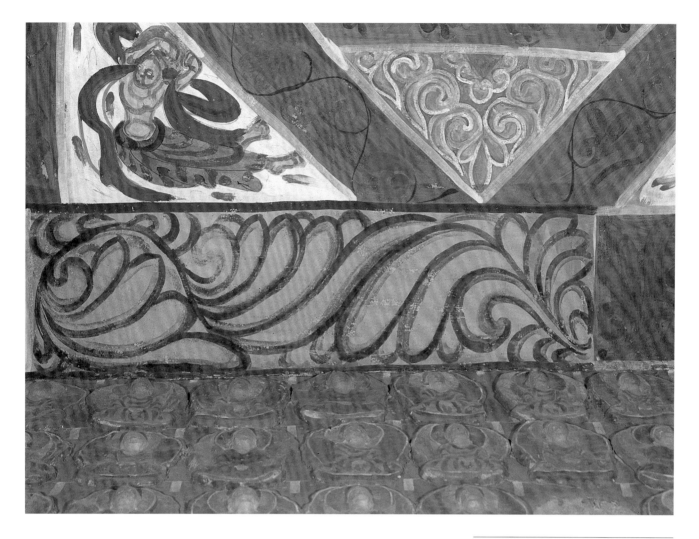

94　多裂單葉忍冬波狀連續紋

由多裂葉片合成的忍冬紋，葉裂深及莖
部，這種新紋樣雖不同於北魏時期的忍
冬葉紋，但其結構仍歸屬單葉波狀連續
紋類。繪製較簡潔，素地，黑綫勾紋。
有雕刻裝飾之美。

北周　莫428　窟頂

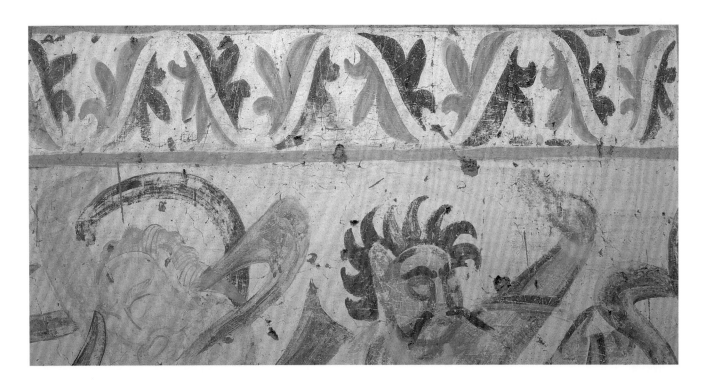

95 雙葉忍冬波狀連續紋

雙葉忍冬紋兩葉反向相附於波狀莖上，
形成莖兩側葉片相背而存。葉間空處隨
意填充小花。淡赭色為莖，綠、褐色為
紋。波狀起伏，呈現出簡潔明快節奏動
感。

北魏 莫251 北壁

96 雙葉忍冬波狀連續紋

忍冬紋葉片細長，兩葉相向並行，形成
流暢的曲綫，顯得輕盈華麗。

北魏 莫254 南壁

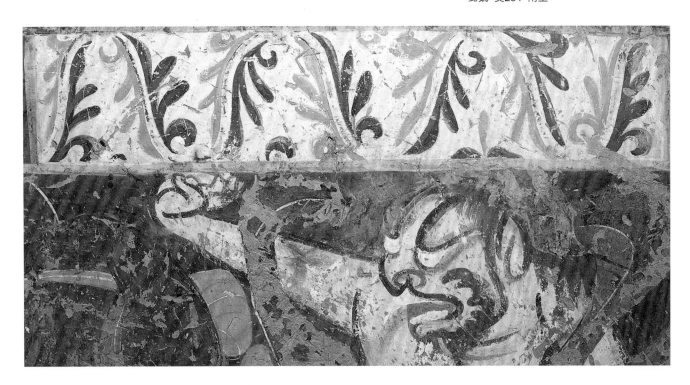

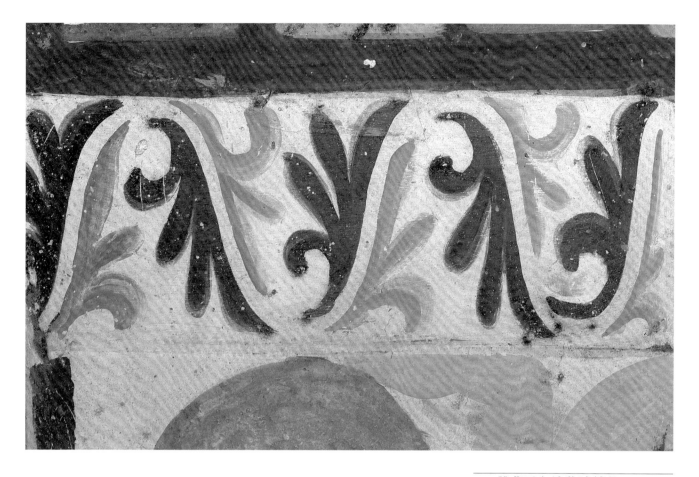

97 雙葉忍冬波狀連續紋

忍冬紋葉片細長，葉裂較深，兩葉相向
隨波狀莖蜿蜒起伏。

北魏—西魏 莫435 南壁

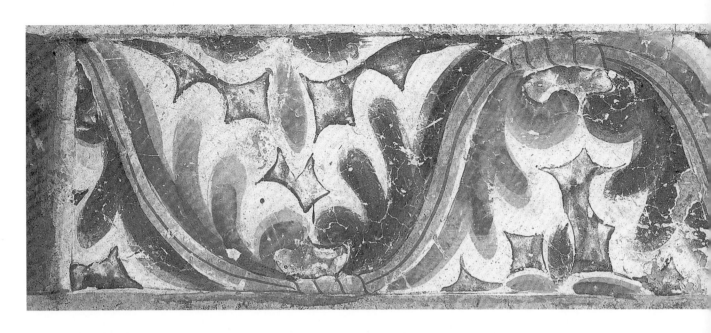

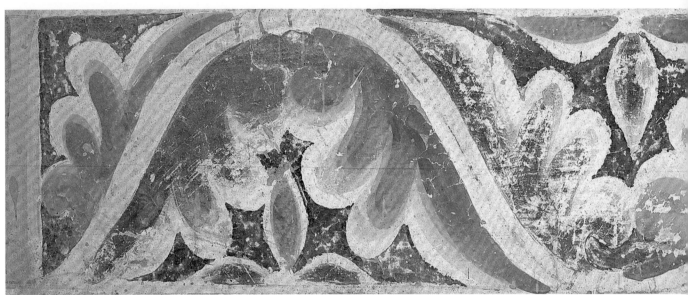

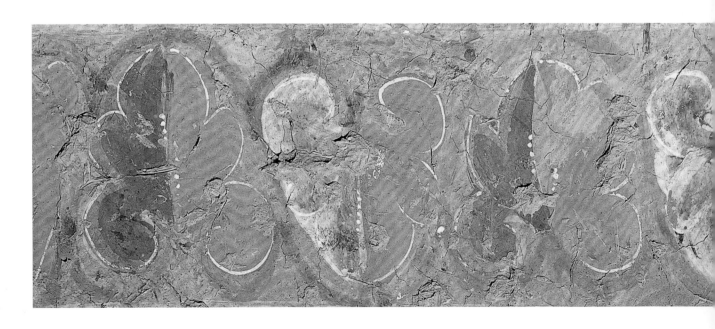

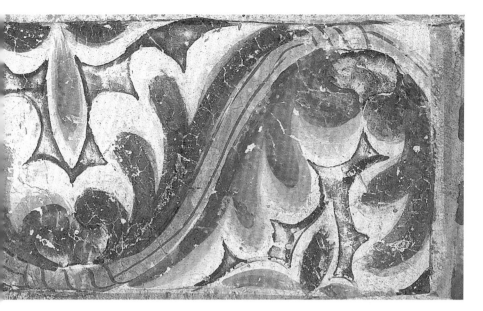

98 雙葉忍冬波狀連續紋

忍冬紋葉片肥大，反向對稱滿地鋪飾，結構清晰。葉面塗青、褐兩色，留白，在黑地色的襯映下，顯的莊重華貴。邊飾色彩如新。

西魏 莫288 北壁

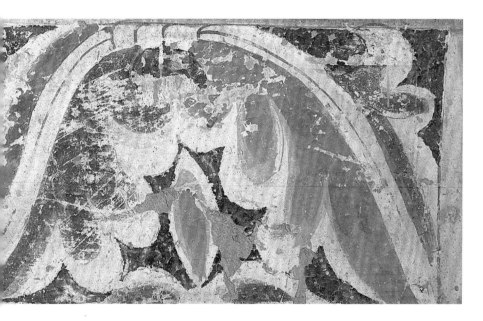

99 雙葉忍冬波狀連續紋

忍冬紋葉片肥大，葉片少，葉裂淺，反向對稱排列。顏色疊暈清晰。

西魏 莫288 北壁

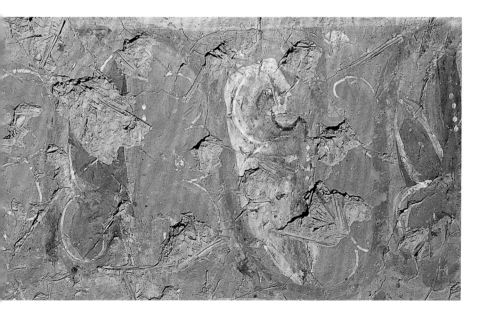

100 雙葉桃形忍冬連續紋

忍冬紋兩葉相背，合成如桃形，上下顛倒連續排列，以波狀藤蔓串聯成帶狀。黑褐、青、淡朱色相間塗紋，加勾白綫。形象端莊鮮明，色彩明麗有序。

北魏 莫254 北壁

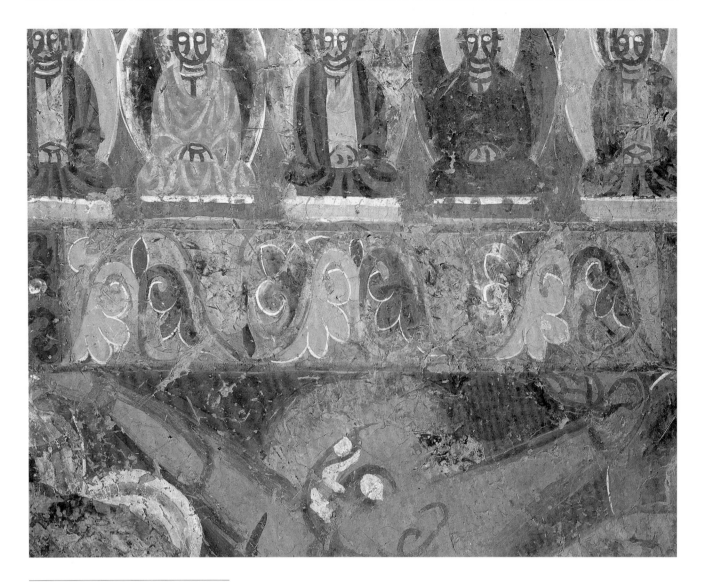

101 雙葉忍冬藤蔓分枝回捲連續紋

忍冬紋藤蔓呈波狀，分枝回捲。每一分枝有兩葉片，葉莖相聯，兩葉向外分開，形成上下顛倒相間連續。以淡紅、青綠、黑褐、藍灰四色相間塗飾，既華麗又有跳動的節奏感。

北魏 莫254 西壁

102 雙葉忍冬藤蔓分枝回捲連續紋

忍冬紋葉片為三裂，兩色塗飾。黑色葉片在捲藤之外，葉紋較長；青綠色葉片在捲藤之內，葉紋較斷。利用捲藤內外不同的空間，產生動感效果。

北魏 莫251 北壁

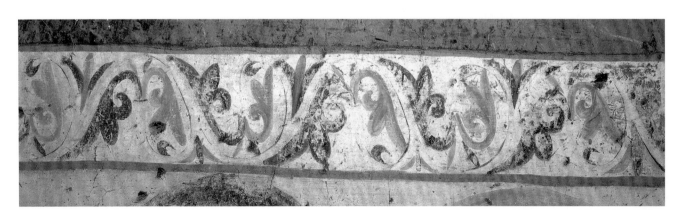

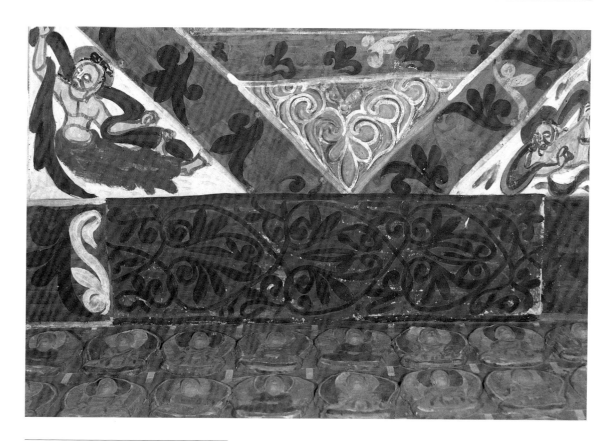

103 雙葉忍冬交莖套聯連續紋

忍冬紋葉片細長，雙莖相對迴旋套勾，
形成桃形連續紋。以藍色塗地，黑褐色
勾畫紋飾，色彩鮮明，具有濃郁的西亞
風格。

北周 莫428 窟頂

104 雙葉忍冬交莖套聯連續紋

忍冬紋以土紅色塗地，黑與粉綠色勾畫
紋飾，白綫勾莖。色彩對比鮮明，至今
亮麗如新。

北周 莫428 窟頂

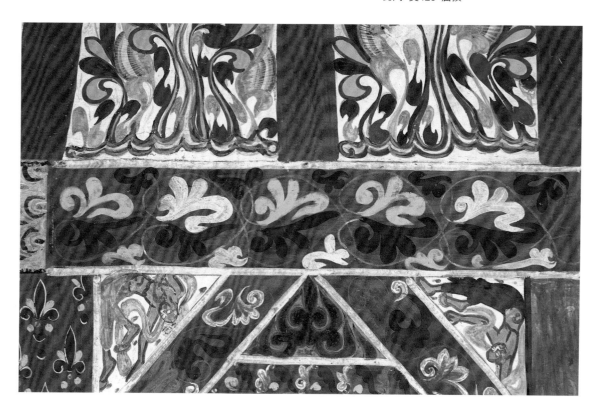

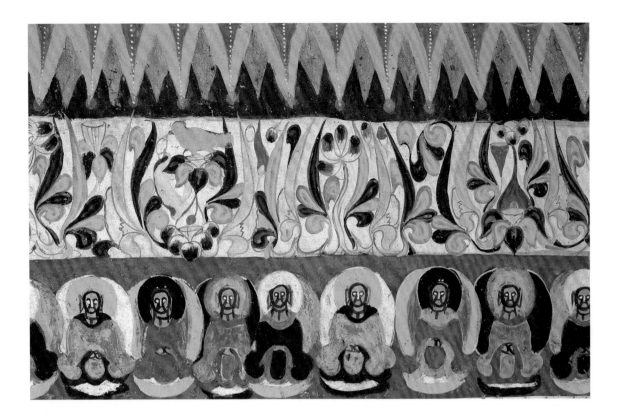

105 忍冬蓮花禽獸紋邊飾

邊飾紋樣內容、樣式、繪製方法,均與
同時期的人字坡紋飾相同,忍冬蓮花紋
中繪有鴿子、摩尼寶,表現了佛教徒嚮
往自然的心境。

北周 莫296 藻井外南側

106 忍冬蓮花禽獸紋邊飾

這是前圖邊飾的延續,忍冬蓮花紋中繪
有猴子、摩尼寶,色彩簡單,留有起稿
綫,勾綫曲折流暢。

北周 莫296 藻井外東側

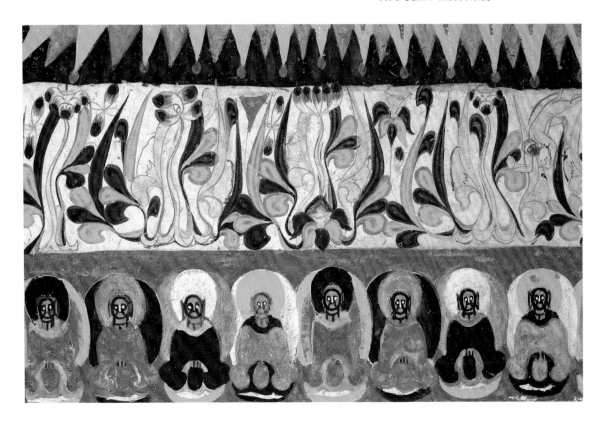

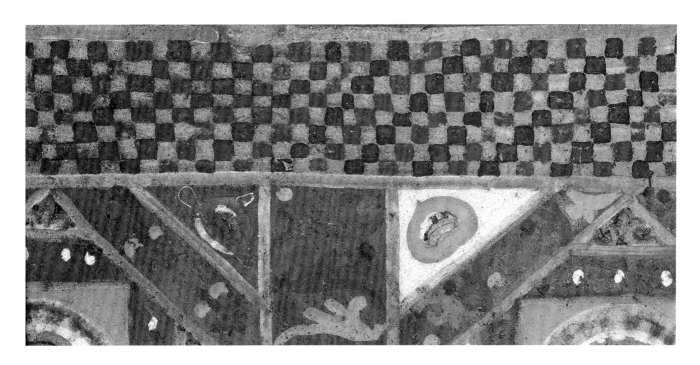

107　藍白色方格網狀連續紋

豎綫與橫綫垂直相交，組成方形網狀。
塗白色地，再用藍色在方格內相間填
塗，形成如編織的網狀紋。紋樣簡易樸
實。

北魏—西魏　莫435　南壁

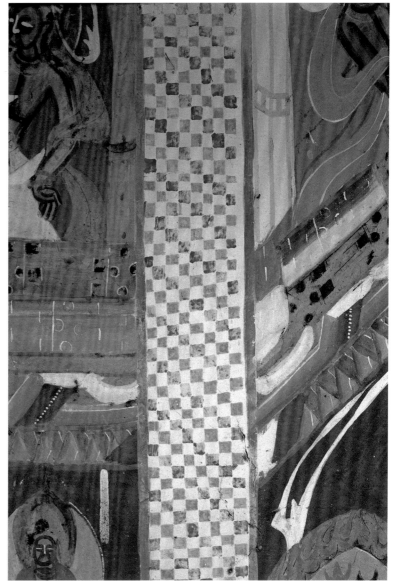

108　藍赭色方格網狀連續紋

在方格內以藍、淡赭兩色作斜向相間反
覆塗飾，使同一方格網狀紋出現不同的
形象，富有變化。

北魏—西魏　莫435　北壁

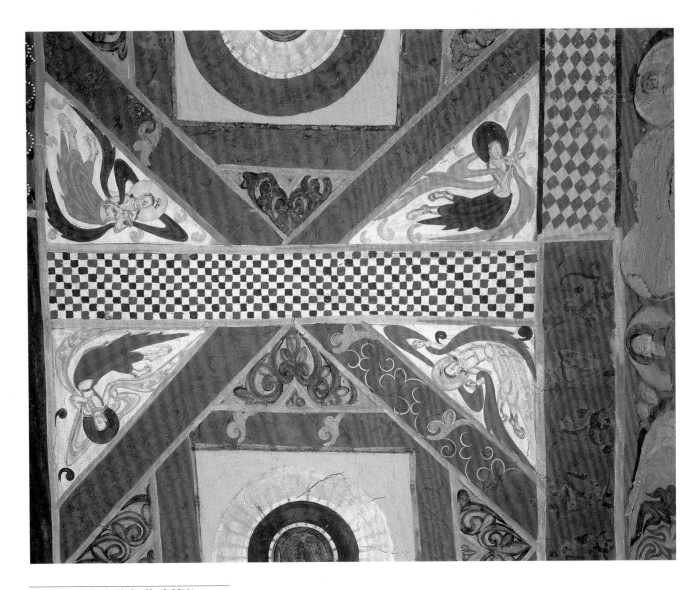

109　黑藍色方格網狀連續紋

以黑、藍兩色在方格內從左向右斜向相
間填色，圖形出現變化。黑、藍、白三
色組合，格調爽朗清新。

西魏　莫288　窟頂

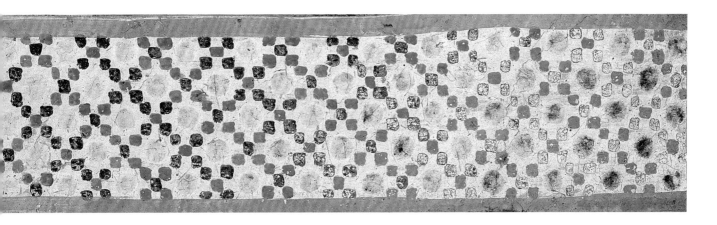

110 小花斜方格連續紋

豎綫與橫綫交織成方格網狀，格內填色
形成左右斜向交叉，組成大斜方格，格
中飾一小花。

北魏 莫257 窟頂

111 小花斜方格連續紋

方格構架呈網狀，填色位置出現變化，
大斜方格內畫各樣小花。這表現出
"數"的規律性變化。

北魏—西魏 莫435 窟頂

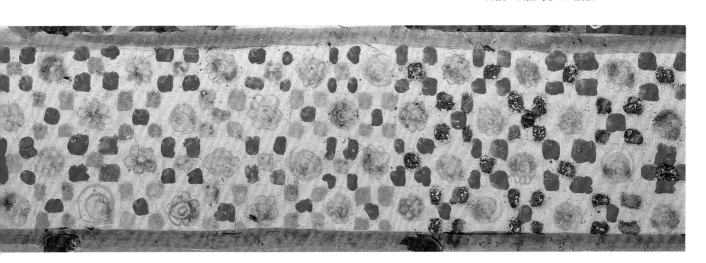

112 圓點斜方格連續紋

網狀方格構架，斜向填色形成大斜方
格，中心點畫小圓點，簡潔明朗。

西魏 莫288 南壁

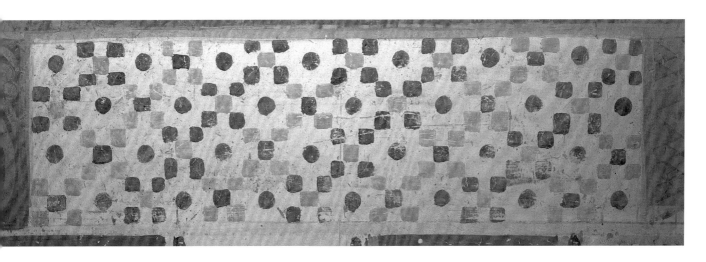

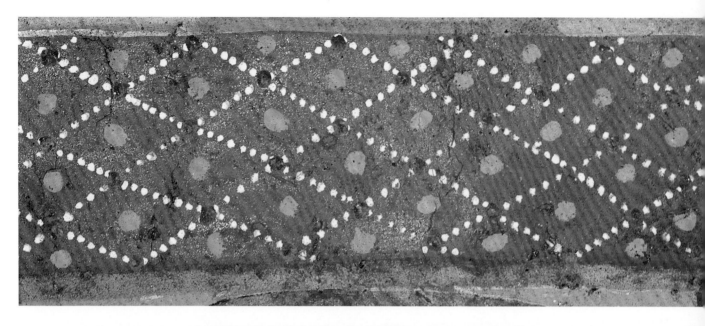

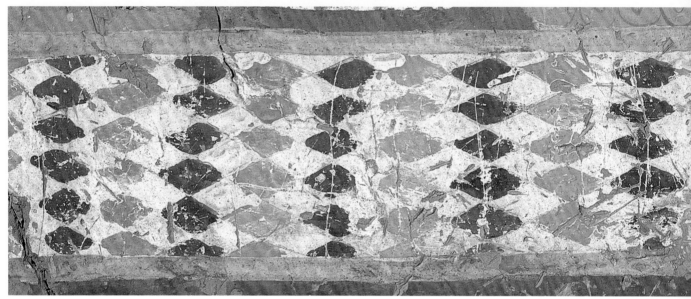

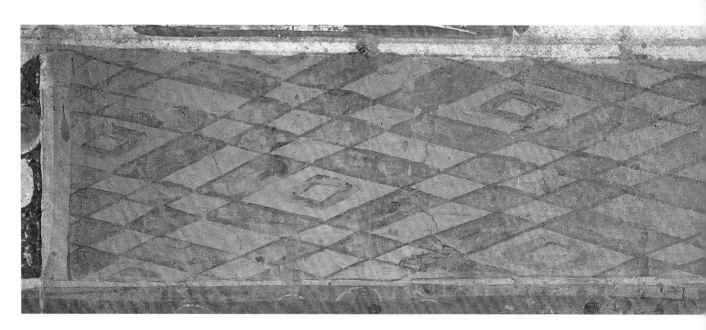

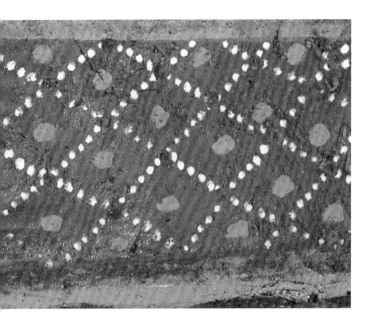

113　點綫菱形連續紋

紋飾以土紅色塗地，以白色點綫斜向交
叉成菱形網狀。交叉點上塗以黑色圓
點，菱格內塗以藍色圓點。紋樣全以色
點構成，造型簡潔，樸實無華。

北魏—西魏　莫435　窟頂

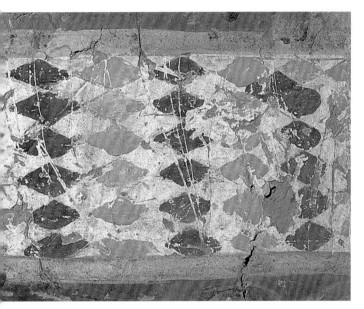

114　黑綠色菱形網狀連續紋

斜綫交叉成菱形網狀，塗白色地，以黑
褐和綠兩色相間填色。

北魏　莫254　西壁

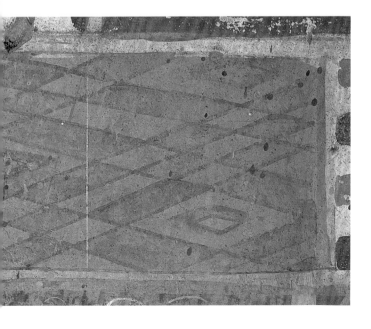

115　藍色菱形網狀連續紋

邊飾以四條斜綫為一組，交叉成菱形網
狀，用藍色相間填塗，每一大菱形中心
加畫一小菱形，使之產生不同的視覺效
果。

西魏　莫288　南壁

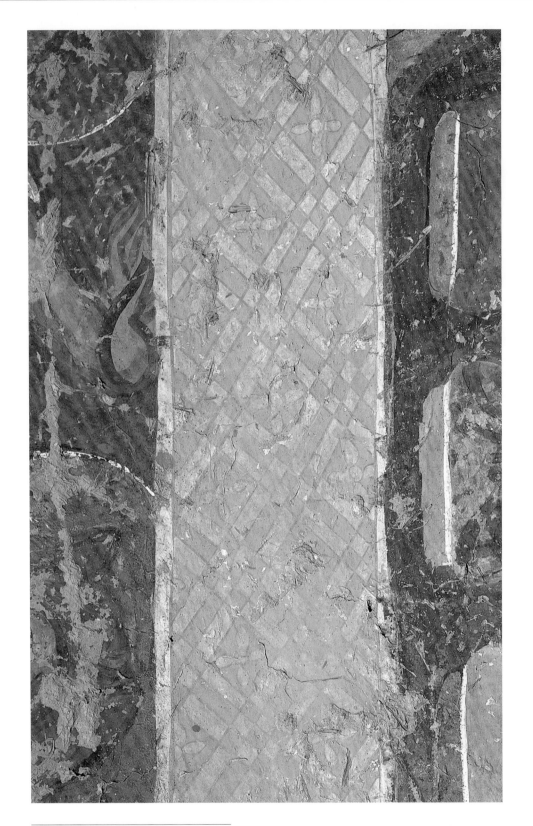

116 雙綫斜方格連續紋

雙綫斜向交叉,組成"井"字形連續
紋,大斜格內畫"十"字小花,斜綫交
叉處呈現九個小方格。用單色在格內相
間填色,呈現編織斜方格狀。紋樣塗粉
綠,多已脫落。

北魏 莫254 南壁

117 雙綫方格連續紋菩薩座

紋樣以四條垂直綫與四條橫綫相交,組
成大方格形,向四方連續。大方格內畫
"十"字花,大方格四角為斜向小方
格,是編織紋飾之一種。單色相間填
色。

北涼 莫275 西壁

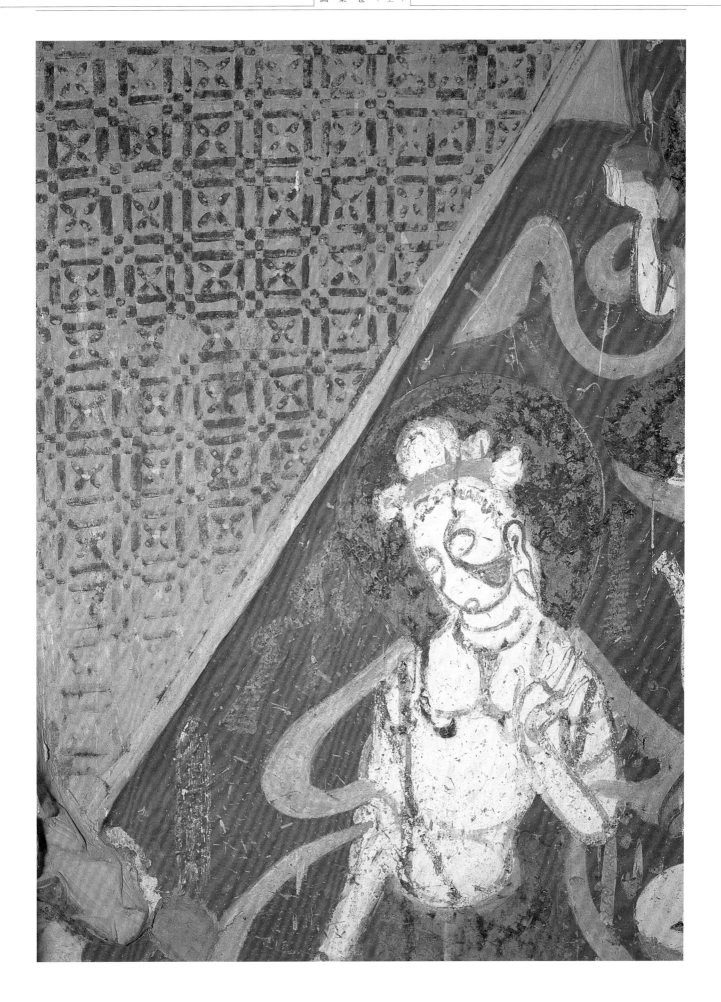

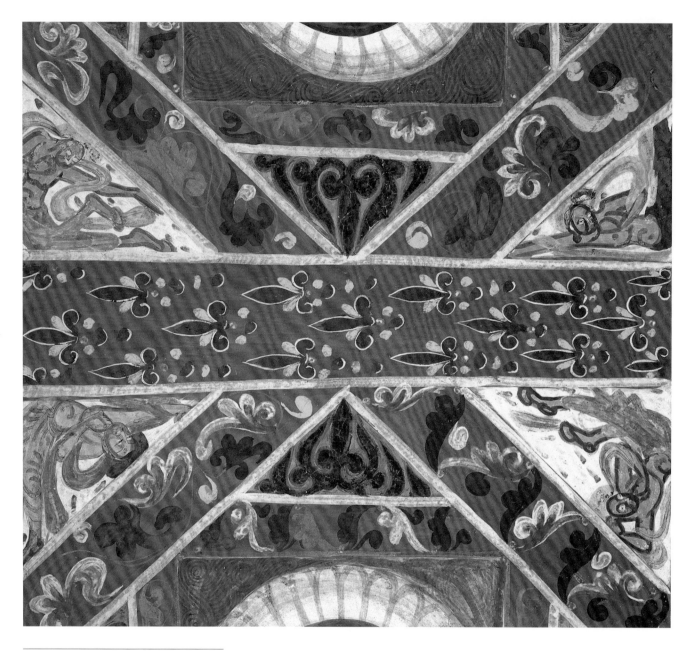

118 五葉花草散點連續紋

一葉五裂,作一二一散點分佈排列。以
土紅色塗地,每個葉片以黑和粉綠兩色
塗飾裂片,加勾白綫,形象樸實秀美。

北周 莫428 窟頂

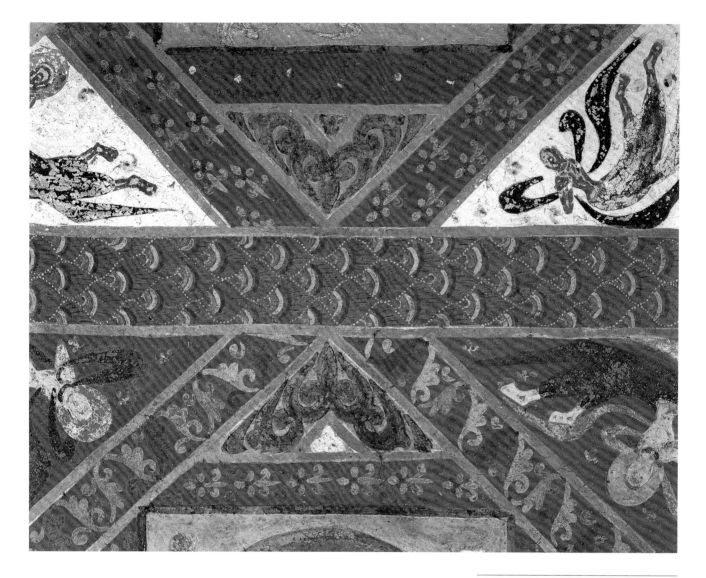

119 網狀雀尾花連續紋

紋飾塗土紅色地，以白色點綫組成波形
網格，網眼內畫一如同雀尾的花飾，華
麗美觀。其結構體系與點綫菱形紋屬同
一類型。

北魏 莫257 窟頂

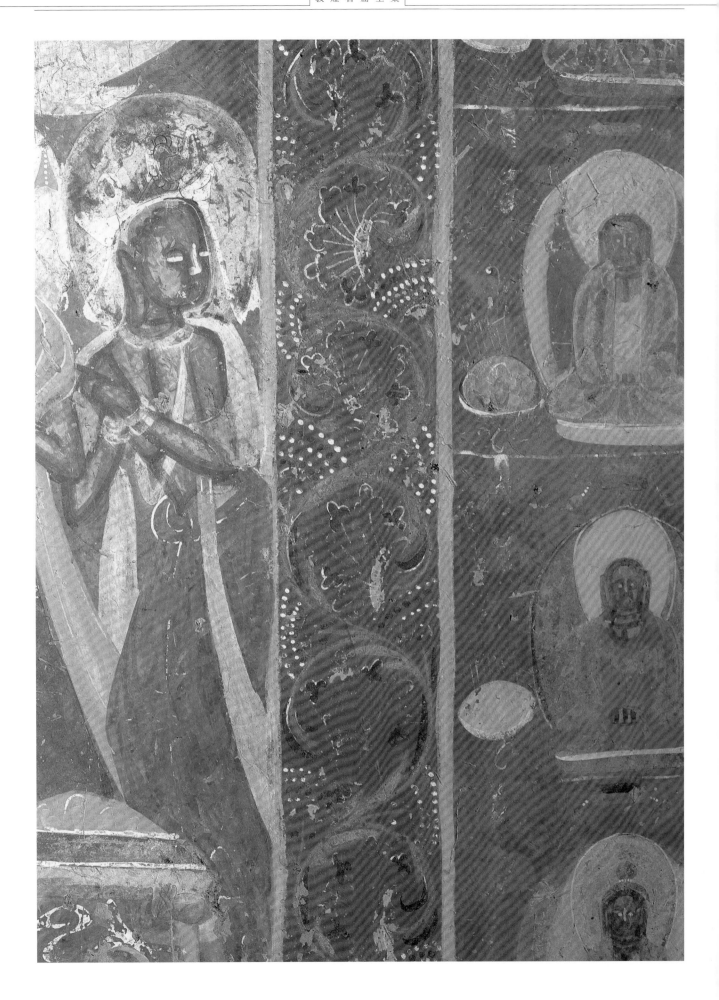

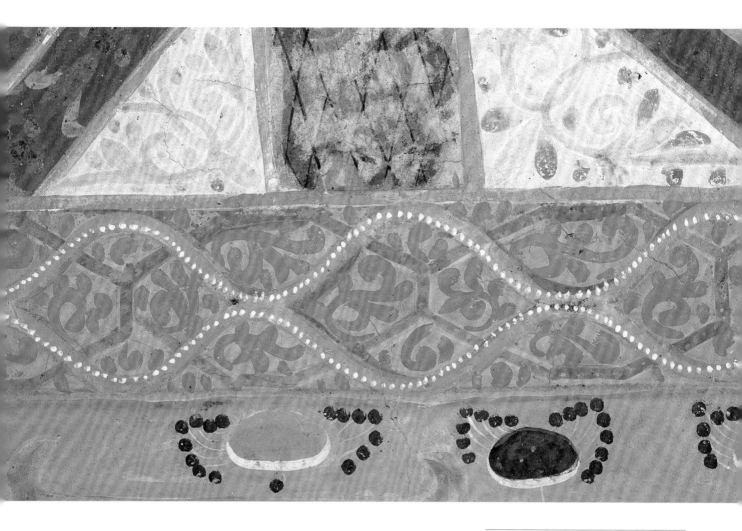

121 龜甲忍冬套聯連續紋

紋飾構架是一近似龜甲形的長八邊形，
與兩條一分一合的波狀點綫相套疊，內
畫忍冬紋。

北魏—西魏 莫248 窟頂

120 纏枝花草紋

纏枝上附有長葉，作波狀回捲之形，回
捲的分枝上生有花托、花蕊。纏枝分杈
處的花形為層層弧形點綫，如展開的折
扇。以灰綠、黑、白色畫紋飾，襯以土
紅色地，色彩顯得華麗。

北魏—西魏 莫248 南壁

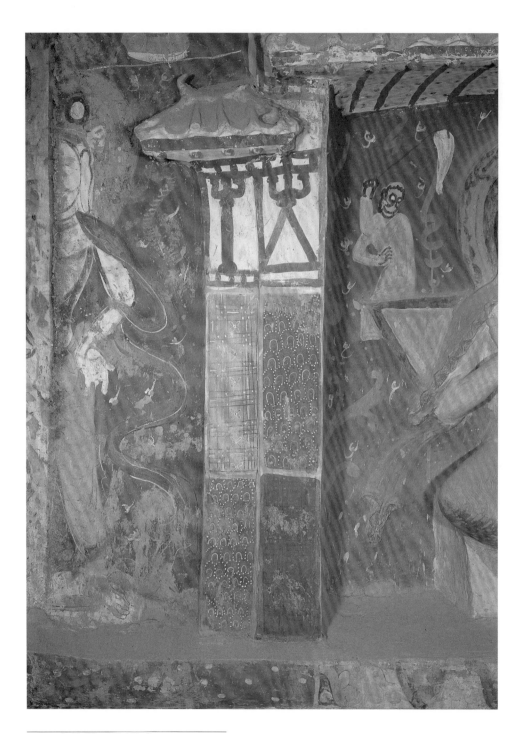

122 方格鱗甲紋闕壁

漢闕式佛龕的闕門為泥塑，闕簷下繪有
圓椽、斗栱。闕壁繪藍色方格紋，以四
條直綫為一組，大格內繪"十"字花，
點鱗甲紋為土紅地，以白點藍色繪成。
北涼 莫275 南壁

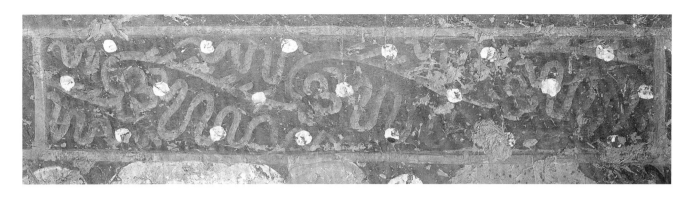

123 雲氣紋

雲氣紋呈連續波浪形，以一條橫向的斜
"S"形綫為幹綫，在每個彎弧連接處畫
一雲形小花。白色圓點示意星辰。塗紅
色地，繪白紋，簡練鮮明。

北魏 莫254 北壁

124 雲氣紋

紋樣呈波浪形，每一峰谷有一對反向的
曲綫，表現出雲氣的流動感。

西魏 莫288 北壁

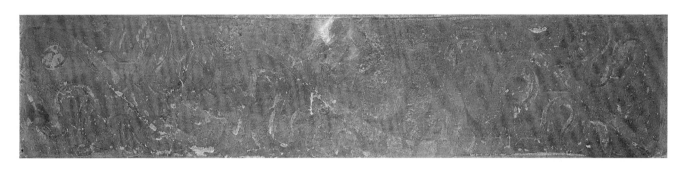

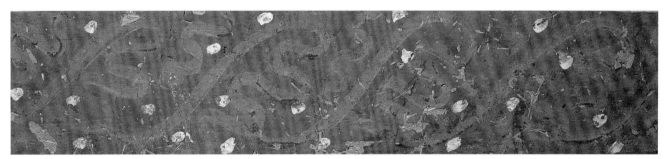

125 雲氣紋

雲氣紋呈橫長的斜綫，再折回成短小的
連續"S"形，為一單元，如此連續排
列。圓點為星辰。雲氣下有力士，雲氣
上為千佛。

北魏 莫254 南壁

126 雲氣紋

雲氣紋不限於嚴格的規律制約，繪製比
較隨意。此紋樣呈波浪形，連續的"S"
形呈現出曲綫之美。圓點表示星辰。

北魏 莫251 南壁

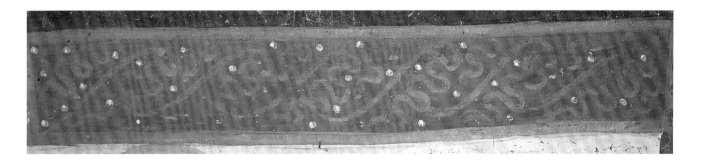

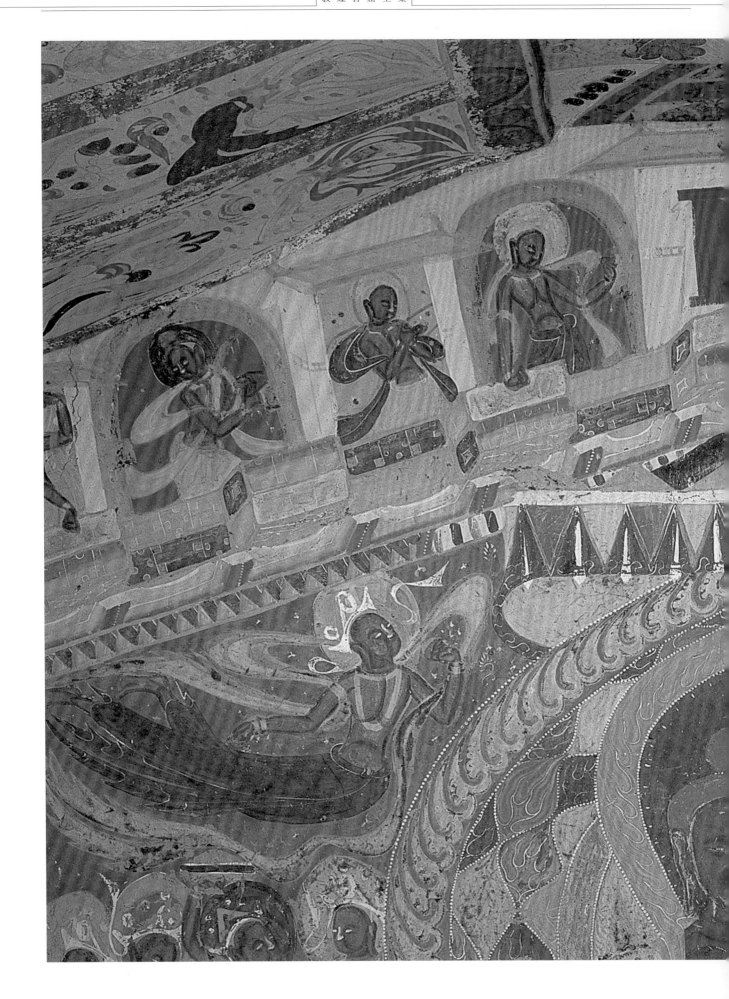

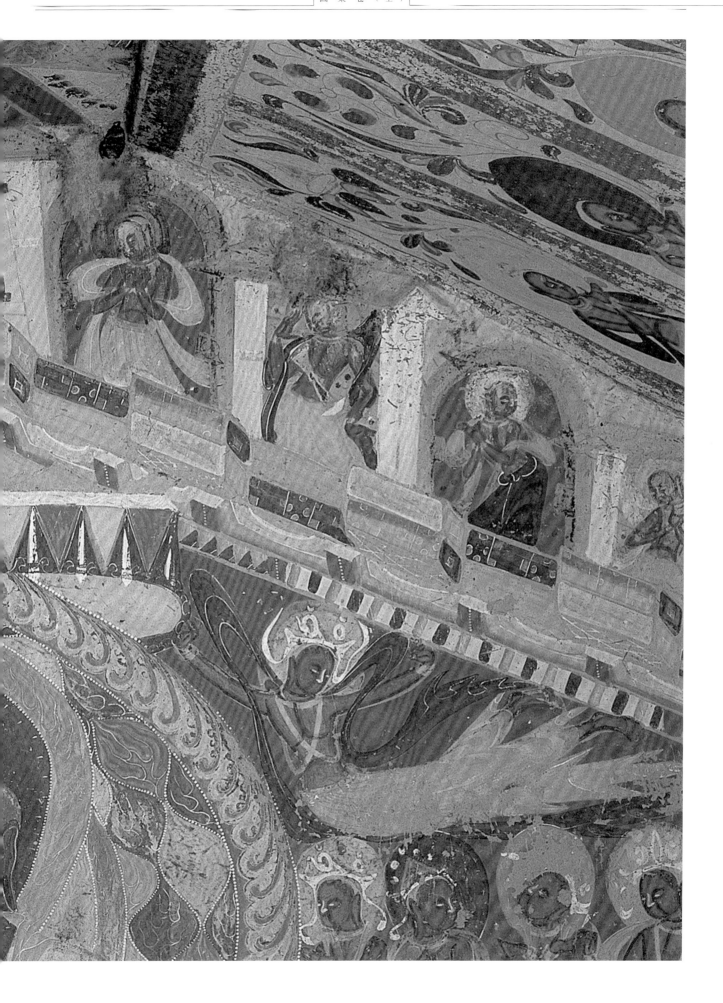

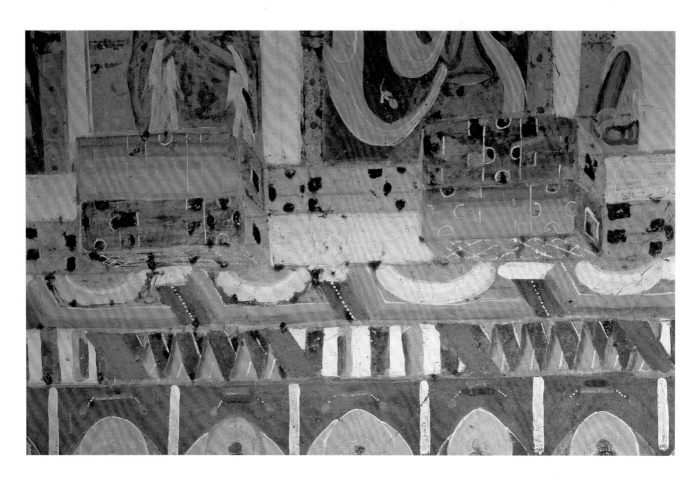

128　天宮平台欄牆紋

天宮平台欄牆紋是想象與現實建築形象
的融合體。上部的凹凸狀欄牆是仿西域
石窟壁畫，下部的挑樑、蓮花、牙子是
仿真實建築雕刻。繪製時都被圖案化
了。

北魏—西魏　莫435　西壁

127　天宮平台欄牆紋　◀ 見上頁

這種紋飾畫在窟內四壁上部，示意佛界
天宮，天宮之門為堂屋式門，與魏晉墓
室的天門樣式相同。門兩側的圓栱形和
堂屋形龕即是天宮，宮內有天人，下部
凹凸紋飾示意天宮平台的欄牆。欄牆畫
成條磚和方磚疊砌，欄牆下畫雕飾蓮
花、桃樑、牙子等仿建築紋飾。其凹凸
形式和色彩都表現出強烈的節奏感。

北魏—西魏　莫248　北壁

129　人字坡天宮平台欄牆紋

畫在人字坡下的天宮平台欄牆紋，斜向
欄牆頗具特色。天宮是堂屋形與圓拱形
龕式建築相交錯，天人在龕內奏樂舞
蹈。

北魏—西魏　莫435　北壁

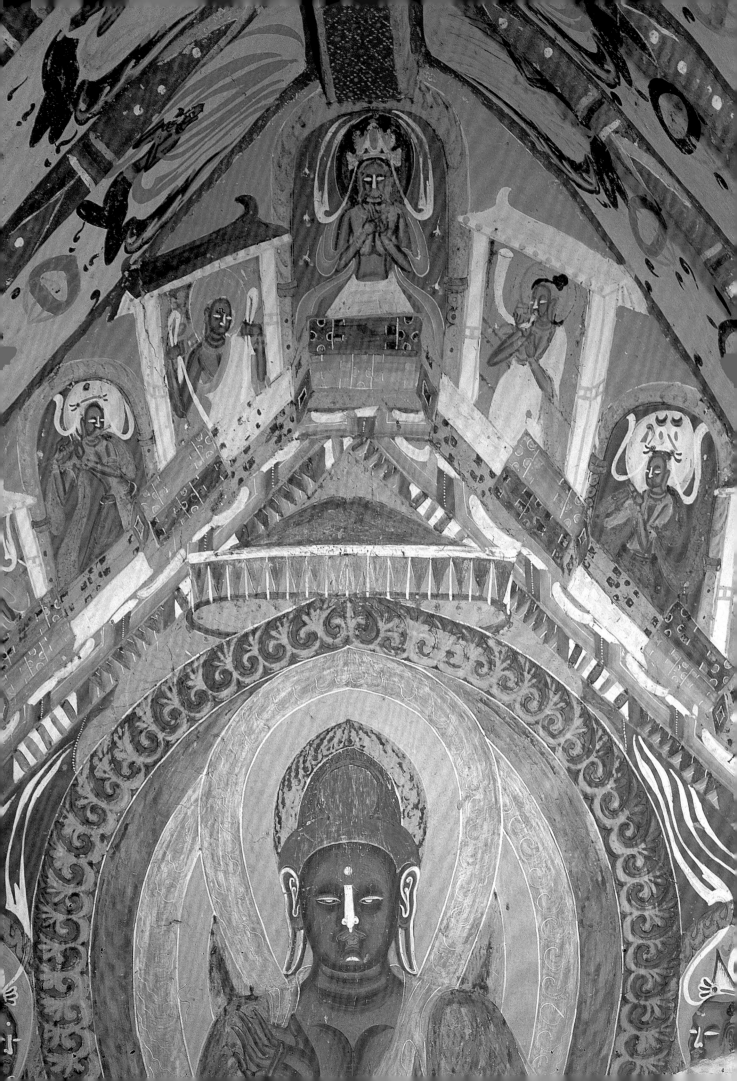

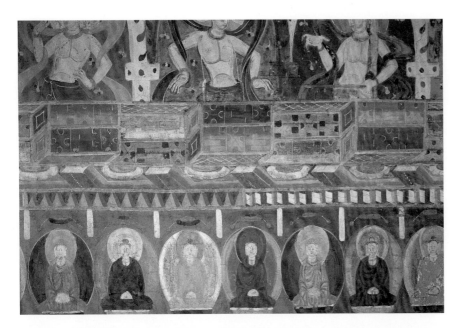

130 天宮伎樂平台欄牆紋

欄牆以青、綠色和紅、黑褐色暈染，白
綫均清晰可辨，繪工精細。欄牆內的天
宮伎樂正在擊腰鼓、彈箜篌。色彩保存
完好如新，為平台欄牆紋的代表作。

西魏 莫288 西壁

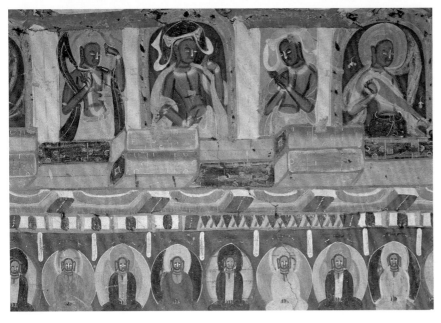

131 天宮伎樂平台欄牆紋

欄牆紋為土色素地，白綫多有脫落。伎
樂膚色已變為紫灰、黑褐，色調灰暗凝
重。

西魏 莫249 南壁

132 千佛與天宮平台欄牆紋

畫在人字坡下的天宮平台欄牆紋，呈菱
形凹凸狀。欄牆下，千佛一面，整齊劃
一，亦如圖案。以紅、青綠、黑、灰四
色，橫向連續反覆塗飾，形成豎行斜向
錯格排列，使千佛的形象變幻多端，望
之令人目眩。

北魏─西魏 莫431 北壁

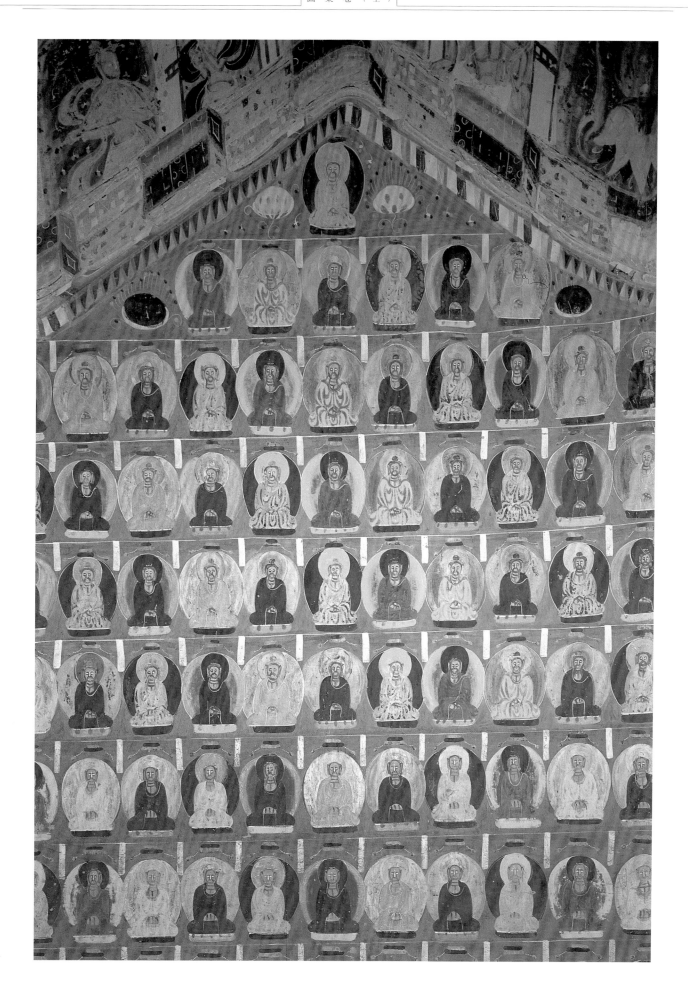

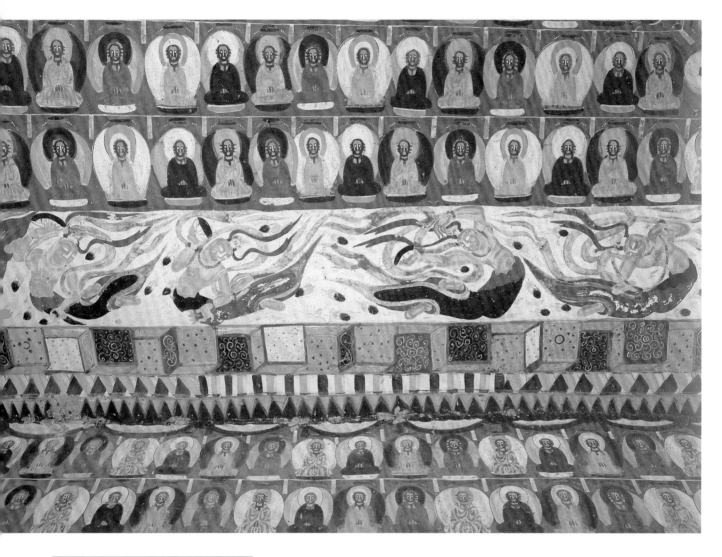

133　飛天與平台欄牆紋

平台欄牆紋以構成的形式簡化為方塊連
續紋，方塊中畫捲絲狀小圓花，下有承
托欄牆的牙子和帷帳，上部沒有佛龕形
天宮，而是一列舞姿翩翩的散花飛天。
欄牆紋的仿建築性已逐漸消失。

北周　莫297　東壁

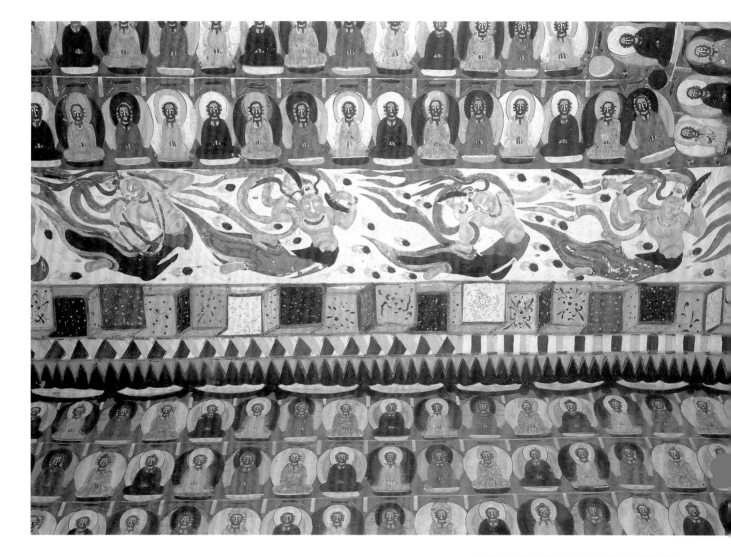

134　飛天與平台欄牆紋

此平台欄牆紋是前圖的延續，方塊正面
畫忍冬葉"十"字花紋和旋轉花紋，側
面畫忍冬葉"S"形紋，底面和頂面為網
紋。上有飛天散花。

北周　莫297　南壁

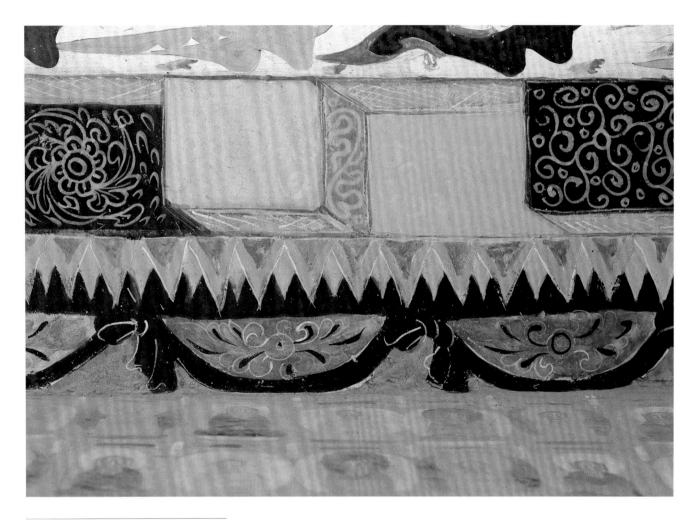

135 平台欄牆紋

這是欄牆紋的細部，每塊欄牆面均繪有
草花紋飾。欄牆下打結的藍色垂幔，顯
然源自現實生活。
北周 莫296 南壁

隋代：秀美的異域風韵

（公元 581～618 年）

　　隋代是歷史上在敦煌建窟最多的時期。隨着天下大一統，中原流行的紋樣
和畫風也一齊涌入敦煌，石窟面貌煥然一新。裝飾圖案在沿襲北朝圖案的基礎
上，又大量吸取流行於內地的中亞風格紋樣，內容豐富，形式新穎，其中尤以
象徵華蓋的藻井圖案為代表。隋代圖案藝術成就超越前代，是敦煌石窟裝飾藝
術史上獨特而輝煌的時段。

　　隋代初年，莫高窟相繼建造了第302、303一對姊妹窟和第304、305諸
窟，繪出了嶄新的斗四套疊方井藻井圖案。藻井雖然還保持北朝套斗結構的遺
風，但方井紋樣中出現了異獸神像、三兔蓮花、忍冬三角垂帳紋，都是前所未
有的新紋樣，內容和形式都突破了北周的舊樣式，有着劃時代的意義。

　　煬帝時期營造的第407、419、420、427窟，繪出內容新穎、風格細密
的裝飾圖案，有三兔蓮花紋、蓮花飛天紋藻井和聯珠紋邊飾、葡萄捲藤、忍冬
禽獸紋佛背光等佳作，其中以源於西亞的環形聯珠紋最具代表性。這些聯珠紋
與考古出土的公元6世紀的絲錦紋樣相同，是絲錦織物圖案的摹繪品。

　　隋末唐初，莫高窟第401、314、390、379、398、380諸窟繪出具有
敦煌地方特點和鮮明的中亞風格的藻井圖案，是隋代圖案發展的頂峰。這些具
有中亞風格的紋樣從公元6世紀初開始，即在內地流行，而敦煌集中盛行於隋
代中、晚期至唐初，有學者指出，或許與隋代敦煌寺院高僧中的粟特人後裔智
疑有關。智疑奉旨送舍利到莫高窟，帶去內地佛畫以及裝飾圖案紋樣是很自然
的，甚至僱請內地畫工到敦煌作畫也是可能的。

　　隋代圖案紋樣具有纖細秀麗的形象，自由活潑的性格，瀟灑俊逸的風采。
與北朝圖案那種簡明、質樸、莊重的純真美相比，則是更具靈性的自然之美。
圖案繪製有疏密二法：疏法是本地北周遺法又經演變的舊法；密法是由內地傳
入之後又經發展的新法，兩法互有影響。各類圖案均不依樣仿製、因陳抄襲，
畫工善用巧思，頗有爭奇鬥豔之勢。

第一節　藻井圖案

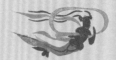

敦煌石窟的隋代藻井圖案，是集當時圖案之精品大成，極具代表性，它種類繁多，題材豐富，繪工精緻，如百花爭豔，表現出畫工在圖案製作中所蘊涵的旺盛的生命力。依其樣式，可分為四類：斗四套疊方井藻井、飛天蓮花紋藻井、纏枝蓮花紋藻井、多瓣大蓮花紋藻井。除斗四套疊方井為北朝藻井之遺緒外，其餘皆為隋代中期以後出現的新樣式。

1、斗四套疊方井藻井紋飾

斗四套疊方井藻井，簡稱套斗藻井，這種藻井是北朝遺風的延續。它的基本紋樣還是三重套疊方井構架，方井中央有的還是畫着一個圓輪形大蓮花，方井四周仍然是畫着鱗片形的和長三角形的垂帳紋。但如仔細觀察比較，不難發現，除去套斗構架之外，內中主要紋飾都已變為新樣，方井中的大蓮花，有圓形的舊樣，更有八瓣、十二瓣、雲形瓣等新花形。有的蓮花中還繪有三隻白兔、化生童子、旋動的色輪。方井四隅有飛天，還有摩尼寶珠，異獸神像。方井邊飾有忍冬紋、聯珠紋。三角垂帳紋精細華麗，圍幔襞褶作翻捲風動之狀。這些新紋樣，極大地豐富了隋代套斗藻井的內容和形象。第305窟藻井即是其代表性佳作。

藻井中的新紋樣，以異獸神像最為突出，也最為重要。其形似人，頭類虎，臂有翼，掌如爪，若舉臂奔騰之勢。這種形象，迄今所知最早的見於山東沂南的東漢晚期墓石刻，有的還執弓、握劍，其間點綴有各種奇禽。公元6世紀上半葉開始在內地流行開來，墓誌、墓碑、佛造像碑都有雕飾。如洛陽的北魏正光三年（公元522年）馮邕妻元氏墓誌蓋四角，誌文四側共刻有十八身，並刻有"挈電"、"霹電"、"烏獲"、"拓仰"等十八個神名。北魏苟景墓誌蓋、南京南朝梁蕭宏墓碑側、蕭景墓神道柱上，均刻有此形象。河北磁縣的北齊茹茹公主墓墓門牆上畫二身。另外，收藏於海外各大博物館的北齊、西魏的造像碑、造像龕上也有雕刻。北魏末西魏初此形像傳入敦煌石窟，第249、285窟窟頂的佛、道、神怪壁畫中畫有多身，有搖鼓的雷神，握鐵鑿的電神，背負長袋的風神，也有徒手的。異獸神像均作舉臂蹬腿騰躍之狀，處於守護者的位置，它們應是天上的自然之神。有學者認為，此形象是波斯拜火教祭祀的一種胡天神像，也有人認為是鮮卑族傳統，但現在還無法確認漢墓、石窟寺中的異獸神像與拜火教的關係。以"胡天"形象表現佛教中某"天"形象，也是可能的，它和飛天同處一頂藻井之中，說明也可屬天眾之一。總之，隋代藻井從圖案形式看，方井中心為蓮花，四角為異獸神像、飛天，與北魏墓誌蓋中央蓮花或盤龍戲珠，四角異獸神像或飛天佈局極為相似。

藻井蓮花中繪三兔紋是一種新紋樣。兔的形象，在公元前8世紀的西周時期已被製造成青銅器，漢代畫像中多見刻於西王母身旁或月中搗藥。佛教此時已融入了道仙思想，佛窟藻井中的兔紋可能是取"長壽吉祥"的寓意，但聯繫藻井中的異獸神像，三兔紋樣也可能源自西域，表達另一種寓意。作為一個單獨的圓形適合紋樣，三兔與異獸神像是有所區別的。它是畫工為適應蓮花中心圓而設計的，中心以三隻兔耳聯結成三角形，使三隻兔子合成一不可分離的、相互尾隨追逐的圓形適合紋樣。紋樣利用等邊三角形相互制約，圓形邊綫沒有終點的特性，使之在視覺上感到奔馳的三兔仍各有兩耳，隨着三兔的奔馳動態，中心圓似乎也轉動起來，形成一種永不休止的運動感。以三分圓表現旋轉、流動的法則早在新石器時的彩陶上運用已經成熟，戰國漆器中的傑作所見甚多，只是以動物形象表現的尚不多見。

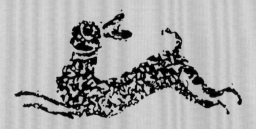

河南登封漢代啟母闕奔兔石刻

2、蓮花飛天紋藻井

隋代藻井裝飾不斷吸取新的紋樣，使藻井圖案發展到新的高峰。新的蓮花飛天紋樣是敦煌北朝時期未曾有過的。藻井以飛天、八瓣大蓮花為主紋飾繪於隋代中期，僅存於第401、407兩窟中。這一時期的石窟在後世坍塌較多，其中可能也有蓮花飛天紋藻井。這類藻井，中心方井比較寬大，中央繪一朵八瓣大蓮花，蓮花周圍繪飾飛天，或揮動長帶，或散花歌舞，環繞蓮花飛行。方井邊飾和四周三角垂帳紋樣，形象新穎華麗，內涵豐富，色彩豔麗，繪工精緻，為隋代藻井圖案的代表性佳作。

敦煌蓮花飛天紋藻井圖案從何而來？只要檢閱一下北朝的套斗藻井，試把套疊方井內中的兩層摘除，看到的就是飛天繞蓮花飛行的藻井圖案雛形。在大同雲岡石窟的平棊上，方井中蓮花四周雕飾有飛天，其形式與敦煌隋代洞窟的蓮花飛天紋藻井幾乎相差無幾。在藝術風格上，比較更接近的是北魏晚期的三個石窟，一是鞏縣石窟寺第5窟，窟平頂，中央雕飾一朵北朝樣式的圓形大蓮花，六身飛天環繞蓮花飛行，窟頂四角各雕飾一蓮花化生；二是洛陽龍門石窟蓮花洞，窟頂淺圓形，中央雕十四瓣大蓮花，六身飛天繞蓮花拋撒香花；三是麥積山石窟第115窟，窟平頂，中央繪摩尼寶珠，外環蟠龍，四身飛天環繞飛行。非常清楚，自北魏至隋代，各處石窟窟頂裝飾都是以蓮花、飛天紋樣為主紋飾。

隋代藻井中的蓮花徹底改變了圓輪式的形象，變為一如中原的八瓣形大蓮花。飛天亦非北朝舊樣，在經過二百年的中國道仙"整容"，玄風"吹塑"，其身姿容貌已變化得伶俏瀟灑，飄帶短而多波，尾端尖長，視覺上加強了穿梭於雲際間的快速飛動感。第407窟飛天中還有"飛和尚"、"飛童子"，它們與別的飛天一樣同屬天部神眾，飛天憑借飄帶動勢助飛，飛和尚憑借錫杖之"法術"助飛。飛童子是天神，在隋代繪的夜半逾城圖中，悉達多太子騎白馬出家，承托白馬四蹄的"天神"均為飛行童子，與藻井中所繪完全相同。第410窟的飛天羣中又夾畫有奇禽，有人頭禽、牛頭禽、馬頭禽，其風格與山西大同的北魏墓石硯雕刻、寧夏固原的北魏墓棺木上彩畫的禽獸紋、洛陽龍門石窟古陽洞造像龕邊飾上的禽獸紋相近似，應屬薩珊波斯紋樣系統。這些奇禽形象，也見於山東沂南的東漢墓畫像石刻中，《沂南畫像石墓發掘報告》認為這些形象多是《山海經》中所說的神異。藻井方井邊飾上的聯珠紋、斜方格紋、三角垂帳紋，均表現出明鮮的西域風韻。這種影響一直延續到初唐。

3、蓮花纏枝紋藻井

蓮花纏枝紋藻井圖案，在敦煌石窟始繪於隋代中期，是當時藻井圖案中繪製最多的一種。重要的大型窟均繪製得極佳，可與飛天蓮花藻井相媲美，堪稱敦煌隋代藻井圖案中的兩大奇葩。藻井中心是一朵八瓣大蓮花，有的蓮花中也繪有三兔，圍繞蓮花四周佈置纏枝紋，方井邊飾有直條聯珠紋、方格連續紋。蓮花纏枝紋藻井不像蓮花飛天紋藻井有先例可資借鑑，它是北朝龕楣忍冬蓮荷紋在中原纏枝紋影響下，經發展演變出現的一種新圖案。應當說，它是隋代洞窟獨有的一種新藻井。

試把西魏第285窟、北周第290窟與隋代洞窟的忍冬蓮荷紋作一比較，即可看出第285窟龕楣忍冬蓮荷紋的忍冬原形還比較強烈，第290窟龕楣忍冬蓮荷紋與隋代藻井纏枝紋葉形已經非常接近了。這就是說，至晚在北周時中原的纏枝紋即已影響於敦煌石窟了。中原所見纏枝紋可歸納為三種：一是忍冬纏枝，主枝上的分枝為集叢狀，大葉子還保留着忍冬葉形的遺風，如藏於日本東京國立博物館藏北齊天保三年（公元552年）魏蠻造菩薩像頭光、背光上的纏枝紋；二是蓮荷纏枝，其特徵是突出表現蓮花與荷葉的形象，如德國法蘭克福奧曼工藝美術館藏北齊天保元年（公元550年）造像頭光中的纏枝紋；三是纏枝草紋，纏枝上的葉子均為叢狀小葉形，葉叢如疾風

吹動狀,如河南鄧縣畫像磚墓中的花邊
紋樣。敦煌藻井中的纏枝紋就是在這些
中原紋樣影響下,從北朝龕楣忍冬蓮荷
紋中發展出來的,其特徵是突出蓮花化
生、蓮花摩尼寶。所以當人們看到敦煌
纏枝蓮花藻井時,總感到有一種捉摸不
定的中原纏枝紋樣的影子,同時又可以
感受到它散發出的敦煌北朝圖案的氣
息。藻井中的纏枝大致可分為兩種:一
種在紋樣佈局上,注重方井四角蓮花化
生、東、南、西、北四方蓮花摩尼寶與
中央大蓮花之關係,形成眾星捧月之
勢。不論其花飾的顯現與隱蔽,皆注重
方位之關係,如第405、314、311窟所
繪。另一種是,方井四角不設角花,纏
枝上的蓮花、摩尼寶無固定方位,只求
紋樣分佈整體上的均衡與變化,繪製也
比較隨意,主要繪於隋末和唐初的一些
窟內,如第390、397窟。此後,纏枝蓮
花藻井再未見有繪製。

4、多瓣大蓮花紋藻井

　　藻井中心的方井,以一朵大蓮花為
主花飾,蓮花有圓輪式、十瓣、十二
瓣、十六瓣式多種,有的方井飾有角
花,有的在蓮花兩側畫雙龍。與前幾種
藻井相比,中心方井較小,方井外圍邊
飾層次增多,垂帳的三角紋變小,基本
形成了由方井蓮花、井外邊飾層、垂帳
三大部分組合的藻井格式,並為唐代藻
井圖案所遵循。此種圖案主要繪於隋

末、唐初諸窟。

　　多瓣蓮花,在隋代後期的套斗藻
井、纏枝蓮花藻井中也有少量繪製,如
第392窟,繪十二瓣蓮花,兩側各有一
龍,相對共作戲珠狀;第379窟,繪十六
瓣蓮花,方井四角各繪一化生蓮花,
東、南、西、北四方各有一個六瓣小
花;第383窟,繪十二瓣蓮花,花中繪有
三兔,蓮花外圍環繞纏枝紋;第398窟,
為二重套斗藻井,繪十六瓣蓮花,花中
央為一色輪,方井四角繪摩尼寶珠;第
380窟,為四重套斗藻井,方井中繪一色
輪,輪中有一蓮花化生童子,輪外環繞
一週連續雲紋,方井各層四角分別繪角
花、摩尼寶火珠。

　　這種多瓣蓮花圖案,在隋代之前的
西魏第285窟套斗藻井中已有繪製,蓮花
內層十四瓣,外層十六瓣,同向旋轉翻
捲狀,四角繪蓮花、摩尼寶。在中原的
石窟藻井、墓室誌蓋上也有與之相同的
紋樣。如河北北響堂山北齊石窟的藻井
雕十二瓣蓮花、葉紋角花、摩尼寶珠。
河南安陽小南海北齊石窟中,藻井雕十
六瓣蓮花、葉紋角花、五瓣形小花。河
南洛陽北魏元氏墓誌蓋中央刻十二瓣蓮
花,周圍環繞一蟠龍,四角各刻一異獸
神像。洛陽元氏墓誌蓋中央刻蓮花,周
圍盤繞二龍,四角刻蓮花,誌座四側刻
十六異獸神像。這類墓誌蓋紋飾及其佈
局格式與佛教石窟藻井完全相同。

通過對中原諸多石窟藻井和墓室誌蓋紋飾進行羅列比較，可以看到敦煌隋代洞窟中這類藻井和它們有着許多共同的特徵，即中央蓮花都是十二瓣或十六瓣的多瓣花形；蓮花周圍紋樣分佈注重東、南、西、北與四角的方位；火燄寶珠紋佔有重要位置；龍與異獸神像、異禽獸形象同是重要的內容。正如有的學者所指出的：墓誌紋飾內容與拜火教信仰有關。墓主人元氏與靈太后關係密切，當朝廷廢除諸淫祀、尊崇胡天神之時，他們追隨靈太后成為拜火教信徒。實際上，靈太后更是佛教的狂熱信奉者。關於這點，楊衒之在《洛陽伽藍記》中記得明明白白。蓮花、摩尼寶珠、飛天、龍這些佛教藝術裝飾主題紋樣，也

為拜火教所祀奉，應是佛教東傳流經中亞時相互融合的結果。當拜火教在公元6世紀前後傳入中國時，自然又賦予了這些紋樣以新的含義，從而在裝飾中也更具典型性。聯繫到各地石窟藻井、墓誌蓋諸多具有中亞風格的紋樣，敦煌隋代石窟藻井中的蓮花瓣數，可能暗含某種信仰，蓮花中的“色輪”，如第380窟、390窟所繪，很可能是示意放射着光輝的摩尼寶珠。第380窟四重套斗藻井中三層四角的角花也是按十二方位排列；第398窟二重套斗藻井四角的摩尼寶珠兩側，對稱畫着“屵”形符號花飾；第392窟藻井中十六瓣蓮花兩側畫雙龍戲珠，明顯受到北魏元氏墓誌紋樣以及響堂山北齊石窟藻井紋樣的影響。

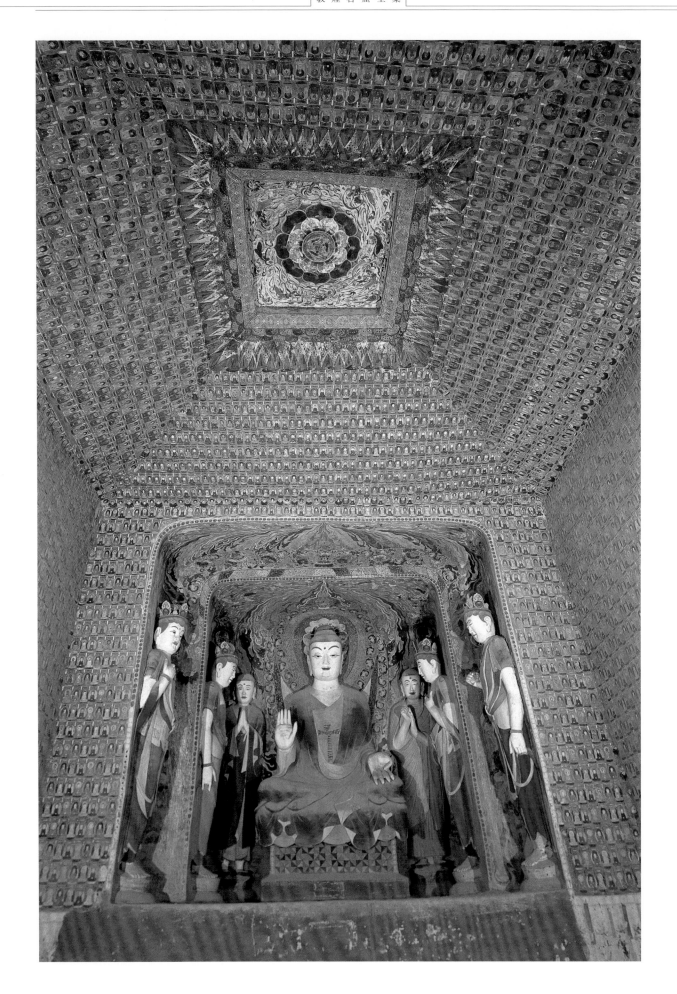

137　蓮花紋套斗藻井

藻井為三重套斗式，方井邊框塗土紅色
地，畫雙葉忍冬交莖套聯紋。方井內淡
綠色地，象徵水，中心為白色圓輪形大
蓮花，四角以四分之一蓮花為角花，形
如折扇。方井外圍畫長圓形重層瓣片和
三角垂鈴，襯以黑色帷幔。紋樣單純，
色彩明快。

北周—隋　莫301　窟頂

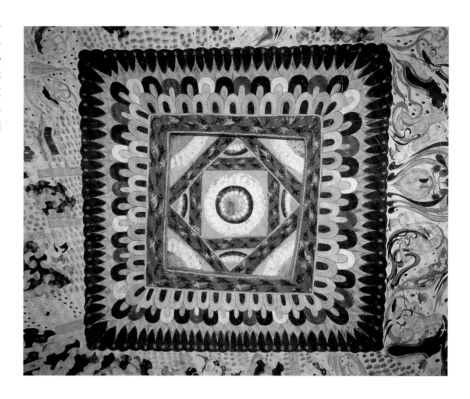

138　蓮花紋套斗藻井

藻井為套斗式，方井中的蓮花，畫法別
致，先畫蓮瓣，再施暈染，並畫出細密
的脈綫。方井兩重邊框為土紅色地，繪
雙葉忍冬交莖聯紋。方井外框畫千佛，
是這一時期的特有現象。

北周—隋　莫299　窟頂

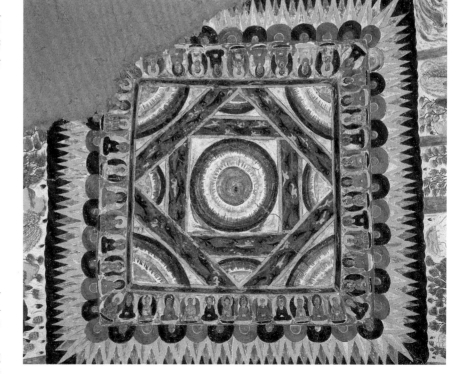

136　覆斗頂窟內景

窟頂為覆斗式，上繪藻井圖案。佛龕為
方口重層狀，龕內佛像後佛背光圖案，
龕口外沿上部繪龕楣圖案，兩側繪龕
柱。隋代大多數石窟四壁上部繪有天宮
平台欄牆紋邊飾，有的龕口外沿繪聯珠
紋邊飾。

隋　莫407

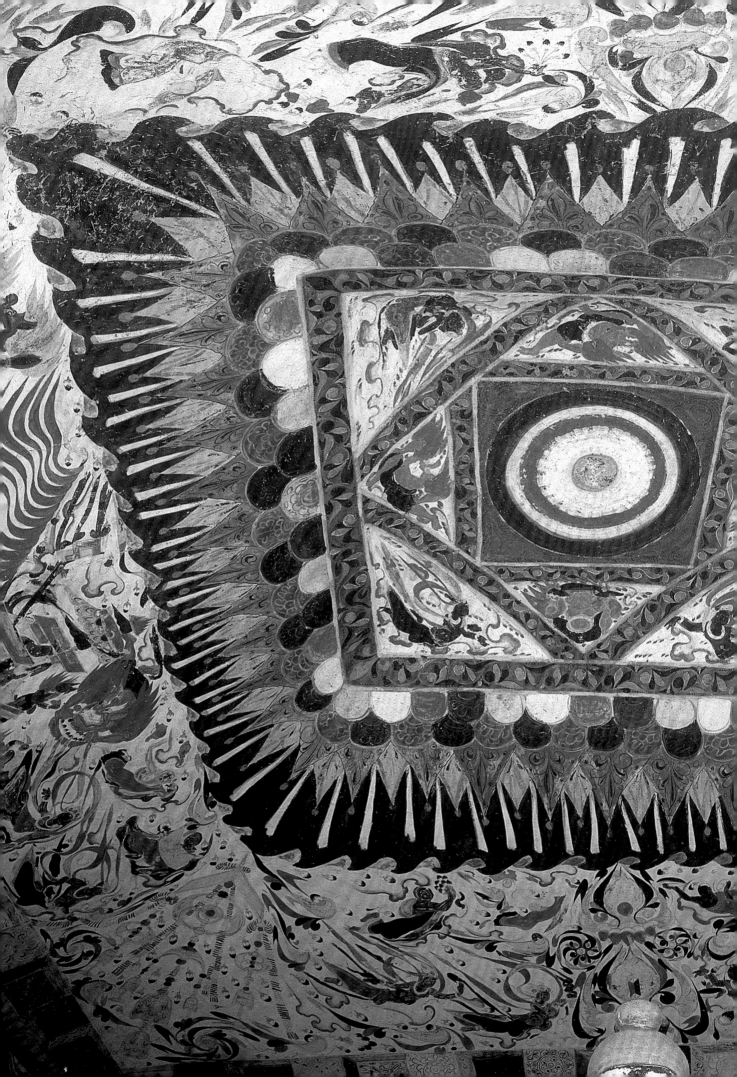

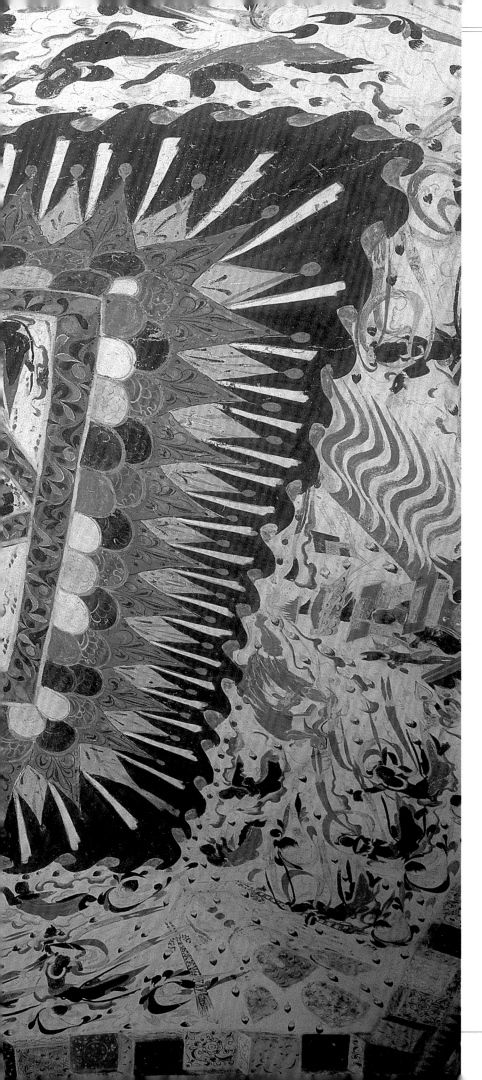

139 三兔蓮花飛天翼獸紋套斗藻井

藻井為套斗式，中心繪重層大圓蓮花，蓮花中繪三兔紋。邊框為土紅色地，繪花葉忍冬纏枝紋，四角繪飛天和翼獸。方井外圍的瓣片和三角垂帳上，繪有雲氣紋、長葉忍冬紋。黑色帷幔襞褶作翻轉之狀。藻井四角繪飾有玉璜、綏帶、珠串、葆羽、流蘇。整個藻井紋飾示意佛窟頂部懸掛的華蓋。

隋 莫305 窟頂

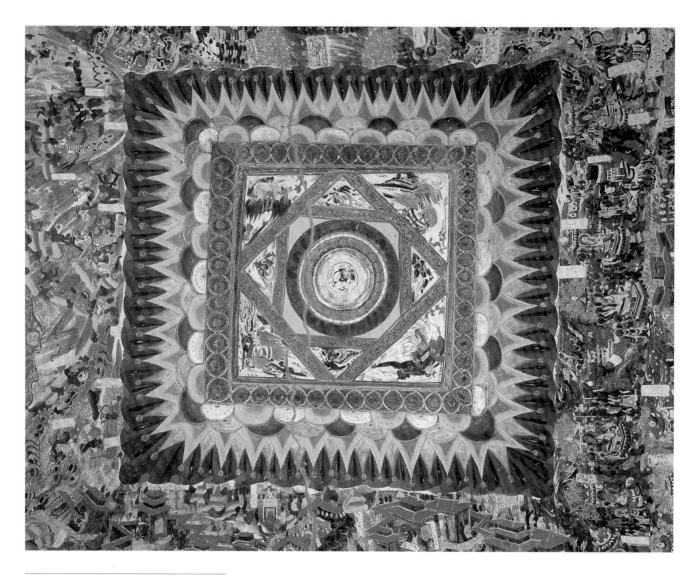

140 三兔蓮花飛天翼獸紋套斗藻井

藻井的方井蓮花中繪三兔相互追逐，中心以三隻兔耳結成三角形，把三隻兔子聯成一個旋轉的整體，構思非常巧妙。四角繪翼獸、飛天，飛天一身穿長裙，三身裸體。方井外框邊飾繪忍冬獅子聯珠紋。此藻井繪工精美，特點突出。

隋 莫420 窟頂

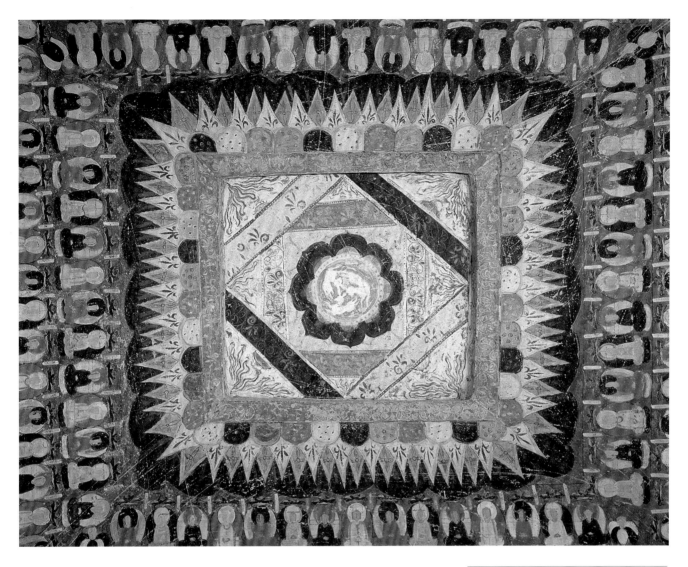

141　三兔蓮花紋套斗藻井

藻井的方井中繪八瓣大蓮花，花中繪有
三兔紋。方井內兩重邊框分別塗紅、黑
（變色）、白色，外框四邊為紅色。方
井邊框和三角垂帳上的忍冬葉紋均以白
綫勾描，葉內另填一筆顏色，紋飾新
穎。

隋　莫406　窟頂

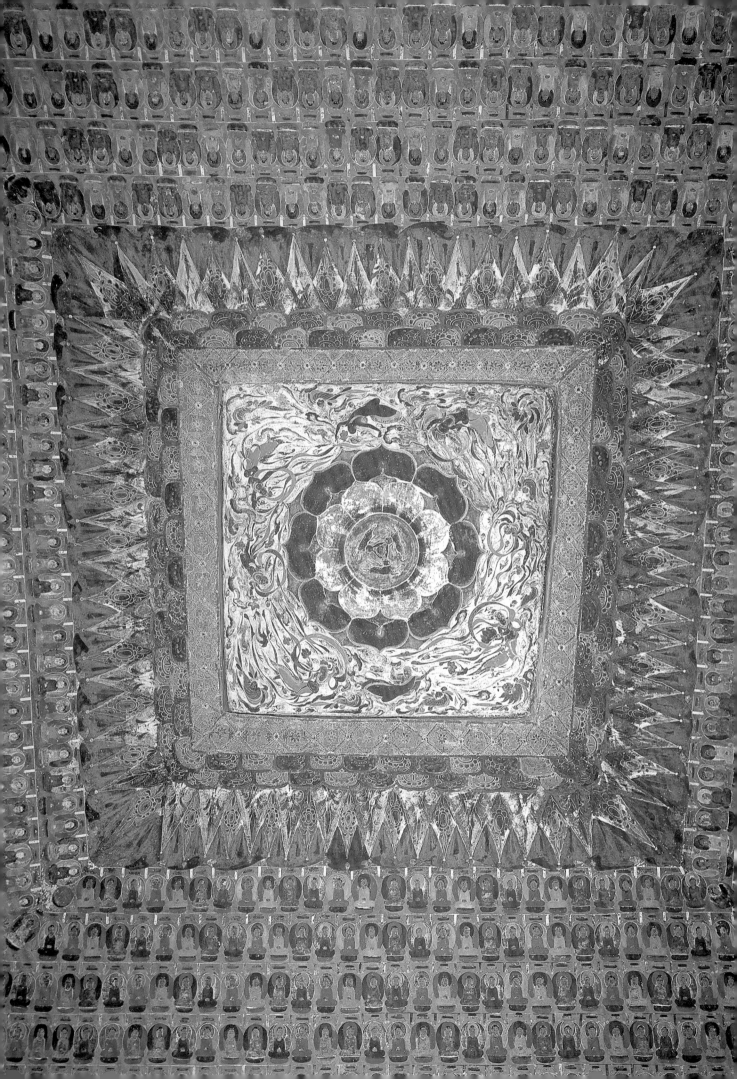

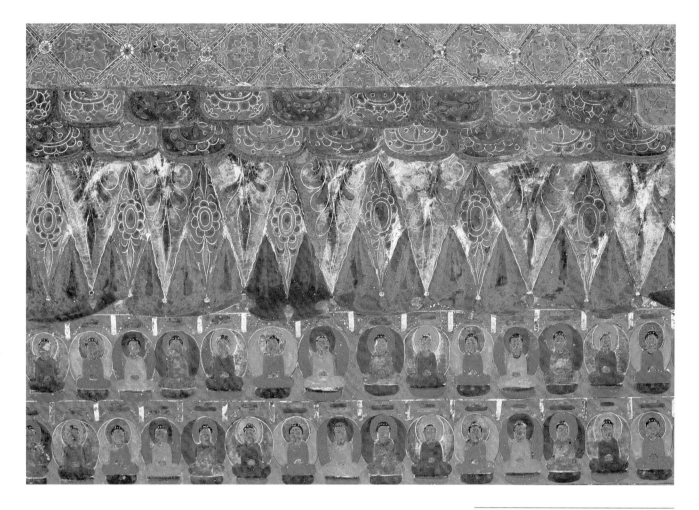

143　三兔蓮花紋藻井垂帳

此三角垂帳紋是前圖的局部，從中可以
看出隋代藻井紋飾繪製精細，色彩富於
變化。

隋　莫407　窟頂

142　三兔蓮花紋藻井

藻井為單一方井，井中繪八瓣重層大蓮
花，花中繪有三兔紋，相互追逐旋轉。
蓮花周圍繪飛天、童子、比丘環繞飛
行，天雨香花，彩雲呈祥。方井邊框上
的忍冬小花斜方格紋和方井外圍的瓣
片、三角垂帳紋飾均為新紋樣，是隋代
藻井中具有代表性的圖案。

隋　莫407　窟頂

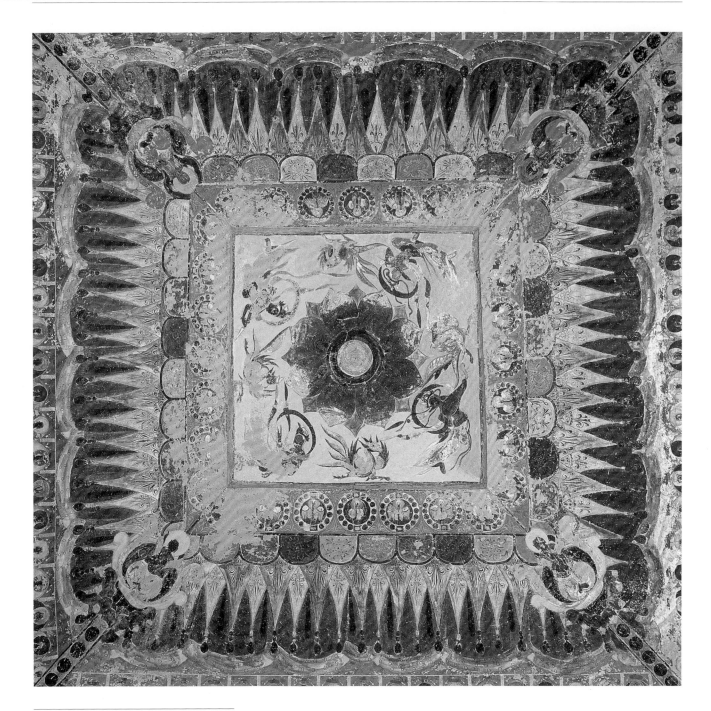

144 蓮花飛天異禽紋藻井

藻井為單一方井，井中繪八瓣重層大蓮
花，周圍繪伎樂天、異禽環繞飛行。伎
樂或彈琵琶，或吹笙，或吹橫笛。異禽
均為鳳尾，生有人頭、牛頭、馬頭、鳳
頭。方井邊框繪孔雀聯珠紋，井外的瓣
片、三角垂帳上繪新型忍冬紋。帷幔鑲
藍邊。方井繪蓮花童子，紋飾具有鮮明
的異域風格。

隋 莫401 窟頂

145　蓮花飛天異禽紋藻井垂帳

此紋是前圖的局部。方井邊框繪孔雀聯
珠紋，孔雀為正面，頭上有冠，展翅，
翹尾開屏。瓣片、三角垂帳中的新型忍
冬紋，有研究者稱之為"棕櫚葉紋"。
隋　莫401　窟頂

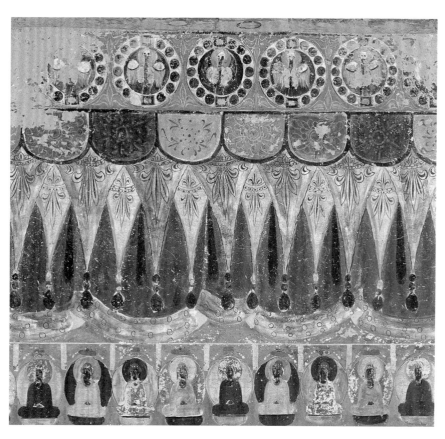

146　蓮花纏枝摩尼寶紋藻井

藻井的方井中繪大蓮花，周圍環繞蓮荷
纏枝紋，纏枝上分佈忍冬形荷葉，四面
各繪一小蓮花，四角繪摩尼寶珠。方井
外圍邊飾層增多，紋樣雖是簡略，已顯
示出向唐代藻井過渡的跡象。從此圖案
中可看到當時繪製的程序，先用淡土紅
色綫規劃方圓，定其方位，分佈紋樣，
再行填色完成。
隋　莫405　窟頂

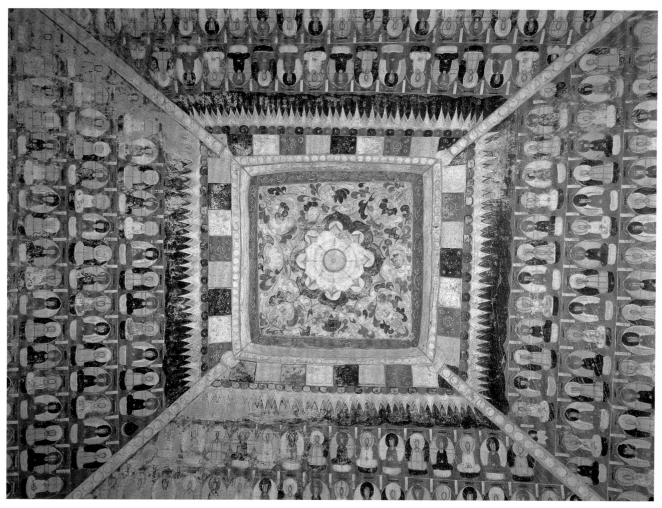

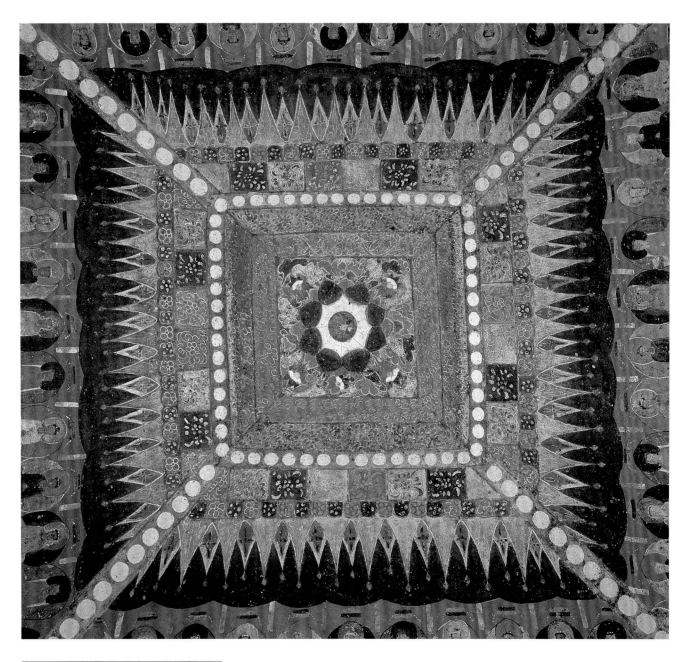

147　蓮花纏枝聯珠紋藻井

方井小，纏枝簡略，井中繪八瓣蓮花，
多層邊飾均以白色綫隨意勾畫成細小的
紋樣，連續方塊中的旋動忍冬葉和三角
垂帳充分顯示着時代的特徵。淺淡的土
紅色，黑褐色和白色聯珠紋構成了藻井
特有的魅力。井外邊飾層增多，是向唐
代藻井過渡的重要特徵。

隋　莫403 窟頂

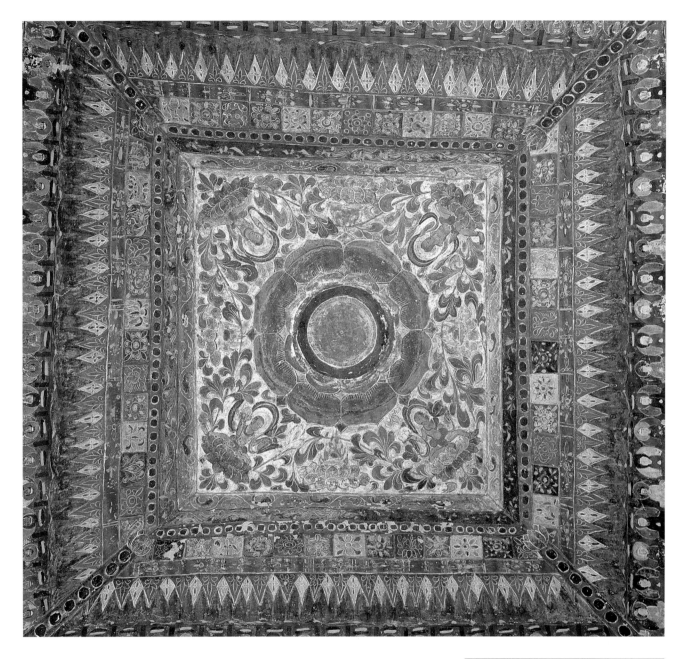

148 蓮花纏枝化生紋藻井

方井寬大，井中大蓮花的四面各繪一蓮花摩尼寶，四角繪蓮花化生童子，以纏枝環繞串聯，與中央大蓮花形成眾星捧月之勢。方井外圍邊飾窄細而多層，紋樣有葡萄藤紋，方格中有葉子組成的各種獸頭紋。這些稀有紋樣均源自中亞地區，是隋代圖案重要特徵之一。顏色中，使用了純正上好的紅色顏料，歷千年而不變，色調熱烈。

隋 莫314 窟頂

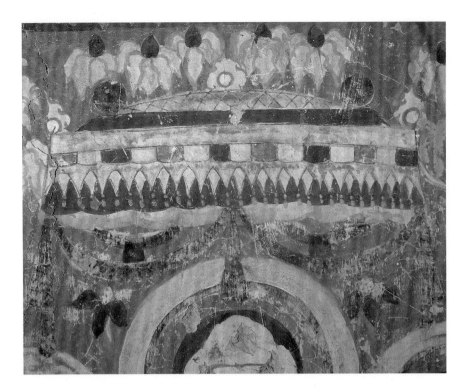

149 説法圖中的華蓋

繪於佛説法圖中的華蓋與藻井性質相
同，藻井即是畫在覆斗形石窟頂部展開
的平面華蓋。華蓋頂上的火珠紋即是藻
井方井內四角的摩尼寶珠。帶狀邊飾、
方塊連續紋帶、三角垂帳等紋樣均與藻
井相同。華蓋與藻井均是帝王傘蓋實物
的圖案化。

隋 莫314 南壁

150 蓮花紋摩尼寶頂華蓋

懸掛在佛陀上空的華蓋，是神聖莊嚴的
象徵。圓形蓋頂飾有摩尼寶珠，周圍掛
垂流蘇，中心為一大蓮花，環壁飾白色
小環珠紋。其結構與同期藻井無異。華
蓋上部有流雲、飛天、天花，周圍是菩
提樹冠。藍、綠、黑褐紋樣與赭紅地色
相映，顯得特別亮麗。

隋 莫401 北壁龕內頂部

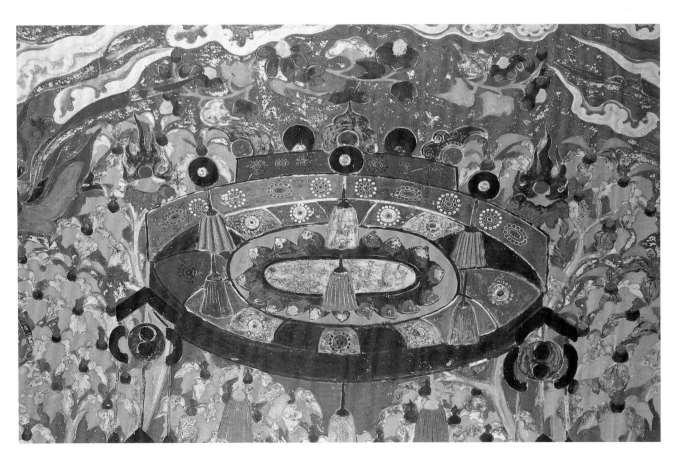

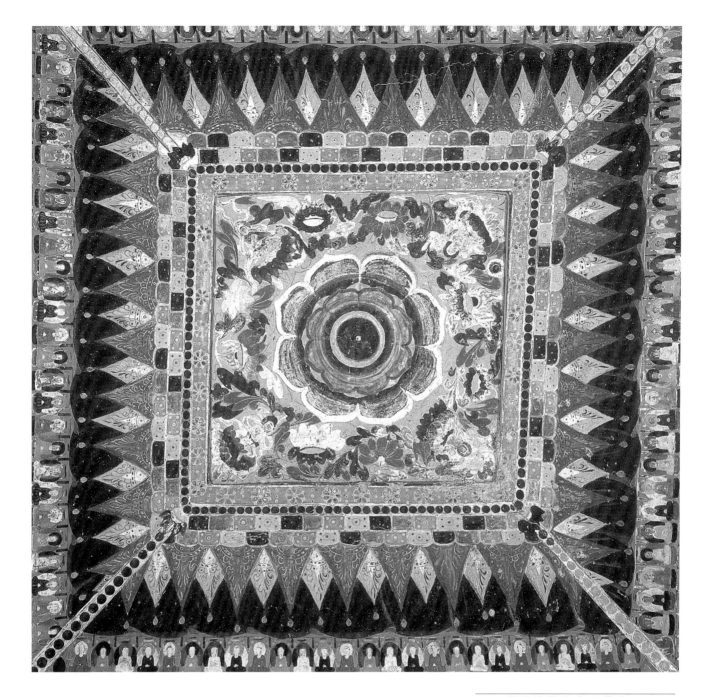

151 蓮花纏枝化生紋藻井

方井中塗淡綠色，表示蓮池綠水。大蓮
花四面各畫一朵小蓮花和摩尼寶珠，四
角畫化生童子，以纏枝串聯成一個大花
環。方井以赭紅色為邊框，以黑、藍、
紅、綠四色反覆連續成方井外圍邊飾，
寬大的三角垂帳以藍、綠色為地，繪新
型忍冬紋，在黑色帷帳襯映下顯得明媚
而華麗。

隋 莫311 窟頂

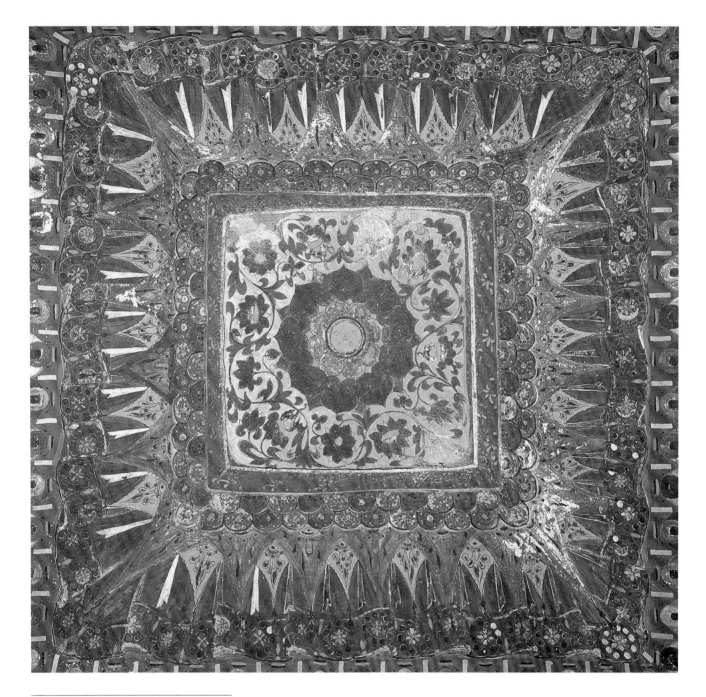

152 蓮花纏枝花紋藻井

藻井中為大蓮花,纏枝花簡潔疏朗。方
井外的重層瓣片為兩色疊飾,三角垂帳
寬鬆,帷帳飾環形聯珠紋和鑲邊是其特
色。聯珠紋是源於西亞的紋樣,石窟中
的紋樣是對絲織物上聯珠紋的模仿。

隋—唐 莫390 窟頂

153 三兔蓮花纏枝花紋藻井

藻井中為大蓮花，花中心繪有旋轉相逐
的二兔紋，大蓮花周圍繪纏枝蓮花紋，
蓮花俯仰背側，變化交錯，筆法簡潔。
方井邊框簡繪聯珠紋，垂帳鑲有窄邊。
隋　莫397　窟頂

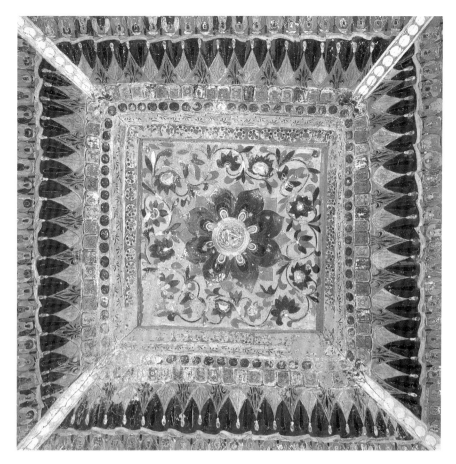

154 蓮花纏枝花紋藻井

藻井中心畫八瓣大蓮花，環繞纏枝，井
外邊飾和三角垂帳畫忍冬紋。此圖案繪
於隋末，紋樣已簡化，進入唐代以後即
為新的藻井圖案所取代。
隋　莫394　窟頂

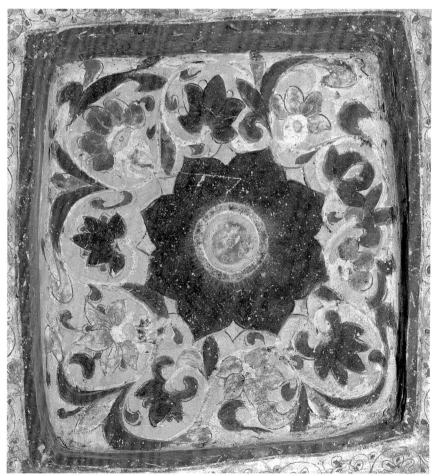

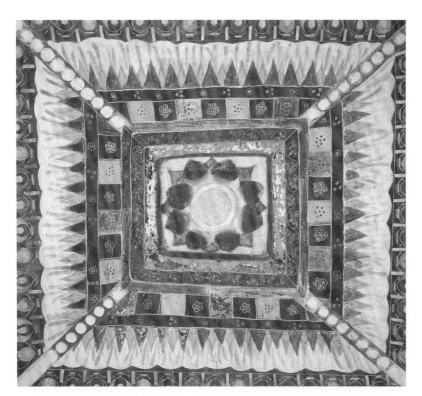

155 大蓮花紋藻井

大蓮花藻井，中心方井甚小，只繪一朵
八瓣重層大蓮花。井外邊飾層次多，帷
幔較短。色彩以土紅、藍色為主，間以
淡赭，白綫勾畫出簡單的忍冬紋和小花
飾。此藻井繪製簡略隨意。

隋 莫313 窟頂

156 大蓮花紋藻井

藻井以清淡的藍、綠色為主調，中心繪
八瓣大蓮花勾白色脈紋，四周垂黑色帷
帳，間以白色串珠，在紅地千佛的烘托
下，更顯雅致。

隋 莫389 窟頂

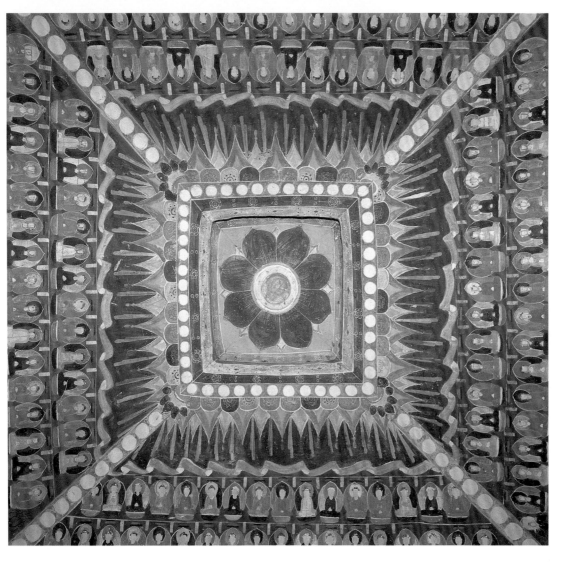

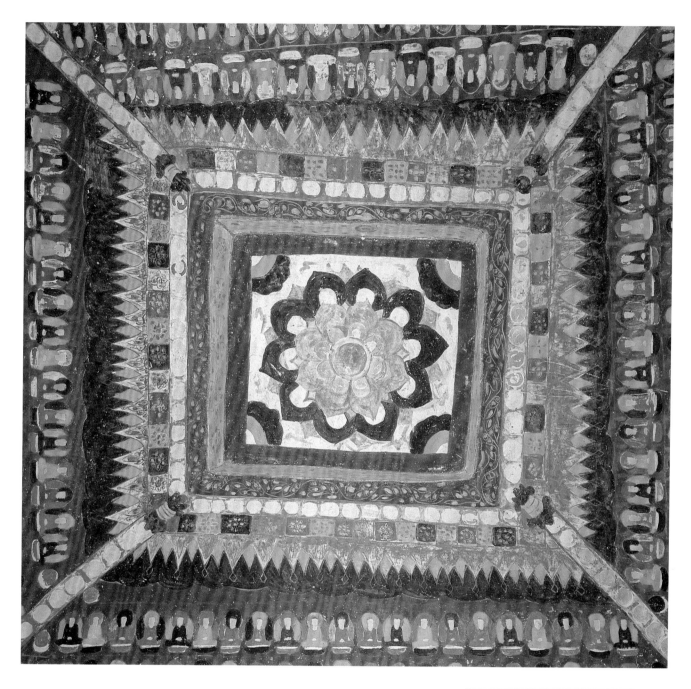

157　大蓮花紋藻井

藻井中心繪多瓣大蓮花，四隅分繪角
花，方井外圍邊飾層次增多，三角帳縮
短。此藻井繪於隋末，已展現出向唐代
藻井圖案轉變的特徵。

隋　莫394　窟頂

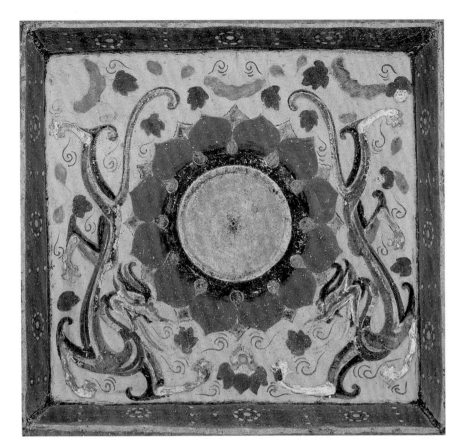

158 蓮花雙龍紋藻井

方井中繪蓮池綠水，池中央繪十二瓣大
蓮花，蓮花兩側各躍出一長龍，相對共
戲寶珠。池中分佈着水渦紋、荷葉、蓮
花。淡綠、黑褐、土紅三色互映，蓮池
更顯透徹明亮。三角垂帳已損毀。

隋 莫392 窟頂

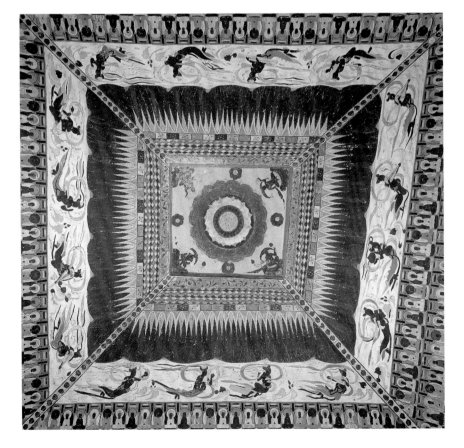

159 蓮花化生紋藻井

方井中央繪多瓣重層大蓮花，四方各繪
一小蓮花，四角繪有蓮花化生童子，紋
樣排列方位嚴格規整。井外邊飾中寬大
的菱形網紋很獨特，三角垂帳紋細密，
帷幔長大。四周圍繞十六身伎樂天人，
所持樂器有琵琶、箜篌、腰鼓、笙、
琴、橫笛等，表現伎樂飛天圍繞佛陀華
蓋奏樂供養的情景。

隋 莫379 窟頂

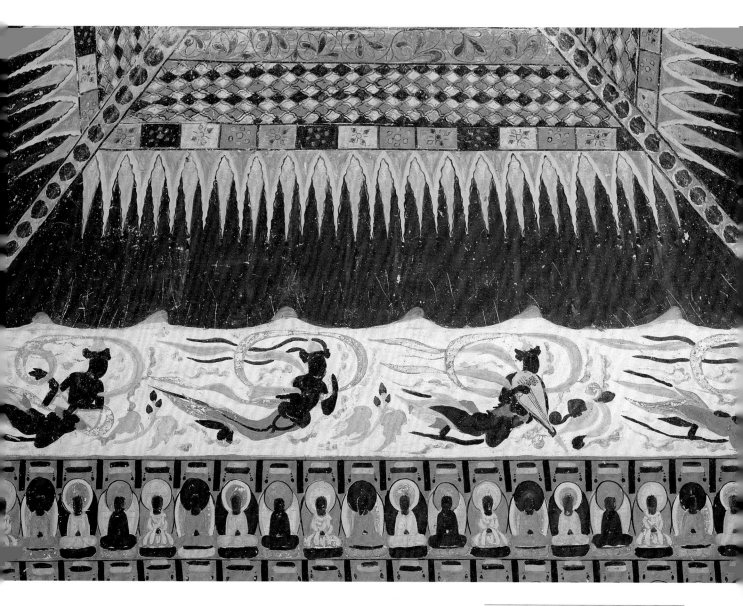

160 蓮花化生紋藻井垂帳
此紋飾為前圖的局部，菱形網紋以雙綫
勾繪，並與三角垂帳紋一致，勾綫呈波
狀，顯得很靈活。藍色纏枝花紋具有鮮
明的地中海風格。
隋 莫379 窟頂

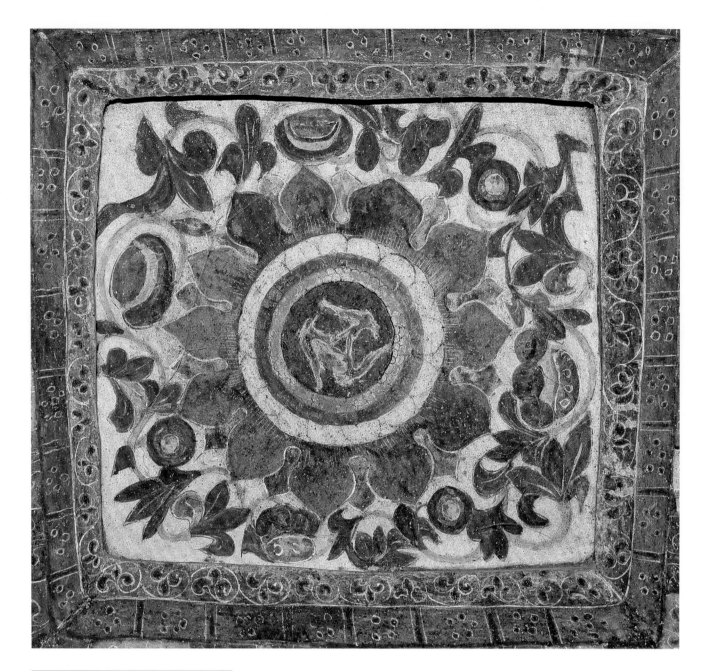

161 三兔蓮花纏枝花紋藻井

方井中繪十六瓣大蓮花，花中心有三兔
紋，四周環繞纏枝花紋。藻井中的大蓮
花為多裂瓣，蓮瓣細腰，是隋末唐初藻
井蓮花紋樣重要特徵之一。

隋—唐 莫383 窟頂

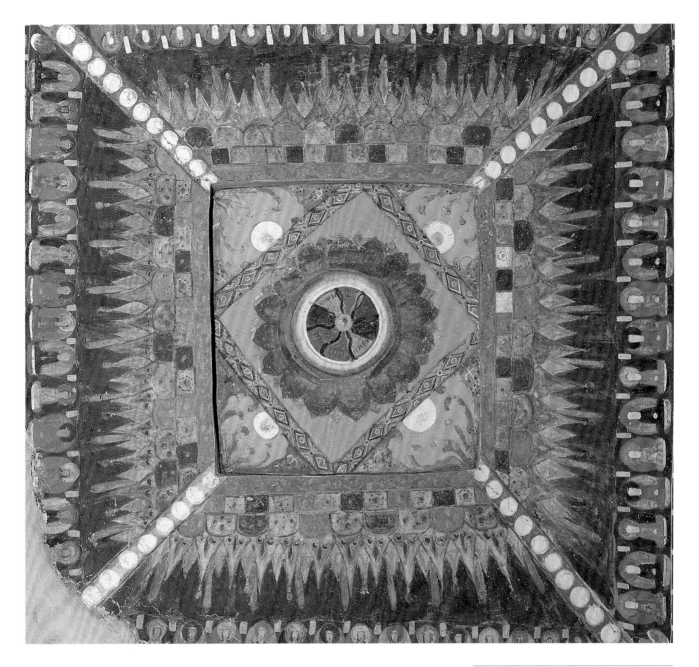

162　色輪蓮花紋套斗藻井

藻井為兩重套斗式，方井中繪十六瓣大
蓮花，花中心是一八葉色輪。方井內層
邊框繪菱形連續紋，外層四角繪摩尼寶
珠和小花。在藻井整體構架上，雖然還
留有北魏套斗式的遺風，但紋樣已是新
樣。

隋　莫398　窟頂

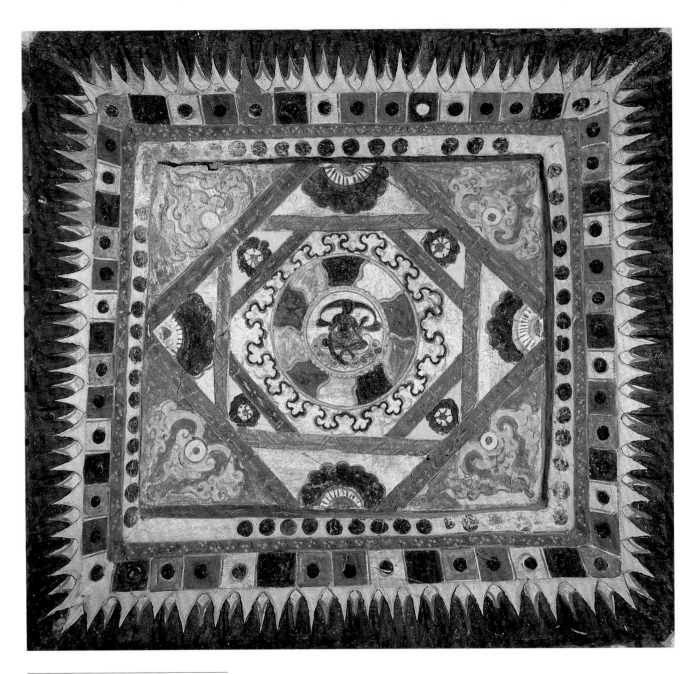

163　色輪蓮花套斗藻井

藻井為四重套斗式，方井中繪十葉色
輪，輪為旋動狀，中心有一蓮花化生童
子，色輪外環繞一周如意雲紋。此種紋
樣在敦煌只見此一例。四重套斗方井四
角分別繪蓮花、摩尼寶，方井邊框窄
細，繪對葉小花、纏枝小花、三角折綾
紋等。三角垂帳短小稠密。在整體構架
上，雖有舊時遺風，但格調已變新樣。

隋—唐　莫380　窟頂

第二節　龕楣圖案

敦煌石窟的龕楣圖案，自北涼始，至北魏，大體上經歷了由簡易到繁盛的發展期，進入隋代又經過演變，最終為帶狀邊飾所取代。

圖案的變化受着時代風格的影響，而龕形作為圖案的載體，其變化也制約着圖案隨之變化。隋代洞窟裏的佛龕有圓拱形和方口形兩種形式，圓拱形佛龕是北朝舊式的餘緒，龕楣多畫火燄紋；方口龕，進深二重，平面如"凸"字形，是隋到唐初之間一種特有的新龕形，它反映了佛教正在逐漸中國化，龕楣多畫纏枝蓮荷童子紋。兩種龕楣紋飾也有相互交融進行繪飾的，但為數不多。

火燄紋龕楣，從最早的北涼時起，主佛像龕龕楣即畫火燄紋。然而，在北朝的百餘年中，主佛像龕龕楣卻多是以華麗的忍冬蓮荷化生童子為主紋飾，火燄紋只是作為一道帶狀邊框畫在龕楣邊緣上。以忍冬蓮荷化生童子紋樣為主，是石窟整體裝飾佈局的需要，其內容豐富，形姿活潑華麗，是佛國淨土的象徵，畫作主佛像龕楣飾，不僅避免了與龕內大面積佛背光火燄紋的重複，而且在主題上更符合主佛像龕所要求體現的佛國淨土境界。隋代佛龕龕楣與之完全相反，是以火燄紋為主紋飾，不僅繪有單一火燄紋龕楣，在纏枝紋龕楣上，火燄紋也佔有重要的部位。隋代的火燄紋結構簡潔，形象奇特，個性鮮明。所謂結構簡潔，可以"一條綫"概括

之，即一條綫向上隨意彎曲迴旋畫作火燄之勢，有的像浪花，有的如流雲，不論是怎樣彎弧的綫，都是並列一道接一道畫去。再用土紅、青、黑、綠諸色相間反覆塗飾，形成階梯狀層層疊壓，使之產生節奏性變化，豐富其形象。火燄中並畫有摩尼寶珠紋，成為龕楣圖案重要的時代特徵。色彩在這裏起着重要的造型作用，沒有色彩，也就失去了形象。這種火燄紋傳自中原，北魏、北齊佛像石刻中所見多屬這一風格，北周時傳入敦煌石窟，與北魏窟中為數不多的龕楣火燄紋相結合，演變為光燄熊烈的新火燄紋。

摩尼寶珠不僅是龕楣火燄紋的重要內容，也是佛像背光、藻井、平台欄牆邊飾中不可缺少的紋樣。摩尼寶，意譯為"如意寶"，按佛經說，"此寶光淨不為垢穢所染"，"投之濁水，水即為清"，"有此寶處，必增其威德"。在佛窟裝飾中，畫摩尼寶紋當是取其光明清淨之意。北朝圖案中主要畫在窟頂平棊和藻井方井的四角，外形呈三角形，火燄內為忍冬葉。三角形的摩尼寶紋也見於大同雲岡石窟的門額屋脊上和寧夏固原北魏墓漆棺彩畫中，唯漆棺畫三角形火燄中為一圓珠形象。北魏末，敦煌窟頂人字坡上的忍冬蓮荷紋中的摩尼寶紋外形如桃子，火燄內為一多棱晶體狀物。北周末，佛背光中畫出火珠形的摩尼寶，即桃形火燄中為一圓珠，並成為隋代圖案中重要紋樣之一。其造形與響堂山北齊石窟藻井、壁龕

上雕刻的紋樣相同。有研究者認為，桃形火燄紋中為多棱晶體物形象的紋樣是拜火教的"拜火祭壇"。波斯薩珊王朝銀幣上的拜火祭壇和安陽北齊粟特人墓中的拜火祭壇圖形火燄中均無物像，與火燄中有物像的紋樣是不同的。火燄祭壇明確表現的是"火"；火燄中有物的紋樣，其火燄是珍寶所發出的"光"。火燄中的多棱晶體狀或圓珠狀物其塗色多用疊暈法，也説明這種圖形是在受到某種能發光的寶石啟發下創造的。這些圖形近似而又不同的紋樣，其來源可能與波斯宗教信仰有某種聯繫，佛教在中亞傳播過程中受到其影響，又在長期流傳中逐漸產生了區別。三種形象不同的摩尼寶紋樣的時代性非常明確，也反映了發展演變的過程。在中原一些佛、道造像碑上也偶有雕飾火燄中無物的火燄祭壇圖像作為供養物，説明這些類似的紋樣在應用過程中，曾有疏亂之處，但並未進入敦煌石窟。敦煌隋代石窟中的火珠形摩尼寶仍是佛法光明的象徵。

纏枝蓮荷紋龕楣與單一火燄紋龕楣相比，內容豐富，紋樣活潑多姿，數量最多，是隋代龕楣圖案的代表。纏枝蓮荷紋龕楣都畫在方口龕內層龕額上，外層龕邊緣多畫一道直條白珠紋或一條環形聯珠紋邊飾。龕楣上半畫火燄紋，其紋與上述火燄紋相同。龕楣下半畫纏枝紋，依其枝葉分佈組合可分為滿地纏枝和單枝纏枝。兩種纏枝的畫面均為橫長條形，枝葉由中央向兩側伸展，作對稱分佈，正中央除沿襲北朝畫化生童子外，有的則畫一坐佛或菩薩，或摩尼寶珠。滿地纏枝紋葉子稠密，遍佈滿地，不留空處，枝莖隱於密葉之中，葉中的蓮荷、化生童子、摩尼寶珠形象較小，突出葉紋稠密茂盛的形象，紋樣有濃郁之美，宛若一幅漂亮的花布。此圖案多繪於中期的大窟中，窟數不多。單枝纏枝紋是以一條波狀花莖為主幹，分枝彎轉迴旋，莖上蓮荷形態各異，花中有執樂器的化生童子和摩尼寶珠。葉子繞莖纏枝，隨勢蜿蜒。它與滿地纏枝紋相反，葉紋疏簡，突出表現蓮荷伎樂童子形象。此圖案具有爽朗清新之美，這是隋代洞窟龕楣圖案又一重要特徵。

隋代是龕楣圖案發展的最後階段，方口雙層龕形的出現預示了圓拱龕形連同尖拱形龕楣圖案已臨近終結。龕楣中的單枝纏枝紋，其結構已是帶狀連續紋，而繪於隋末唐初的第390窟的龕楣纏枝紋，實際上已宣告了石窟龕楣圖案的終結。

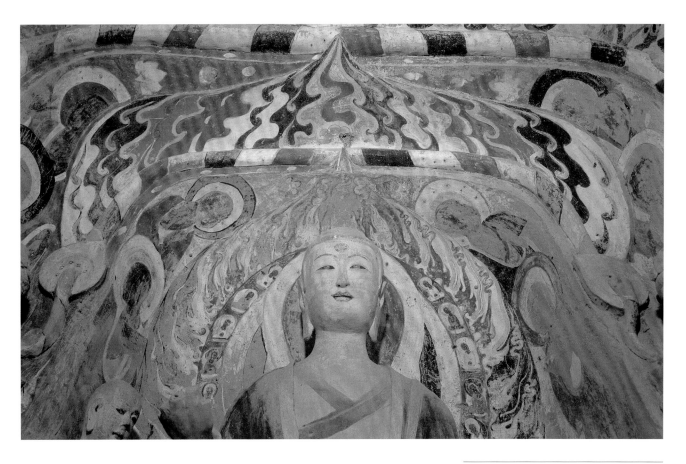

164 火燄紋龕楣

火燄紋樣簡練，由上而下呈波浪形回轉，左右對稱。地色與波浪紋色彩成對比色反覆塗飾，使人在視覺上感到迷惘。紋樣雖簡，卻不落俗套。

隋 莫417 西壁

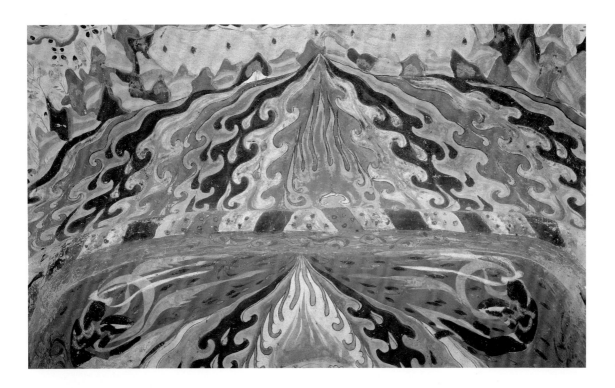

165 摩尼寶火燄紋龕楣

火燄紋彎弧起伏的波狀綫如激流浪花，
紅、灰、黑、藍四色層層相疊。中央畫
一如意雲形摩尼寶放光，頗有新意。
隋 莫423 西壁

166 摩尼寶火燄紋龕楣

佛龕口沿為聯珠紋，其上為摩尼寶珠。
龕楣火燄紋由長燄紋與短燄紋相間隔，
火燄紋由兩側向中間傾斜構成三角形，
增強了火燄的動勢。以紅、綠、黑、藍
四色層層疊壓塗飾，色彩濃豔熱烈。
隋 莫311 西壁

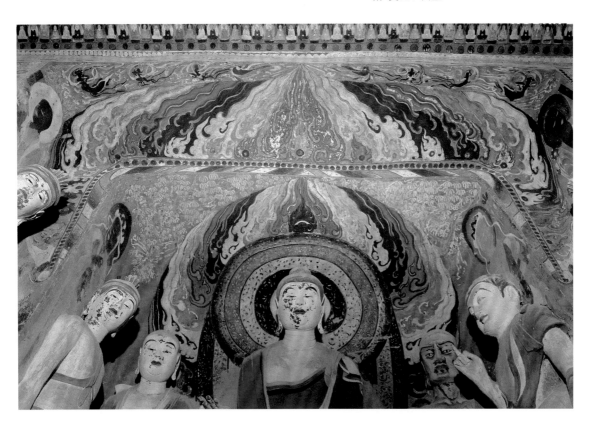

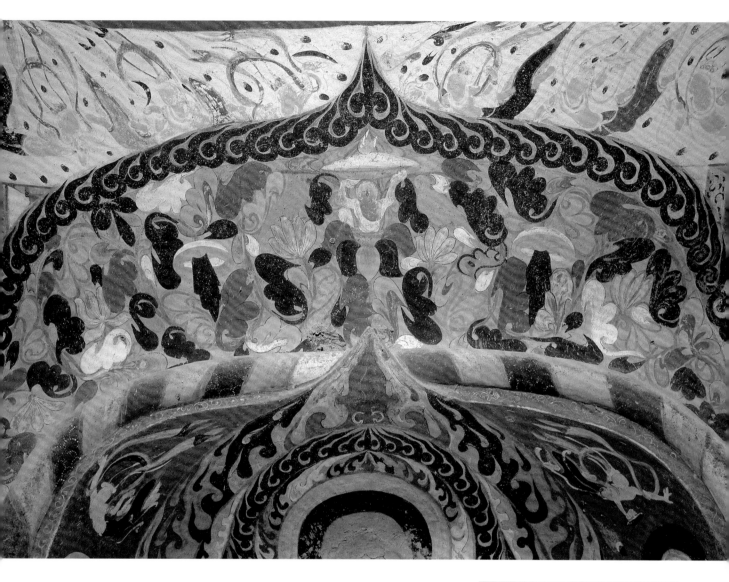

167 蓮花化生纏枝紋龕楣

龕楣中央繪蓮花化生童子雙手托舉大蓮
花，兩側各有一鳥相對站立。纏枝中部
蓮花上懸垂帔巾，示意未來的化生。在
色彩運用上紅與青、綠對應，白與黑、
褐相依，色調穩重明亮。圖案樸實，還
保留着北朝的遺風。

隋 莫266 西壁

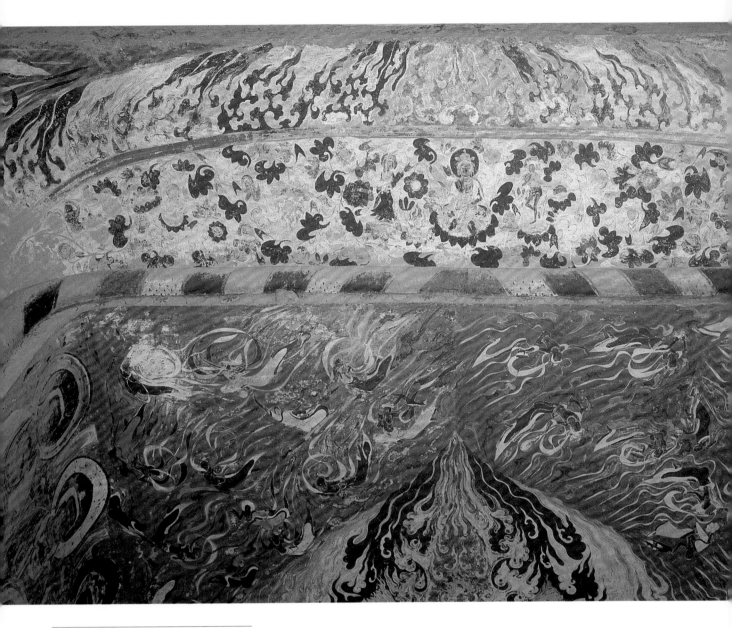

168 伎樂纏枝火燄紋龕楣

龕楣紋飾畫在方口雙重佛龕上，龕楣上
部是火燄紋，畫在外重龕的仰面上；下
部畫在內重龕的楣額上，纏枝花葉繁
盛，纏枝中央蓮花上是一交腳菩薩，左
側有一身穿長裙的伎樂菩薩，右側有一
身穿短褲的男子彈琵琶，左右兩端各有
蓮花童子伎樂彈琵琶、吹笙。顏色多已
脫蝕。

隋 莫412 西壁

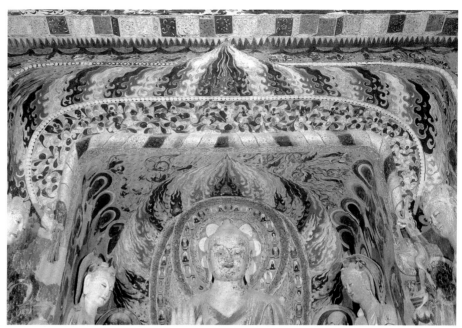

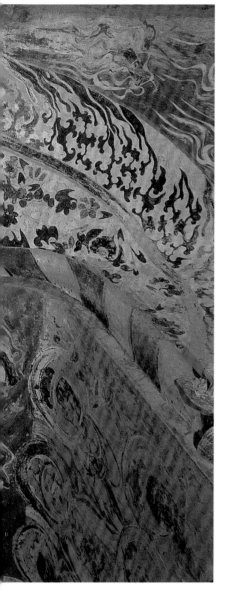

169　伎樂童子纏枝火燄紋龕楣

龕楣上部繪火燄紋，下部繪伎樂童子纏枝紋，中間隔以聯珠紋。纏枝葉片肥短，分佈茂密，伎樂童子形體較小，隱在葉枝中間，手持樂器是箜篌、琵琶、笛、排簫、笙、琴。楣樑繪旋轉忍冬紋。繪工細緻，紋樣組合別具一格。

隋　莫420　西壁

170　纏枝摩尼寶火燄紋龕楣

龕楣上部繪火燄紋，下部繪纏枝葡萄捲藤紋，蓮花摩尼寶依藤枝一正一倒相間排列。塗以深沉的藍色、濃豔的深綠色、明亮的赭紅色，勾以純淨的白色綫。圖案具有異域風采。

隋　莫407　西壁

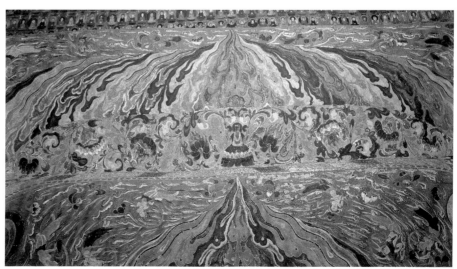

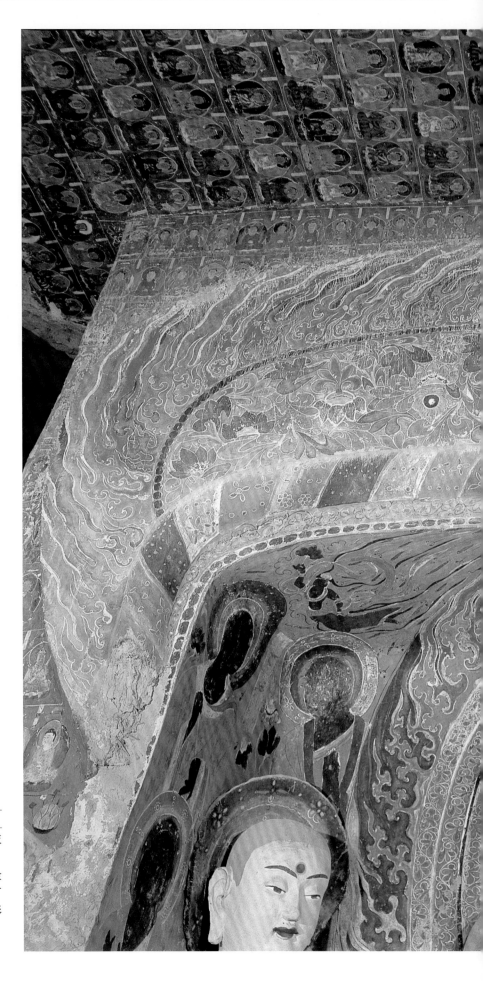

171 纏枝忍冬摩尼寶火餧紋龕楣

纏枝忍冬紋為主紋飾，葉片繁盛，纏枝
多為葉紋遮掩。色彩塗以晶瑩的藍色、
明麗的緋紅色，並以石窟中不常見的金
黃色為主色，葉片上疊暈色階清晰可
見，並勾以白色綫，極大豐富了紋飾形
象。

隋 莫292 中心

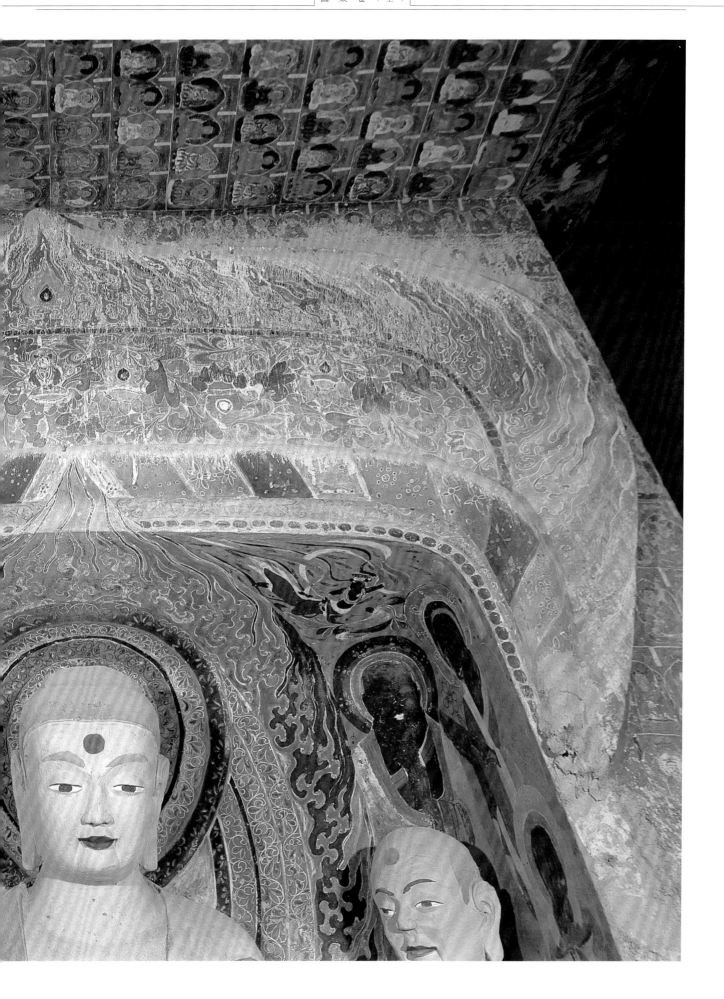

173　蓮花伎樂童子火燄紋龕楣

龕楣以蓮花伎樂童子為主紋飾，纏枝稀
少，葉紋疏朗。十二朵蓮花橫向平列，
伎樂童子所持樂器有琵琶、拍板，中間
相隔一摩尼寶蓮花。紋樣簡潔，主題鮮
明。

隋　莫425　西壁

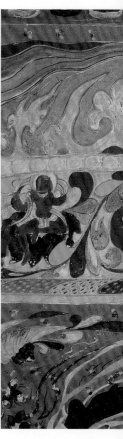

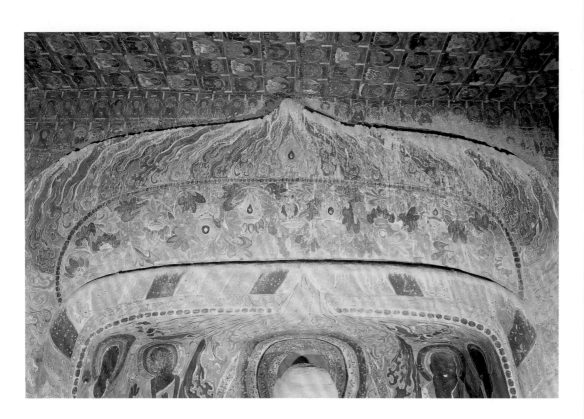

172　佛說法纏枝蓮荷火燄紋龕楣

龕楣的纏枝中央為坐佛說法像，兩側各
有一胡跪的供養菩薩，花上托棱柱形摩
尼寶。纏枝塗綠色地，葉紋以赭紅色為
主，間以淡青色，色調熱烈明麗。龕楣
纏枝紋中畫佛說法圖的在敦煌僅此一
例。

隋　莫397　西壁

174　纏枝蓮荷火燄紋龕楣

龕楣顏色因風化剝蝕，已變為黑灰色，
火燄紋如同剪影一般，纏枝紋繪製風格
純樸，別有情趣。楣樑畫斜方對角連續
紋，不隨俗套。

隋　莫414　西壁

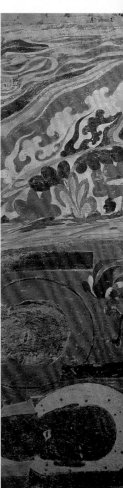

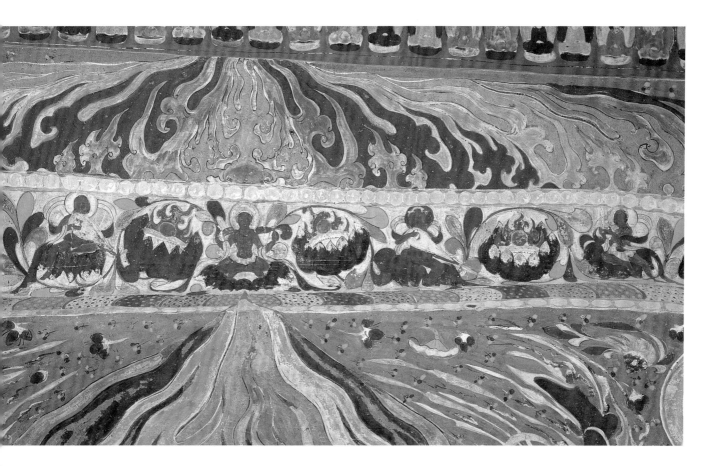

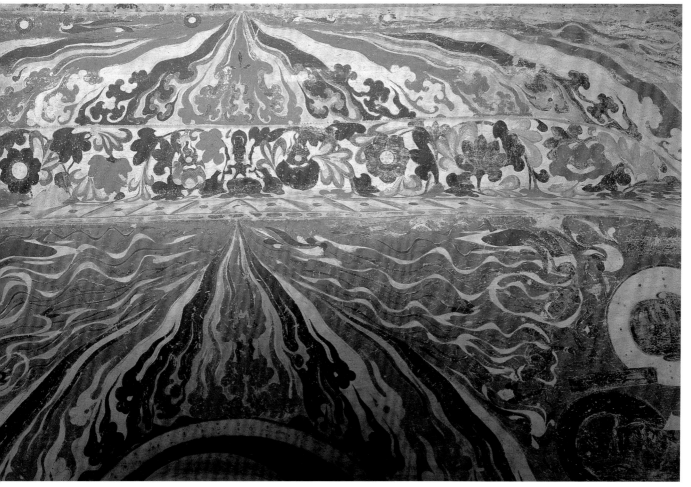

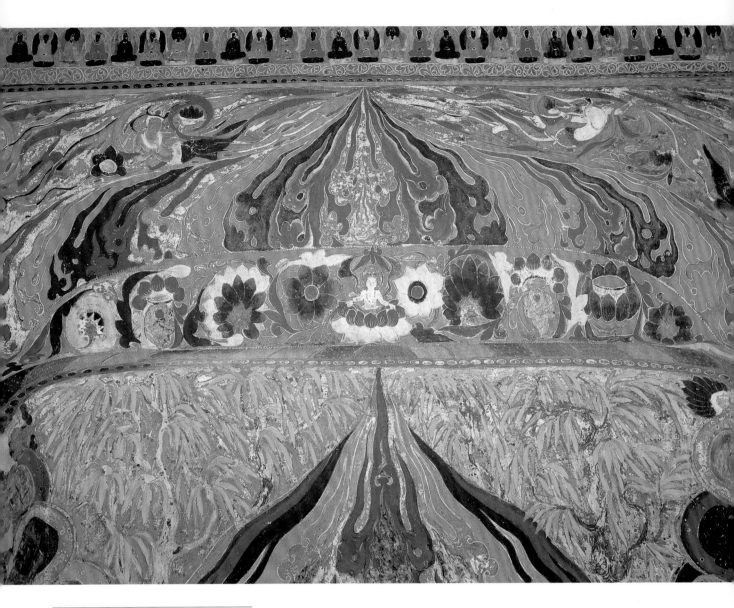

175 蓮花化生摩尼寶火燄紋龕楣

龕楣上部為火燄紋,中央繪摩尼寶;下
部為蓮花紋,中央繪蓮花化生童子,紋
樣簡潔,形象鮮明,繪工精緻。青綠色
調中傅貼純金,夾施淡朱、黑褐的重色
彩與白色勾綫,交織成精美的裝飾效
果。火燄紋上部的飛天也繪製得很精
細。

隋 莫402 西壁

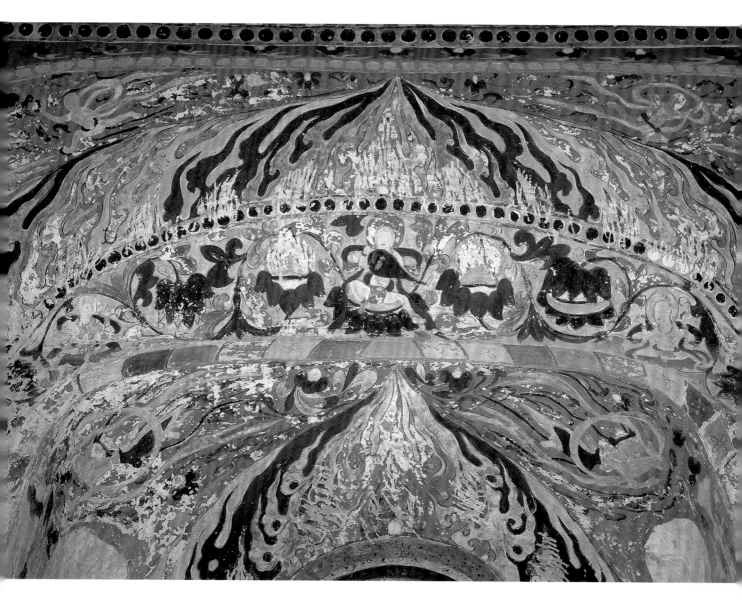

176　蓮花伎樂童子摩尼寶火燄紋
　　　龕楣

龕楣紋飾中央的蓮花上坐一個彈琵琶童
子，兩側繪有蓮花摩尼寶和蓮花化生。
化生兩臂分開，手上各托一寶珠供養佛
陀。火燄紋、摩尼寶原帖有純金，今已
不存。

隋　莫314　西壁

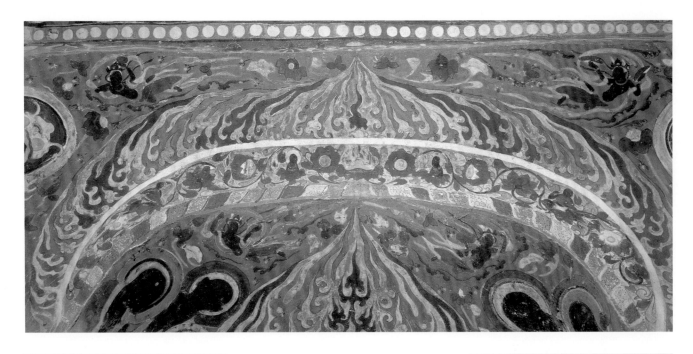

**177 蓮花伎樂童子摩尼寶火燄紋
龕楣**

纏枝窄長如帶狀邊飾，中央畫一摩尼
寶，兩側蓮花為對稱形，蓮花中有二化
生、二彈琵琶童子。紋樣簡潔，形象秀
麗。

隋 莫396 西壁

**178 蓮花伎樂童子摩尼寶火燄紋
龕楣**

龕楣紋飾中央蓮花上的摩尼寶形如高足
杯，杯內盛滿珍寶，杯兩側各樹一火燄
寶珠。奏樂童子隨意坐在蓮花上，姿態
生動。楣樑繪斜方格紋，格內有十字小
花，亦與其他龕楣所不同。

隋 莫398 西壁

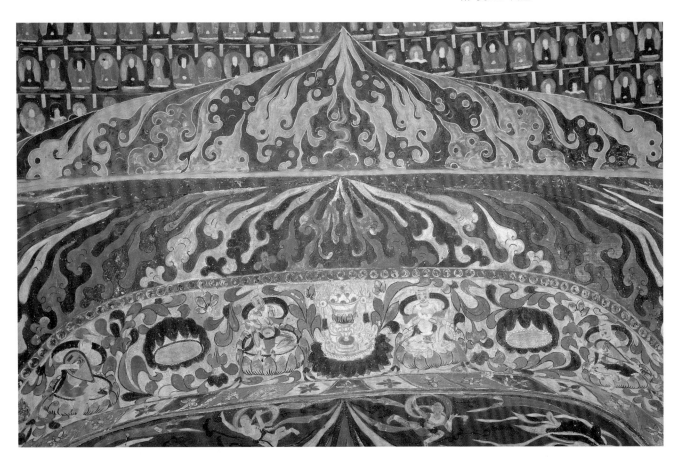

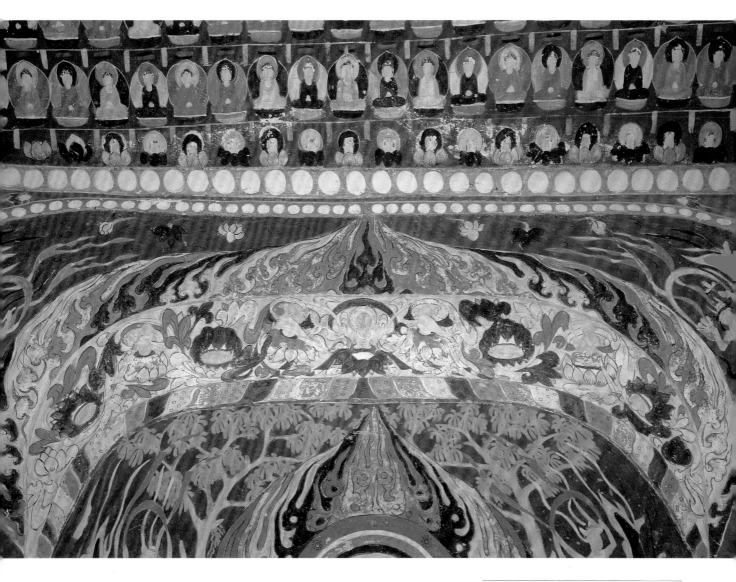

179 蓮花伎樂童子火燄紋龕楣

龕楣中央畫蓮花化生童子，左右有彈琵
琶童子、吹笛童子。紋飾突出勾綫，色
彩清淡。下部楣樑和上部火燄紋色彩濃
重，內外照應，相得益彰。

隋 莫389 西壁

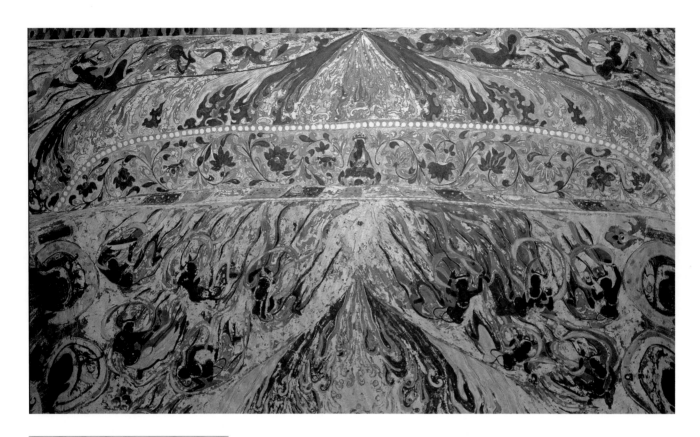

180 纏枝蓮荷火燄紋龕楣

龕楣紋飾分兩層，中央畫一坐菩薩，兩
側纏枝蓮花自由舒展，各現姿態，如同
一條帶狀邊飾，不再嚴守對稱的格局，
這是隋唐交替之際龕楣紋飾的一個重要
特徵。上層繪摩尼寶火燄紋，中間有聯
珠紋相隔。

隋—唐 莫390 西壁

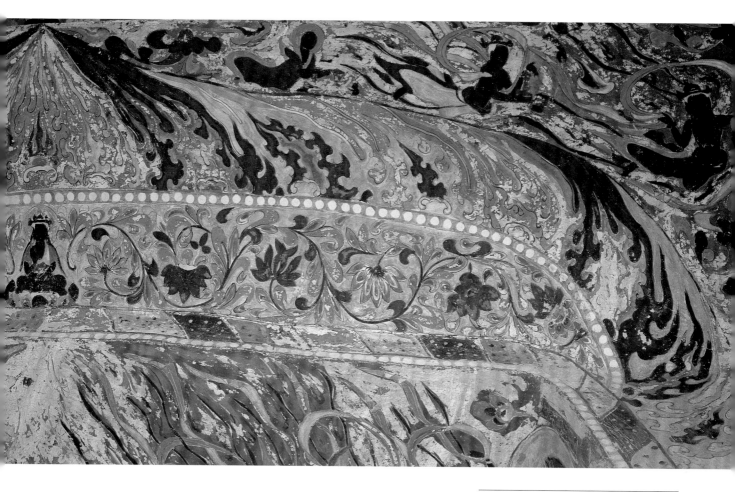

181　纏枝蓮荷火燄紋

此龕楣紋飾為前圖的局部。蓮枝蜿蜒伸
展，表現出祥和自由的氣氛，而火燄卻
像是在疾風中燃燒，勢不可擋。

隋─唐　莫390　西壁

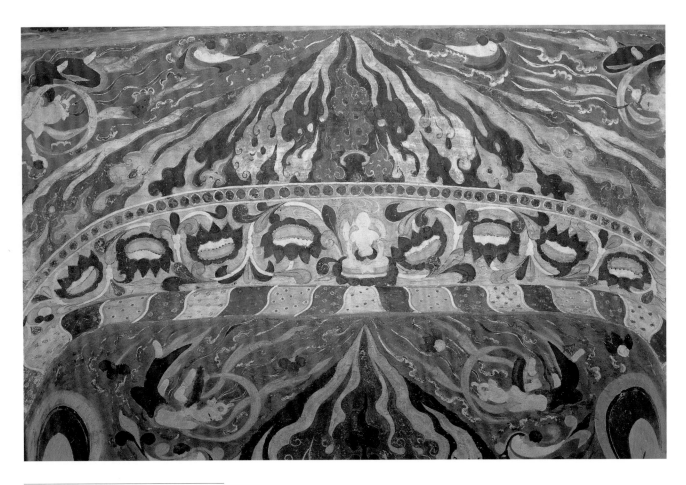

182 纏枝蓮花化生火餤紋龕楣

龕楣中央畫蓮花化生童子，纏枝蓮花同
為一花形，顏色以黑褐、土紅為主。紋
樣簡潔，色彩單純，別具一格。
隋 莫383 西壁

第三節　佛背光圖案

　　敦煌石窟的隋代佛背光與北朝相比，最大的不同是北朝佛背光無論頭光還是身光，全畫火燄紋，雖然有少數背光中夾畫有千佛、天人，但均為單一的火燄紋圖案。隋代佛頭光和身光中的內環層帶全畫忍冬紋，外環層畫火燄紋，火燄紋層甚寬，在紋樣佈局上形成忍冬紋與火燄紋內外兩區。火燄紋在這裏仍佔據重要位置，有的也夾畫有摩尼寶珠，與龕楣上的火燄紋內外照應，連成一片，烈火熊熊，燄色繽紛，使觀者眼花繚亂，頗有奇異之感。

　　佛窟中的火燄紋雖為顯示佛法之光明，但敦煌隋代洞窟中的火燄紋如此流行，可能是受到拜火教觀念的影響。忍冬紋畫入佛背光改變了北朝佛背光單一火燄紋的老樣式，忍冬紋樣也不同於北朝那種以色塗形，如同剪影的形象；而是以流利俊秀的綫條描繪出新的植物葉，葉紋細長，姿態正反轉折，飄動如生。其繪製技法是先在色地上用白色綫或黑色綫勾描出葉形，再在葉內填塗一筆顏色，綠、墨、朱、赭相間填飾。為了豐富形象，有的把地色塗成半綠半青，或半朱半赭，還有塗飾金色的，這是隋代洞窟佛背光敷彩的特徵之一。紋樣雖簡，卻也能變化生輝。

　　隋代圖案的繪製，都顯示出不甘因循守舊，銳意創新的趨勢。佛背光雖不及藻井、龕楣那麼花樣翻新，光彩照

人，卻也有些少見的精品。如第407窟的主佛像背光即是突出的一例。這是一壁色調熱烈，具有強烈異域風格的圖案，背光的外環層同樣畫着寬大流暢的火燄紋，頭光和身光內層的主題紋樣一是葡萄捲藤紋，一是忍冬葉禽獸紋。葡萄捲藤紋，捲藤由土紅色、褐色忍冬葉和黑褐色捲藤組成，其葉如花似果，形同"辣椒"之狀。紋樣以天藍色襯托，形象奇異，極為罕見，長期不為人所了解。在第314窟藻井邊飾中，另有一道單一的形似"辣椒"的紋樣，深綠色地，以淡紫和赭褐色繪紋。隋末第244窟主佛像頭光中，也有一環層為葡萄捲藤紋，赭色畫藤，以淡紅和褐色為果，藍地。初唐第209窟佛背光中也有一道葡萄捲藤紋，紋中有果，有蓮花千佛。窟頂藻井亦為葡萄紋，繪在方井凸起的四側面。觀察各窟所見葡萄捲藤紋樣之共同特點是：有畫葡萄的，也有不畫葡萄的。有單一捲藤紋的，也有和別的紋樣組合的。葡萄外形近似"辣椒"形狀，風格一致。在敦煌石窟中，以第407窟佛背光葡萄紋樣為最早，亦最奇特，是直接以地中海畫樣為範本的。不同地區的畫工對同一物象做出不同組合變化的紋樣也是自然的。第407窟佛背光雖僅一例，卻是非常重要的一例。

　　還有一種忍冬禽獸紋，即忍冬紋中夾畫有禽獸紋。禽獸形象是以忍冬葉組

成，動物的每個部分都是一片葉紋，遠望是一帶狀忍冬葉自由連續紋，近看紋中則有各種動物形象。這類紋樣在第314窟藻井邊飾和其他窟內的天宮平台邊飾中也有繪飾。另有河南洛陽北魏元氏墓誌蓋，四周也刻有獅、牛、羊、馬、狗、鹿、鷹、雞等禽獸形象，有學者依據拜火教勝利之神委雷特拉格納的經歷中曾出現過牧牛、牧羊、野豬、駱駝、馬、鷹和青年、武士各種化身，認為紋飾中出現各種動物有象徵勝利之神的意味。從隋代洞窟的圖案中多流行波斯、中亞紋樣這一特點觀察，佛背光中的忍冬禽獸紋無疑也受到其影響，但已失去了本來的含義，只不過是在其影響下創造的新的紋樣。

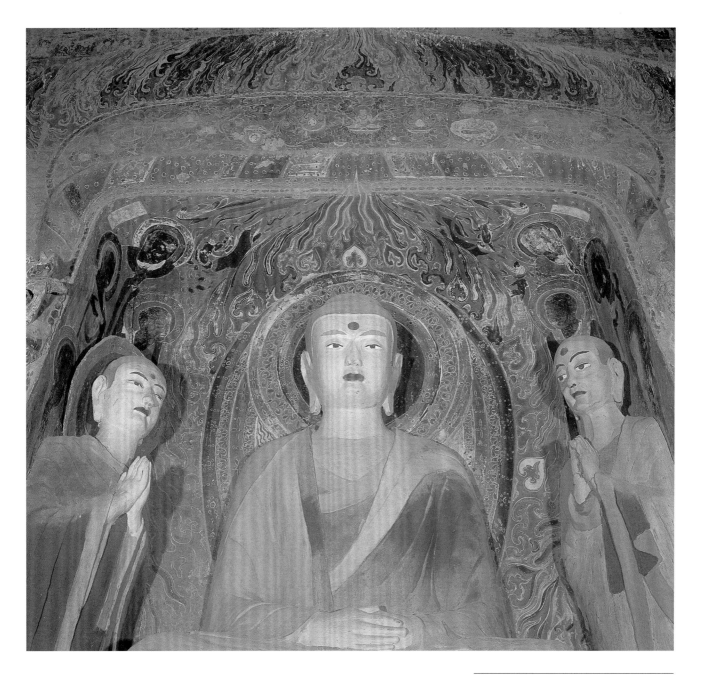

183　小花纏枝火燄紋佛背光

佛背光的環層多，色環窄長，地色濃
豔，白綫勾描出各種小花，白綫小花起
着協調統一色環的作用。外部火燄紋面
幅寬大，紋樣纖細，色環非常協調。這
是以濃麗地色為特徵的佛背光圖案。

隋　莫292　中心柱西向龕內

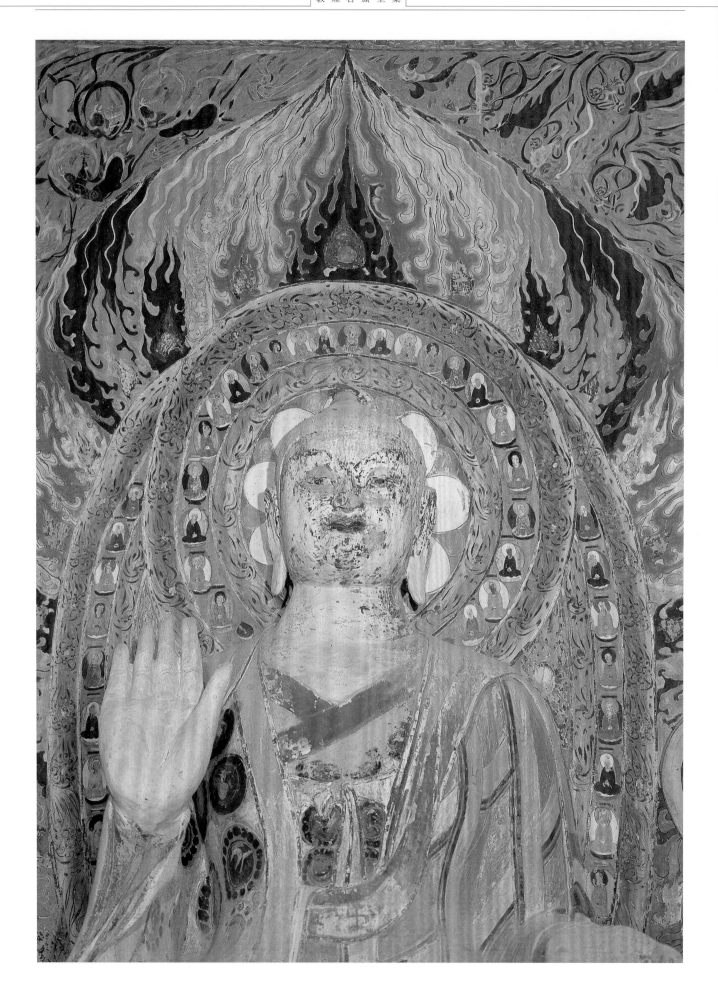

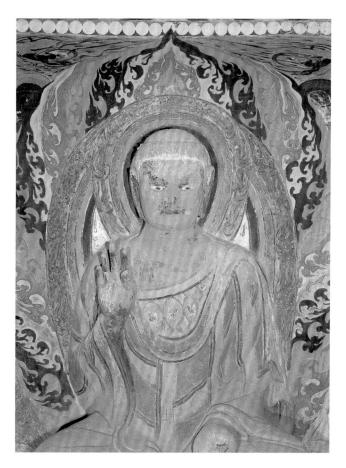

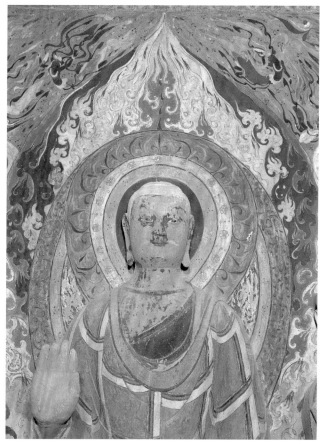

185　忍冬火燄紋佛背光

背光中的火燄紋，每色組只有一個長燄
苗，色彩以赭紅、淡青、黑、深綠四色
套疊。忍冬紋仍以赭紅、綠、藍色平塗
為地色，黑色勾畫紋飾。運筆流暢，繪
工細緻。

隋　莫420　南壁龕內

186　忍冬火燄紋佛背光

背光的火燄紋上端中央塗飾大面積白
色，以淡赭色勾紋，兩側塗濃重的黑、
藍色。忍冬紋以藍、白、綠平塗為地，
黑綫勾紋。色調亮麗，濃重，雅致，不
落陳套，別具一格。

隋　莫419　西壁龕內

184　千佛忍冬火燄紋佛背光

背光火燄紋由若干色組反覆連續而成，
每個色組有三個長燄苗和旁邊三個小燄
苗。兩個色組中的摩尼寶小燄紋，相互
交位塗飾顏色，如此加強色彩形象，是
火燄紋飾中的新技法。忍冬紋修長飄
逸，近似柳葉。地色以青、綠色交替暈
染，黃金界綫，造成莊嚴宏麗的氣勢。

隋　莫420　西壁龕內

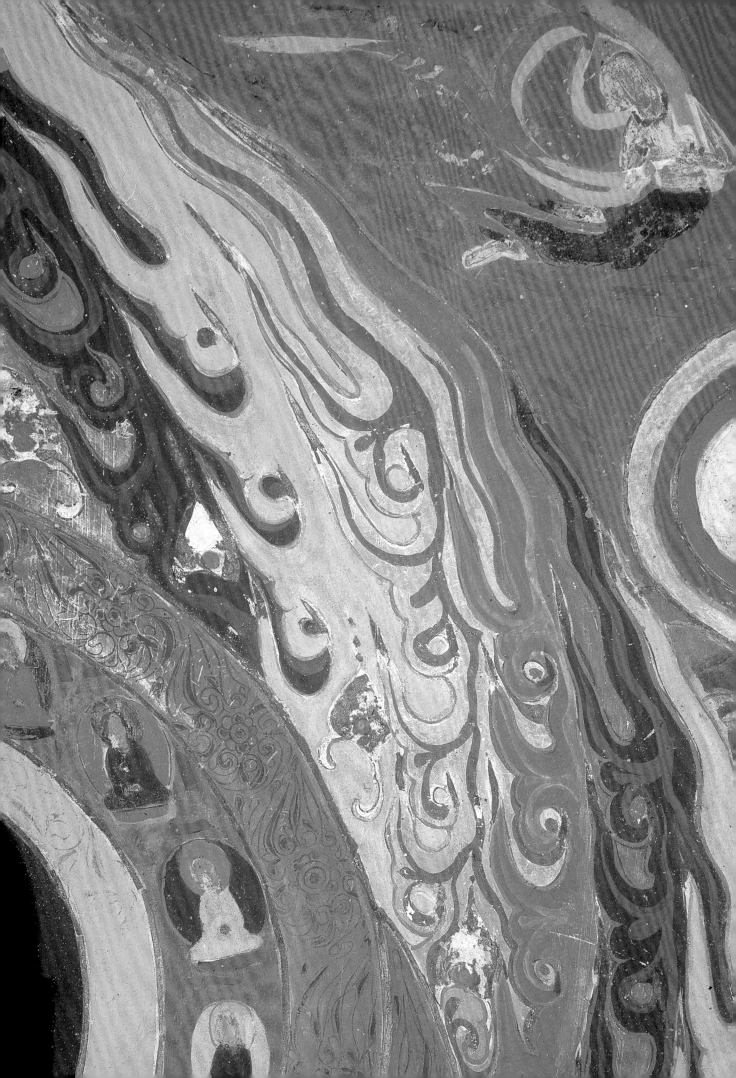

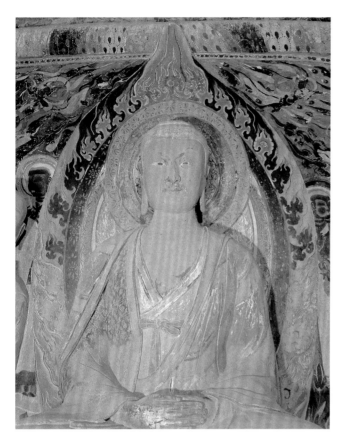

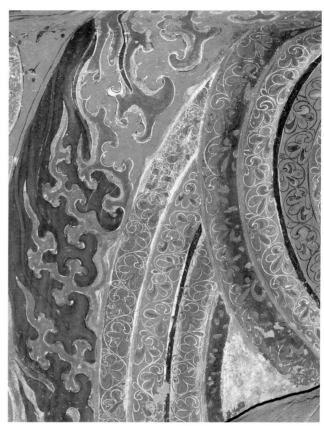

188　忍冬火燄紋佛背光

背光火燄紋的每個色組有三個燄紋，前色組燄紋的顏色是後色組燄紋的地色，如此反覆連續。忍冬紋光環地色有青、綠相交暈染，朱、紫（灰）相交暈染和深綠、黑平塗，用白色和黑色綫勾紋，黑白兩種色綫各居一半。光環、燄紋尖端均貼傅金箔。紋飾色彩豔麗，繪工精緻。此紋飾為隋代代表作之一。

隋　莫427　中心柱北向龕內

189　忍冬火燄紋佛背光

背光的頭光、身光各層光環均畫簡略單葉忍冬纏枝紋，白色綫的葉紋在濃豔的各種地色上特別醒目。背光色彩如新，紋飾簡約，繪工細緻又帶幾分隨意性。色調莊重而又輕快。

隋　莫292　中心柱南向龕內

187　千佛忍冬火燄紋佛背光

背光的火燄紋是把每色組的小燄苗畫在長燄苗內側一邊。色組疊壓次序的改變使形象新穎別致，可謂神來妙筆。千佛光環和背光外的土紅地色，構成了最強的色調。

隋　莫418　西壁龕內

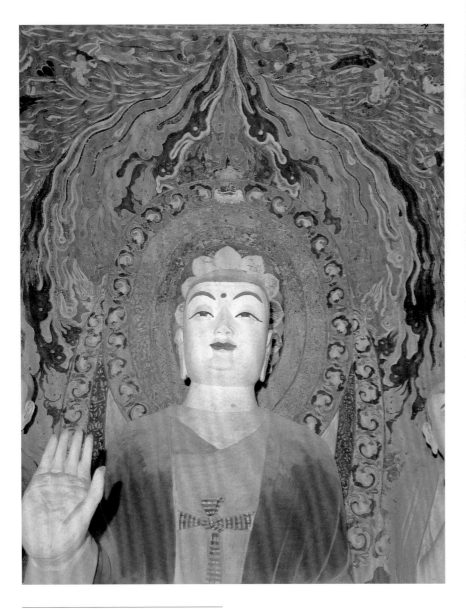

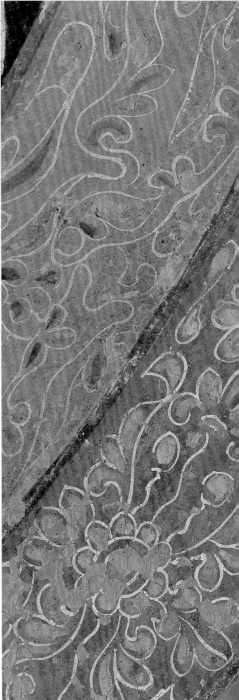

190 葡萄捲藤忍冬禽獸火燄紋佛背光

在頭光和身光的光環中，都繪有一道葡萄捲藤紋，果實是淡綠色。忍冬紋光環以赭紅、深綠、黑褐為地色，白綫勾紋。忍冬紋中夾畫有禽鳥獸頭，如為一體，具有鮮明的中亞藝術特色。

隋 莫407 西壁龕內

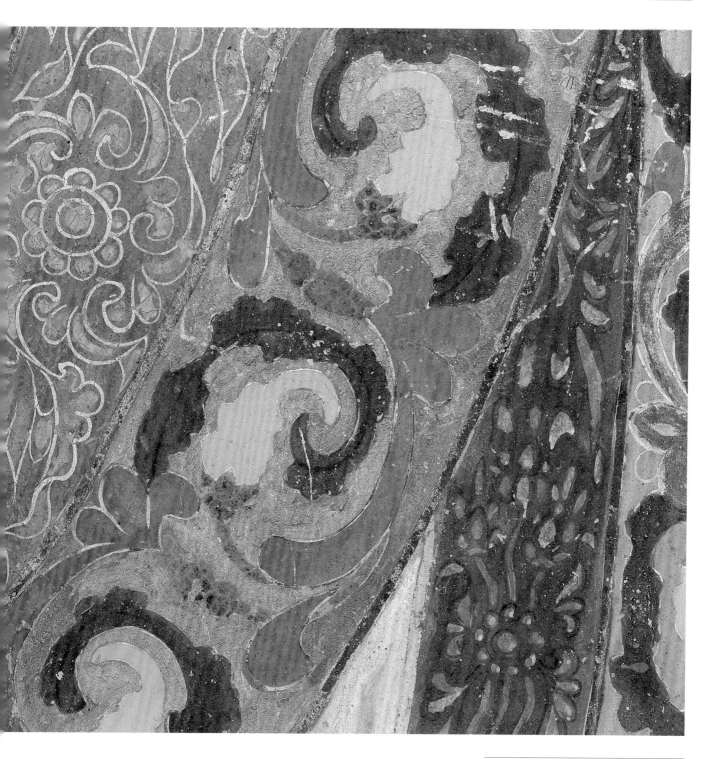

**191　葡萄捲藤忍冬禽獸火燄紋佛
　　背光**

此紋飾為前圖的局部。從中可以看出紋
樣的色彩及結構。

隋　莫407　西壁龕內

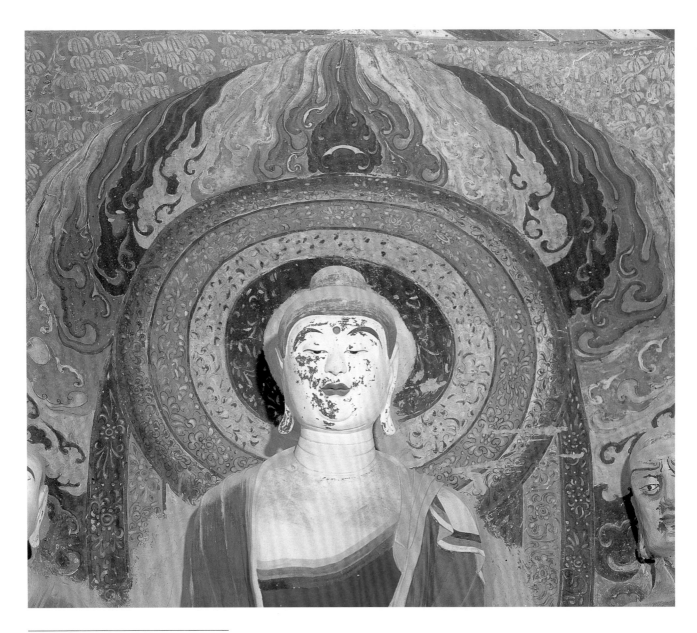

192 忍冬火燄紋佛背光

背光環層寬，地色濃重，以黑色綫勾描
各種忍冬紋，紋內填充一筆白色。火燄
紋作大面積塗飾，紋樣簡潔。
隋 莫311 西壁龕內

第四節　邊飾

　　敦煌隋代的帶狀邊飾主要繪於雙層龕龕口之外緣，窟頂人字坡屋脊和坡面下緣，四壁上部飛天帶與千佛羣之間。在窟內裝飾中，主要起着各部位壁畫之間的分界作用。每種邊飾，均不與別種邊飾相組合，都是單獨裝飾於壁上，這是與北朝邊飾的重要區別。依其紋樣可分為忍冬紋邊飾、聯珠紋邊飾、天宮欄牆紋邊飾、蓮荷纏枝紋邊飾。

1、忍冬紋邊飾

　　敦煌隋代忍冬紋邊飾是北朝的餘緒，僅繪於隋初的第302、303兩窟。兩窟窟頂均保持着前部人字坡，後部平棊的舊形制，人字坡面全畫佛經故事畫，忍冬邊飾即畫在平棊與人字坡的連接帶上。邊飾通長數米，地色以紅、藍、白、黑色反覆塗繪，把邊飾分成若干段落，各段連接處增補一朵圓形蓮花，各色段均畫雙莖套聯式忍冬紋。同一紋樣利用不同地色把邊飾分成若干色段，使邊飾產生節奏變化是北朝邊飾的遺風。連接各色段的朵朵圓蓮花，又是對另一種建築紋樣的模仿。佛龕龕柱柱頭也多裝飾蓮花或蓮花摩尼寶珠，並成為隋代圖案中的建築特徵。這種建築裝飾，在河南安陽北齊粟特人墓出土的石刻建築畫的每個柱頭上均有雕飾。麥積山北周石窟中也有這種蓮花裝飾，而中原建築中尚未見到。邊飾忍冬紋與佛背光中的忍冬紋風格相同，而點塗勾描用筆更為

隨意，每個色段紋樣排列並不那麼嚴格規整統一，甚或有些粗造之嫌。但卻顯得更為自由活潑。

2、聯珠紋邊飾

　　敦煌隋代聯珠紋有直條形與環形兩種，環形聯珠紋環內多繪有動物形象。這種紋樣源於波斯薩珊朝，後經中亞，約公元5世紀傳入中國內地。隨着考古發掘，地下文物不斷出現，人們對這一紋樣已不再陌生，新疆吐魯番等地出土了大量聯珠紋織錦，其中最具代表性的有隋代的對孔雀"貴"字聯珠紋錦和牽駝"胡王"字聯珠紋錦，以及唐代的對鳥對獅"同"字聯珠紋錦；還有對鴨、對馬、對雞、鹿、天馬騎士、戴勝鸞鳥、熊頭等多種唐代聯珠紋錦。這些大都是中國為遠銷西域而織造的。環形動物聯珠紋是波斯織錦的主要紋樣，環珠內每一動物形象都代表一種神祇，如馬象徵"勇力"，獅子象徵"信約"，野豬象徵"勝利"。在烏茲別克公元5世紀遺址中的壁畫《貴族飲宴圖》上人物即穿着豬頭聯珠紋錦服裝。被盜往德國的新疆克孜爾石窟壁畫上國王、大臣供養人畫像還保持着非常完整的聯珠紋服裝樣式。新疆吐魯番吐峪溝石窟第4、5窟藻井上和壁面邊飾中，先於敦煌石窟畫出了聯珠紋。西安，隋開皇二年（公元582年）李和墓石棺上也刻有象、馬、虎、雞和人面形象的聯珠紋。此時聯珠紋在中國已經廣

泛流行。

隋中期以後，敦煌石窟中出現聯珠紋，但比較集中，多數窟中都有繪飾，形成隋代圖案一大特點。聯珠紋主要繪於塑像衣裙和龕口邊飾上。由於塑像多被後世重妝彩繪，存者已經不多，因此邊飾聯珠紋則顯得特別突出。紋樣有狩獵、翼馬、對馬、禽鳥、蓮花等多種聯珠紋，其中最具代表性的是第420窟塑像菩薩長裙上的彩畫聯珠狩獵紋，環珠內一騎士，馬騰起跳躍，騎士勒馬回身與一猛獸搏鬥。此紋樣與日本法隆寺藏的屬於同時期的聯珠單騎狩獵紋錦相比，如同出自一紙樣稿。這種騎士鬥獸圖正是當時中亞粟特地區流行的紋樣。隋末第277窟龕緣上的聯珠對馬紋邊飾，與吐魯番

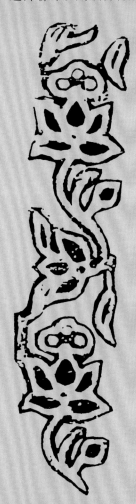

河南洛陽漢代
蓮花紋畫像磚

出土的聯珠對馬紋錦紋樣相同，第425、402窟龕緣聯珠翼馬紋邊飾，第420、401窟藻井上的聯珠禽鳥紋邊飾，都是典型的波斯薩珊王朝紋樣。而繪有單匹翼馬紋、正面禽鳥紋的聯珠紋，在出土的織錦中尚少見。有趣的是，聯珠環內的翼馬與生命樹紋，在洛陽出土的漢墓空心磚畫像上已經出現。最晚在東漢之前，是模印在磚坯上燒製的，一排多組，兩馬之間有一株樹，馬匹挺胸昂首，前胛有翼，短尾，具有漢畫馬雄健造型特徵和明顯的西域裝飾意趣。與之同壁的還有胡人馴馬、射獵、嘶鳴跳躍的馬和躬揖人物。從畫像磚整體內容分析，樹下對翼馬圖象應是當作"天馬"繪製的。西漢張騫出使西域之後，烏孫、大宛也都曾向漢朝貢獻好馬。大宛有"汗血馬"，亦名"天馬"。漢武帝喜愛善馬，並作《天馬歌》，為得到更多更好的大宛馬，不惜對大宛發兵遠征。因此"天馬"也就成了漢代社會流行的繪畫題材之一，在漢墓的壁畫、明器中屢有發現，但敦煌石窟的樹下對翼馬圖象，迄今所見只此一例。它說明早在波斯薩珊王朝之前，對翼馬紋樣已傳入了中國。

隋代石窟內的聯珠紋中，數量最多的是聯珠蓮花紋，它是聯珠紋在由中亞向中國流傳過程中，受到佛教蓮花紋影響，逐漸形成的一種新的聯珠紋。環珠內的花形有四葉、六葉、八葉多種形

象。這些各不相同的葉形小花的原形，均散見於西域繪畫和中國織造的各種聯珠紋織錦中。除去龕緣、屋脊上的聯珠紋邊飾之外，第427、第292窟塑像菩薩衣裙上也都繪有聯珠蓮花紋，還有精美的菱格獅鳳紋，無疑也是對當時的蓮花聯珠紋織錦紋樣的模仿。如果隋代洞窟中的多數塑像不是被後世重妝塗飾，它會給我們展出更多的、北朝未曾有過的華麗而精美的彩繪服飾圖案來。誠然，隋窟中的聯珠紋比之織錦上的紋樣已經簡化多了，一般的都是土紅色地，藍或青色圓環，環飾白珠，珠環內畫紋樣。環形聯珠紋邊飾的兩側又各繪有一條鏈式白珠，這種單條鏈式白珠紋，還作為界隔綫裝飾在每個窟頂四坡、四壁角隅之間。它是中亞地區各種藝術品所共有的重要特徵之一。無論在織錦上，還是在中亞壁畫上，珠環上下左右四方中間，多附有一個"回"形紋，或是一個小環珠，有的小環珠內還有一個小月牙形。姜伯勤教授在論及中亞粟特地區藝術對敦煌藝術影響時指出：聯珠紋"是薩珊波斯或粟特人有關的太陽崇拜和光明崇拜有關的圖像符號。"這就是説，附加在環珠四方的小"附號"也應是與信仰崇拜有關的重要標記。為了滿足絲路貿易的需要，來自中原的織錦上，紋樣盡同西域。

隋代洞窟的聯珠紋樣，除去個別之

外，全都作了省略。紋飾的簡化和省略，表明聯珠紋原有的含義在敦煌石窟中已經淡化，正如聯珠蓮花紋一樣，表現的只是一種裝飾美。

3、平台欄牆紋邊飾

天宮平台欄牆紋是一種特殊的邊飾，嚴格的説，它是一種以建築形象構成的圖案，始繪於北周，其上方有殿堂拱門，示意天宮。隋代雖繼續繪飾，但天宮已經消失。平台欄牆紋繪在四壁上端，飛天飄帶之下，千佛羣像之上，由於其結構是一條帶狀立方體圖形的連續，又起着界欄的作用，因此也可分歸為邊飾類中。隋代敦煌平台欄牆紋邊飾紋樣頗受河南鞏縣北魏石窟寺四壁上端垂帳紋、窟頂平棊格內忍冬紋之影響，發展成新的平台

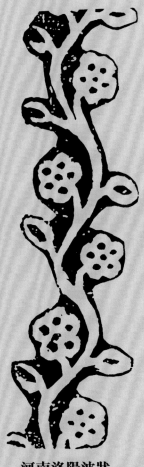

河南洛陽波狀連續紋畫像磚

欄牆紋樣。

敦煌天宮平台欄牆紋邊飾有它特定的位置，固定的形式，自北周至唐初，延續半個多世紀，始終保持着一個模式而無變化。與別的邊飾比較，每個窟皆大同小異，因而也不為人們所重視。其實，一個時代發生重大變化的主流，都是由無數細小變化彙集而成的。邊飾的節奏變化，是由其凹凸狀的立方體圖形和規律的不同顏色的反覆連續形成的，形成平穩有序、機械的連續運動，即凹—凸—凹—凸……紅—藍—黑—綠—紅……反覆連續。這種連續法在石窟中始於北魏，立方體圖形作一上一下倒置，兩個立方體共用一個側面，相互制約，凸面亦即凹面，凹面即是凸面，連續的構成獲得奇妙的視覺效果。立方體圖形中的忍冬紋，皆大同小異，不再有節奏運動變化。

隋初的花形沿襲北周樣式，方格中央為一團花，向四周伸出若干捲曲花絲，或一重，二重，三重不等。捲絲或兩兩相對，或左右旋轉。有的方格內遍畫似雲非雲的蜿蜒連續紋。這些隨意畫的種種捲絲紋樣，在北魏壁畫和西域石窟中都可找到它們的蹤跡。隋代中期以後，旋轉形忍冬紋和對角十字形忍冬紋得到普遍應用和發展。畫工對這些來自中原的紋樣似乎特別有興趣，把中心小團花周圍旋轉的原本分散的忍冬葉片，

均聯成一個整體，雖然這只是一個很小的改動，卻大大加強了花形的旋動感。彎轉流暢又見鋒利的毛筆綫條，對忍冬葉的旋轉也起着推動作用。隋末，忍冬長葉片變為多有彎弧波折，呈現出平靜溫和的姿態。邊飾上方的飛天飄帶也多了些彎弧波折，與中期那種流星般的飛速相比，則是一種緩慢迴旋的飛動。忍冬葉與飛天的飛動感風格完全一致。在以旋轉形忍冬紋為主紋飾的平台欄牆紋邊飾中，也夾畫着一些對角十字形忍冬紋，長葉兩兩相背，由中心伸向四角，構成斜向十字交叉狀，空間填補小花，結構嚴謹，形成有秩序的穩固感。與旋轉忍冬紋成為鮮明對照。另外，在部分窟的邊飾中，如果仔細去尋找，還可以發現夾畫着忍冬葉動物紋，即利用忍冬葉彎弧多變的形姿，巧妙地組合成各種禽獸紋。由於為數不多，又分散在各窟窟壁高處，不易觀察，只有第380窟的邊飾比較集中地繪飾了較多的形象，有翼馬、獸頭、鵲鳥、坐獅、人面等，但繪製不及中期精細。忍冬禽獸紋，在藻井和佛背光中均有描繪，而在邊飾中已是一種戲筆了。流行於唐代的"鳥形字"，至今還在民間流傳，這種以鳥形組成字的形式，是否與之有着某種聯繫呢？

4、纏枝蓮荷紋邊飾

敦煌隋代石窟中現存纏枝蓮荷紋邊飾僅有兩窟三條，圖案與藻井中心的纏

枝紋同類。纏枝蓮荷紋以第427窟人字坡
屋脊上的邊飾為最佳，繪製也最早。邊
飾長7米，以波狀纏枝為構架，每分枝頭
佈置一大蓮花，蓮花中有化生伎樂童子
或摩尼寶珠。莖上有荷葉、忍冬葉、小
荷花。深綠色地，白粉綫勾畫紋樣，赭
紅色染蓮花（現已變色）。數十朵蓮荷，
背、向、俯、仰各有變化，暈色柔潤，
綫條流暢，濃彩施金，精密華麗，應是
中原高手妙筆。此邊飾對藻井中的纏枝
紋無疑有極大的影響。

　　繪在第292窟人字坡屋脊和龕緣上
的纏枝紋已經簡化，葉紋稠密，枝莖隱
於葉紋之中，除去分枝枝頭各有一摩尼
寶珠蓮花外，再無別的花飾。

　　兩窟邊飾一早一晚，這中間有的窟
很可能還畫有纏枝紋邊飾，或許還有佳
品，然而隨着石窟的坍塌而無存了。邊
飾纏枝紋與藻井、龕楣纏枝紋相比，沒
有適合紋樣的那種四平八穩、對稱、均
衡、對應諸多“法”、“律”的制約，直
長的帶狀空間，畫工得以自由暢想發
揮，繪飾他們認為最美最好的纏枝紋。
進入唐代之後，這類纏枝紋即為捲草紋
所取代。

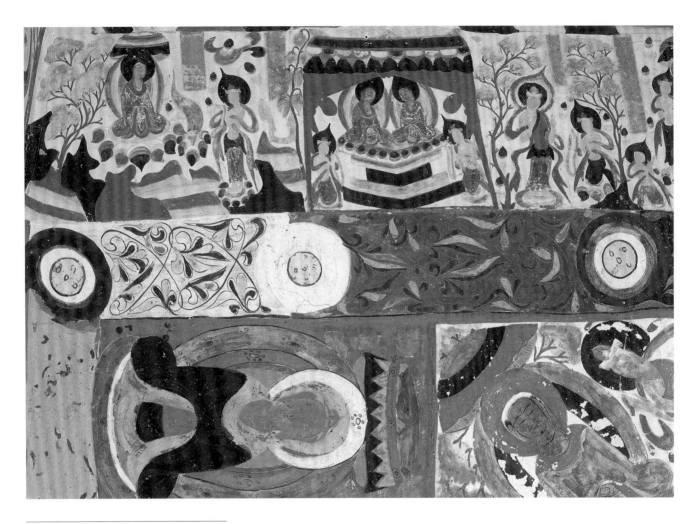

193 忍冬紋

忍冬紋邊飾畫在窟頂人字坡與平棊連接
的部位,長約6米,以不同顏色分段塗地
色,色段之間繪一蓮花,各色段均繪雙
葉忍冬交莖套聯紋,結構相同,風姿各
異。此邊飾在窟頂起着分界作用,是建
築裝飾的餘風。
隋 莫303 窟頂

194 忍冬紋

此段紋飾為前圖的延續,忍冬紋勾畫隨
意,葉片縱橫立臥,好似自天宮散落下
來。
隋 莫303 窟頂

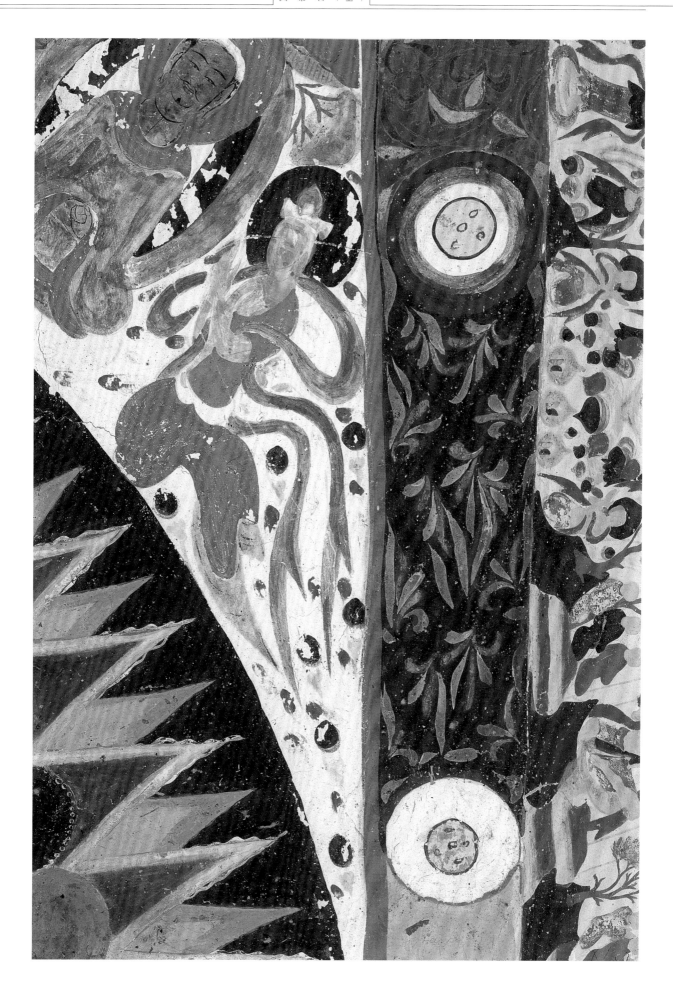

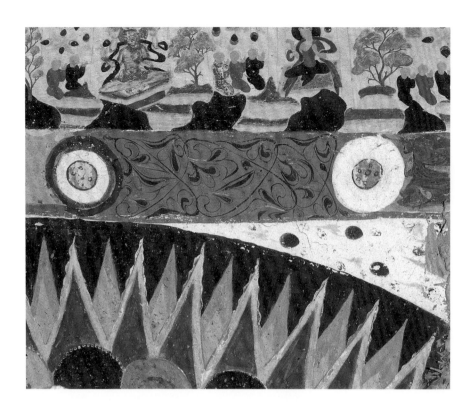

195 忍冬紋

此段紋飾為前圖的延續，繪雙葉忍冬交
莖套聯紋。

隋 莫303 窟頂

196 雙葉忍冬交莖套聯連紋

忍冬紋為雙葉交莖套聯連續式，即莖枝
兩端各一忍冬葉，兩兩相對，兩端套
聯。藍地色，黑綫勾紋。

隋 莫302 窟頂

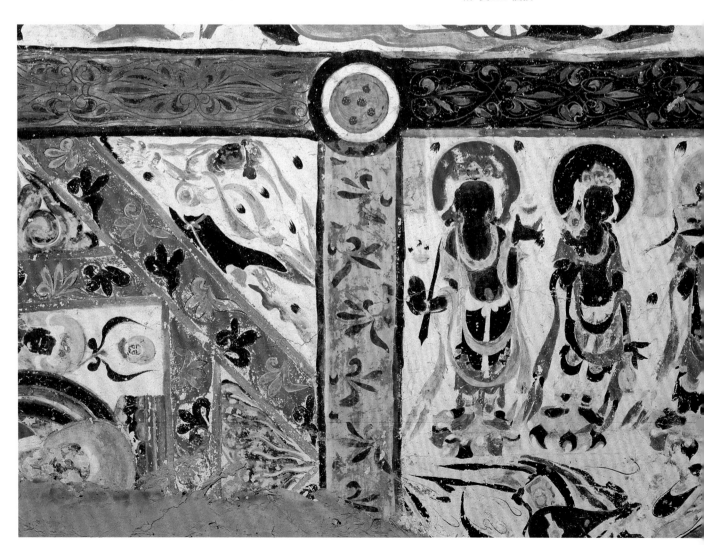

197　翼馬聯珠紋

邊飾的單元紋樣是一個環形聯珠紋，圓環藍地白珠，環內繪一匹奔馳的翼馬，紅色地和褐色地，相間連續排列。兩環之間以圓珠相連，邊飾兩側邊沿畫直條聯珠。紋樣源於西亞，盛行於中亞。

隋　莫425　西壁龕沿

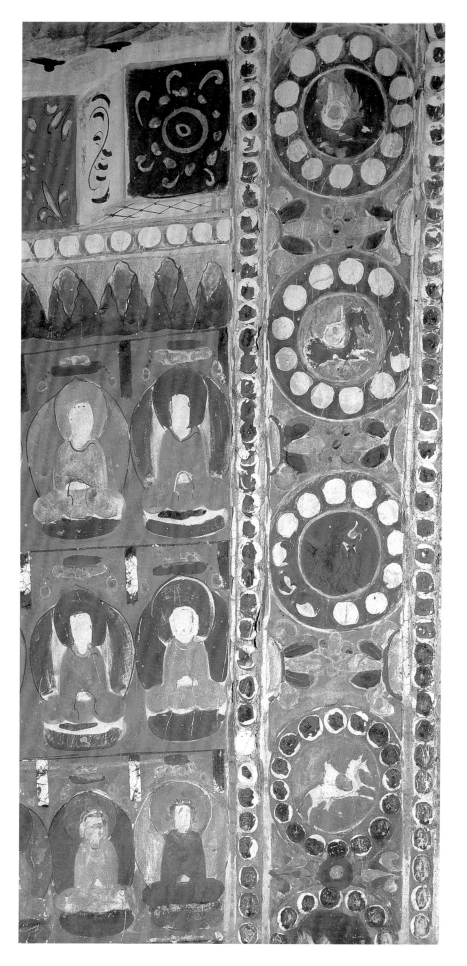

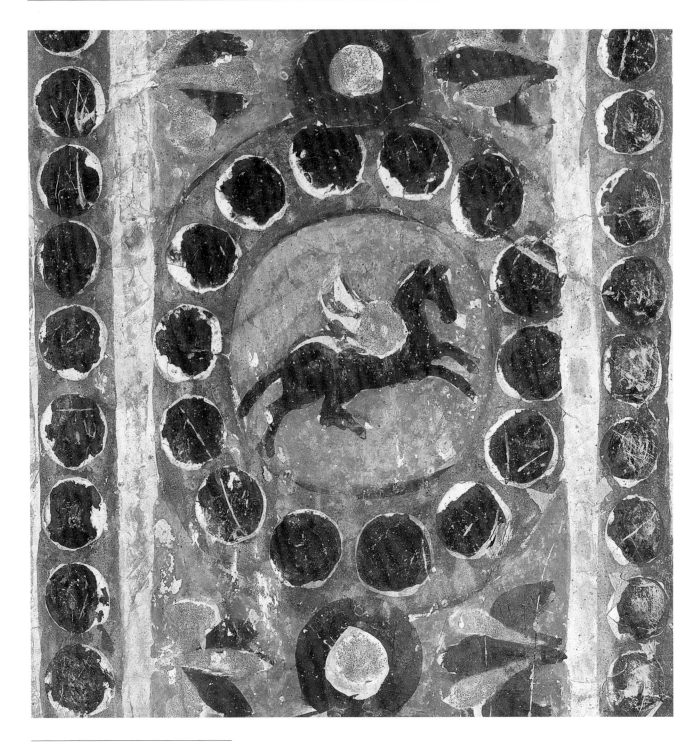

198　翼馬聯珠紋

此紋樣為前邊飾的局部，環形聯珠紋為
藍地黑珠，環內繪翼馬展翅騰躍。

隋　莫425　西壁龕沿

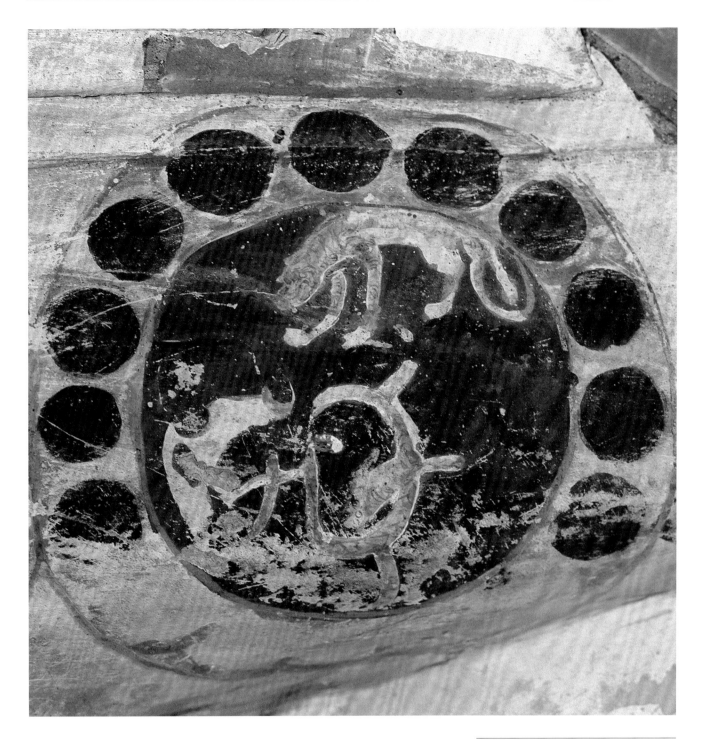

199 騎士狩獵聯珠紋

這是畫在菩薩裙上的紋樣，環形聯珠內
畫一騎士，馬蹄躍起，騎士勒馬回身與
猛獸搏鬥。圓環原為藍色地白色珠，黑
褐色是變色所致。騎士狩獵聯珠紋是典
型的波斯薩珊王朝的紋樣。日本法隆寺
藏有這一時期的騎士狩獵聯珠紋織錦。
隋 莫420 西壁龕內塑像

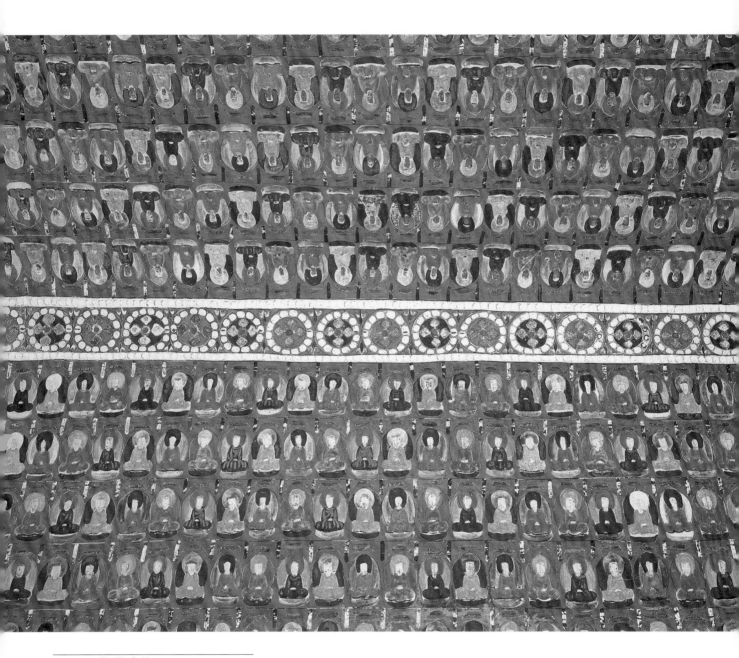

200　四葉聯珠紋

邊飾的環形聯珠內畫四葉，中心為一圓
環，葉子之間又有一小葉，屬蓮花紋樣
的一種花形，是聯珠紋在中國流傳發展
的新花樣。白色聯珠在桔黃色地上顯得
格外亮麗。

隋　莫425　窟頂人字坡

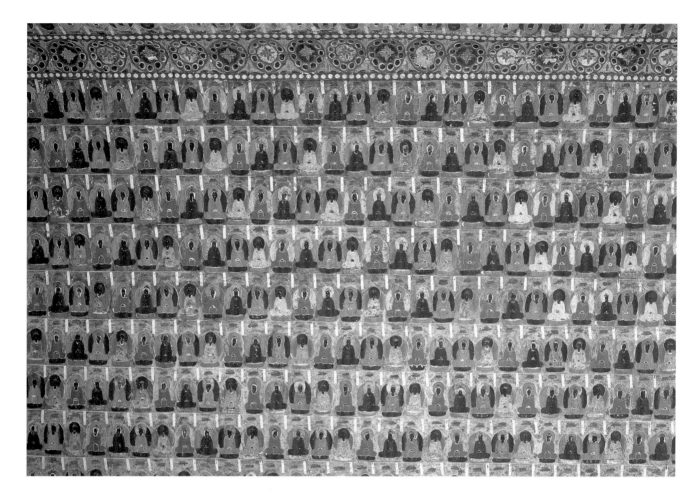

201 蓮花聯珠紋邊飾及千佛

聯珠紋為藍地白珠，環內畫八葉小花，屬蓮花紋之一種。邊飾兩側的人字坡面滿畫千佛，表示過去、現在、未來三世佛或十方諸佛。佛光中又化佛，其數無量。在色彩分佈上遵循圖案法則。

隋 莫402 窟頂

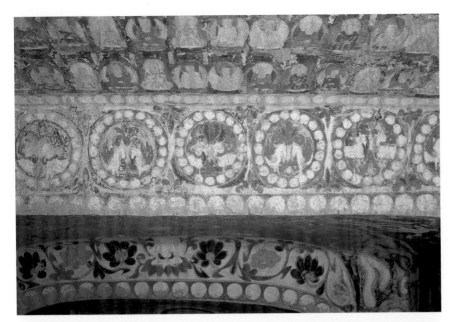

202 對馬聯珠紋

環形聯珠紋內為兩匹對面站立的翼馬，馬頭之間畫一五葉紋，五葉紋原本有生命樹寓意。圓環以藍、赭紅兩色相交暈染塗地色，上畫白珠。

隋 莫277 西壁龕上沿

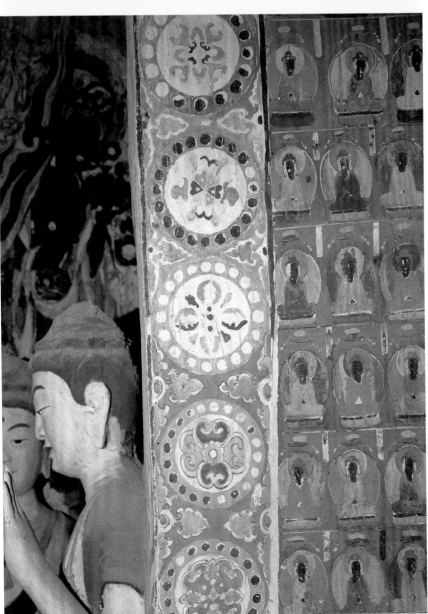

203 蓮花聯珠紋

邊飾赭紅地，青環白珠。環內白地，以青、綠、赭、黃畫花。蓮花有四瓣盛開狀，六瓣含苞待放狀，如同雲紋狀。此紋樣是蓮花聯珠紋中形象最為活潑的一種。

隋 莫401 西壁龕沿

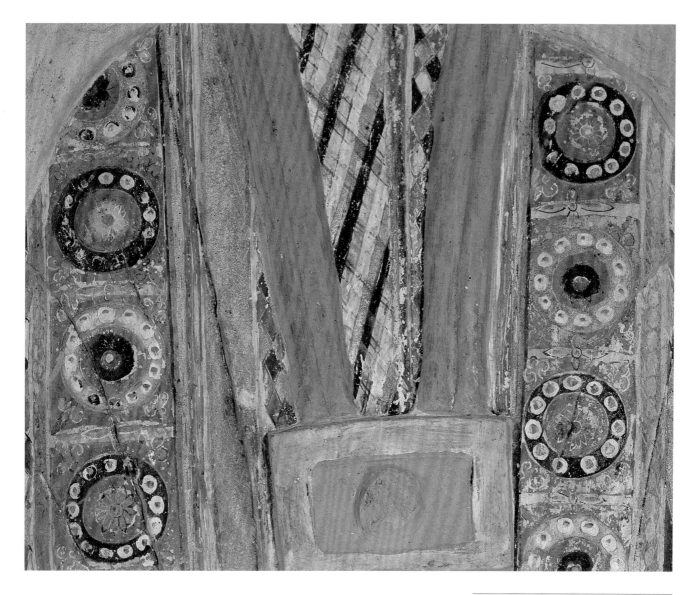

204　蓮花聯珠紋

這是畫在塑像菩薩長裙上的紋樣，環內
花形如菊花，屬蓮花之一種。圓環之間
原畫有橫條聯珠，隨即又改為十字小
花，從中可了解畫工製作的程序方法。
隋　莫292　南壁塑像菩薩裙上

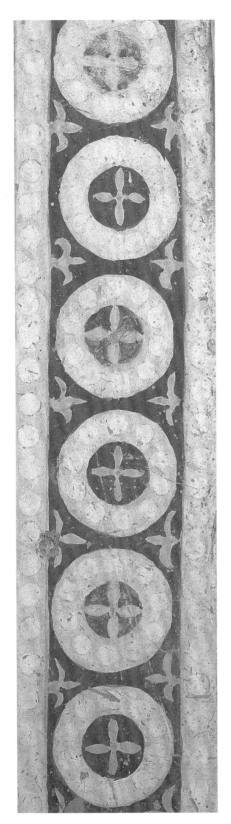

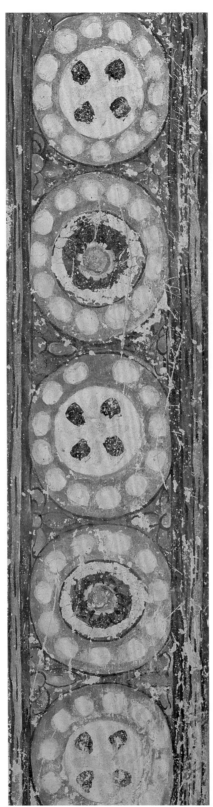

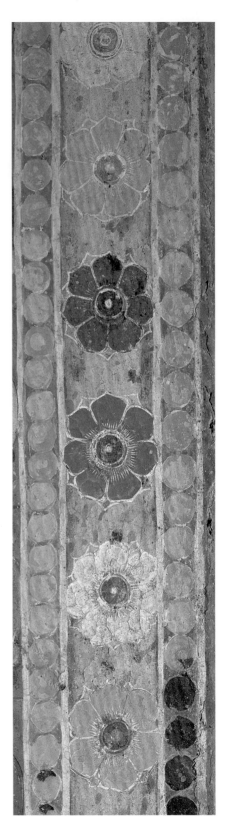

205　十字花聯珠紋

邊飾塗靛青色地,淡青色圓環,白珠十字花,紋飾簡潔,樸實無華,別具一格。

隋—唐　莫56　西壁龕沿

206　蓮花聯珠紋

邊飾赭色地,聯珠紋藍環白珠。環內蓮花一種是圓形,另一種是八葉形,相間排列。環珠之間的兩邊畫有三葉小花,是中亞聯珠紋遺風。

隋　莫394　西壁龕沿

207　小蓮花紋

蓮花為八瓣,分別為白、綠、褐、藍四色,反覆連續排列。邊飾兩邊為直條藍地白珠,是從聯珠紋異化來的一種新邊飾,格調清新。

隋　莫311　西壁龕沿

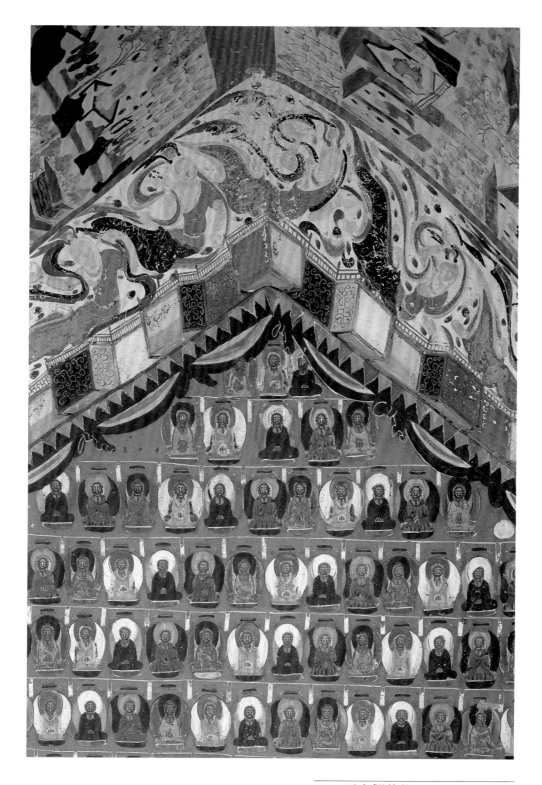

208　平台欄牆紋

這是一種專繪於窟內四壁上部的特殊邊
飾，原本示意天宮平台的欄牆，至隋代
時天宮已經消失。平台欄牆變為一凸一
凹的方塊連續紋，平台上豎立紅色欄
杆，方塊用黑、紅、藍、白、綠相間塗
飾，上繪單綫捲絲紋。平台下繪有三角
牙子和垂帳。

隋　莫303　北壁

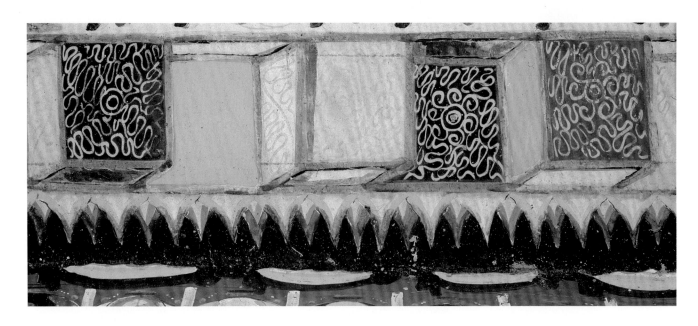

209 平台欄牆紋

表示天宮平台欄牆的凹凸方塊上繪勾雲
形捲絲紋,繪工較隨意,還保留着北周
遺風。

北周—隋 莫301 東壁

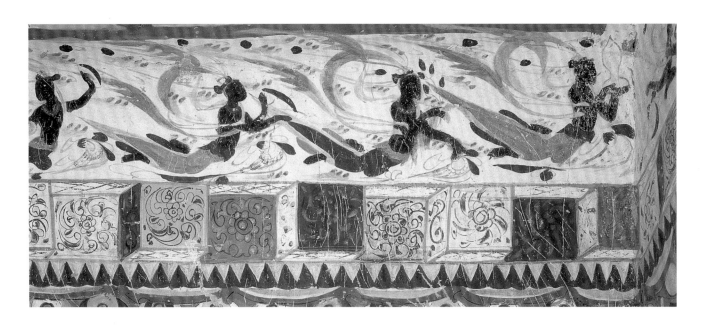

210 飛天與平台欄牆紋

平台欄牆畫得比較規範,方塊三個面的
寬窄大小近於透視比例,由於運用了構
成表現法則,凹凸面會生互換的變化。
方塊正中,隨意畫一旋轉狀的忍冬紋,
側面畫"S"形忍冬紋,上下面畫網紋。
欄牆上方畫一列散花飛天,同向飛行,
長裙以兩種色相間塗飾,如同邊飾一
樣,呈現着色彩的節奏變化。

隋 莫423 東壁

211 飛天千佛與平台欄牆紋

繪在人字坡下的平台欄牆紋,形成一個
角,方塊上繪旋轉忍冬紋和四出忍冬
紋。邊飾上方是飛天,再上方是人字坡
面上的佛經故事畫,中央屋脊上繪蓮花
紋。飛天行列中有一童子飛天,二伎樂
天,吹笙、吹排簫。故事畫、飛天、欄
牆及千佛的色彩統一協調。

隋 莫423 北壁

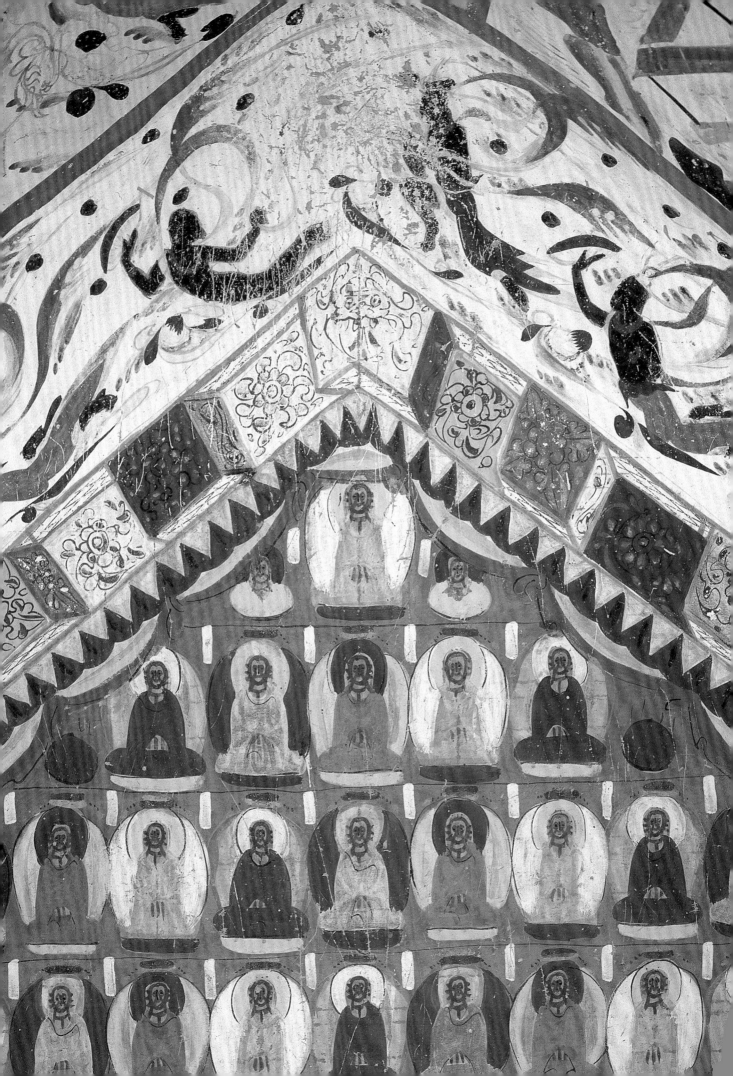

212 飛天摩尼寶與平台欄牆紋

平台欄牆的凹凸方塊上繪各種忍冬紋，
有長葉、四出葉，旋轉葉和動物、網
紋，中央一方為藍地畫三兔追逐紋。地
色排列規範，黑褐、藍灰、綠相間。上
方塗藍地畫飛天，藍色地示意天空，散
花飛天供養摩尼寶珠。下方是蓮花化生
和千佛，化生、千佛皆貼金箔。

隋 莫427 東壁

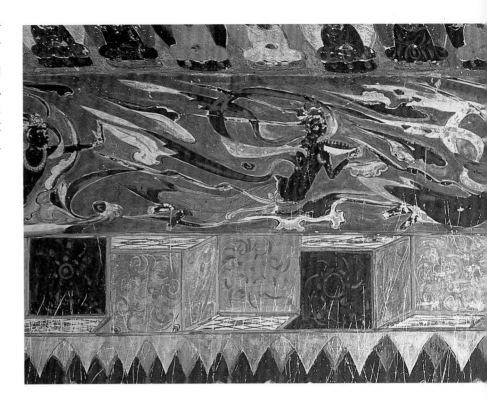

213 童子飛天摩尼寶與平台欄牆
###　　 紋

平台欄牆上旋轉忍冬紋，勾綾流暢灑
脱。上方摩尼寶左右繪童子散花飛天，
動態自然優美，表現出畫工造型工力之
熟練。

隋 莫420 東壁

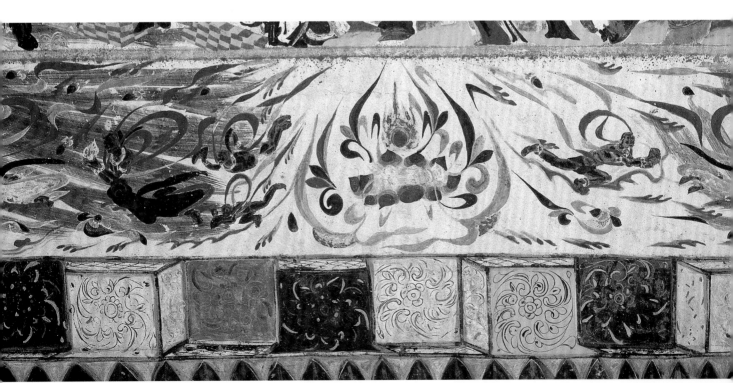

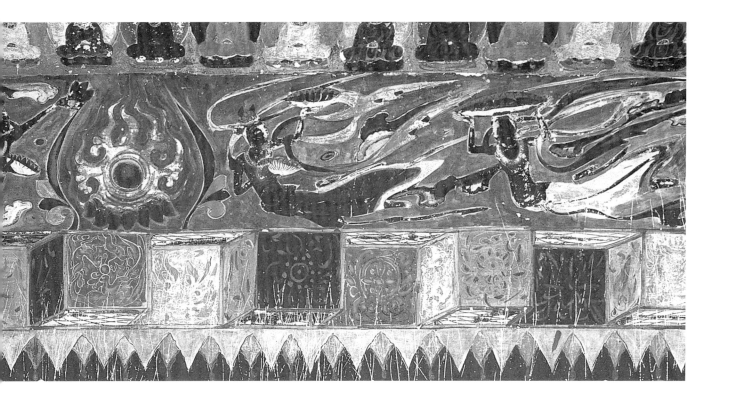

214 飛天與平台欄牆紋

平台欄牆邊飾上方，飛天行列中有童子
飛天兩身，紋樣綫描清晰美觀。邊飾中
的黑褐色原本是赭紅色，那散亂的紫灰
色排刷痕跡亦是變色所致。

隋 莫420 東壁

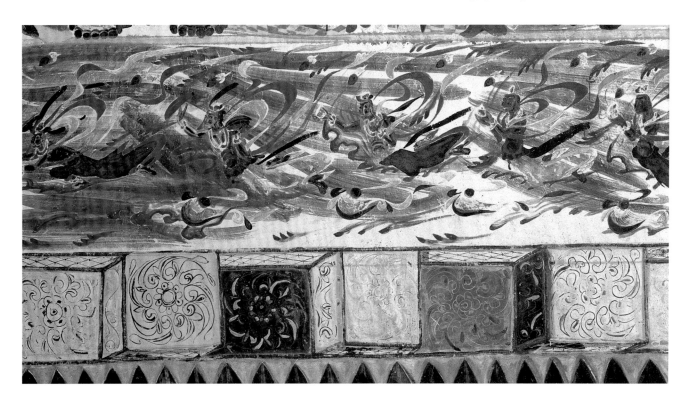

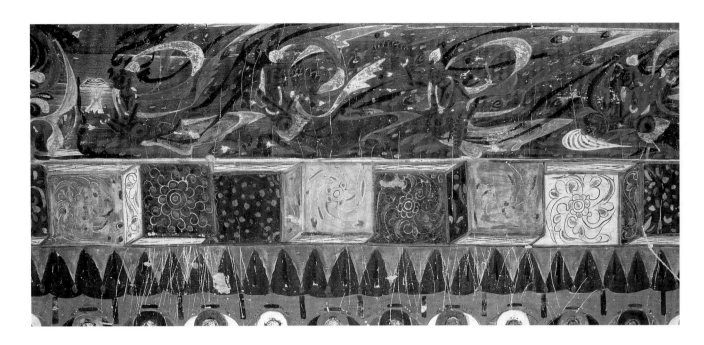

215 伎樂天與平台欄牆紋

平台欄牆上的紋樣有旋轉忍冬紋和四出
忍冬紋。伎樂天中有的彈琵琶,有的散
花,姿態各不相同。邊飾中的黑地色是
變色所致。

隋 莫419 東壁

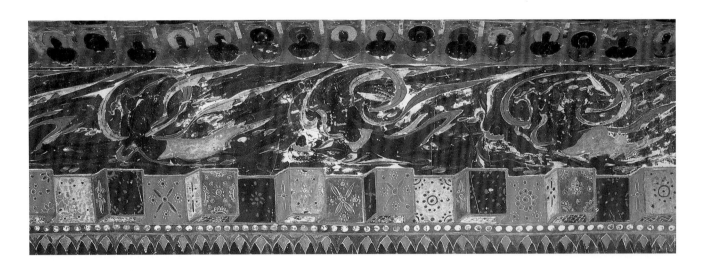

216 飛天與平台欄牆紋

平台欄牆的方塊上繪"十"字小花、圓
形小花等各種雜花紋。地色塗青、綠、
朱、黑等色,明麗鮮亮。紋飾纖細,格
調清爽。

隋 莫402 東壁

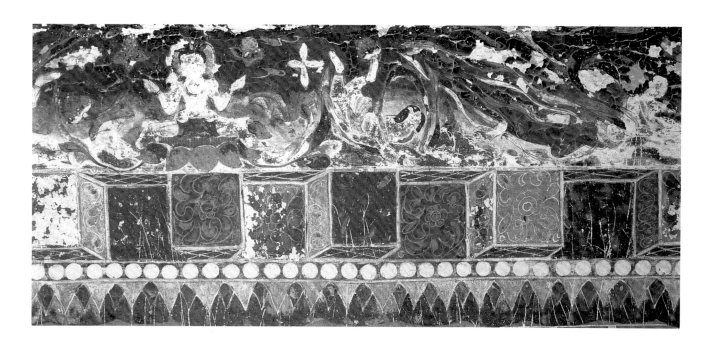

217 化生童子飛天與平台欄牆紋

平台欄牆的邊飾紋樣畫得比較簡略，其
中中央一方處理成正面，上方畫蓮花化
生，兩手執蓮花，左右各有一童子飛天
拋散香花，繪工精細。飛天塗藍地色，
上濃下淡，示意青空。

隋 莫404 東壁

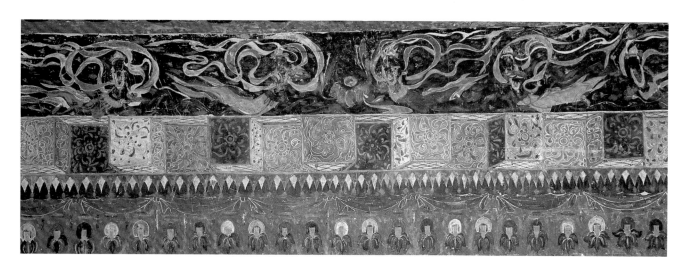

218 飛天摩尼寶與平台欄牆紋

天宮平台欄牆紋邊飾上繪雜花，四周忍
冬葉飛旋，飛天飄帶的動勢均畫成翻轉
回蕩之勢，是一種新風格。中央供奉蓮
花摩尼寶。

隋 莫292 東壁

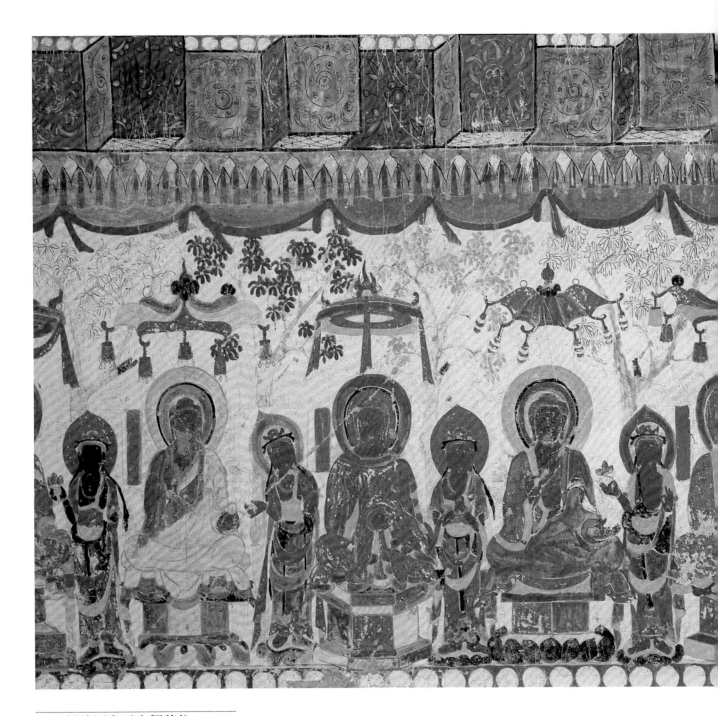

219 說法圖與平台欄牆紋

平台欄牆紋的邊飾紋樣已經簡化，方塊
上只畫旋轉忍冬紋、"十"字葉紋，地
色也只用土紅、藍兩色相間塗飾。重點
是對《佛說法圖》的精細描繪，但是佛
與菩薩的排列、服飾、華蓋的樣式顏色
均以裝飾圖案規律佈飾，是圖案化的人
物繪畫。

隋一唐 莫390 東壁

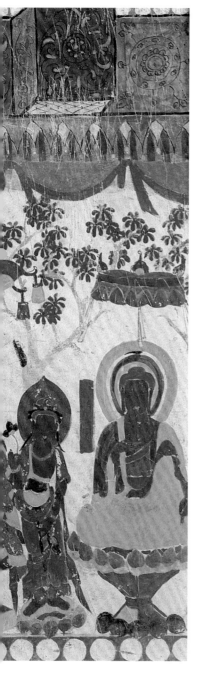

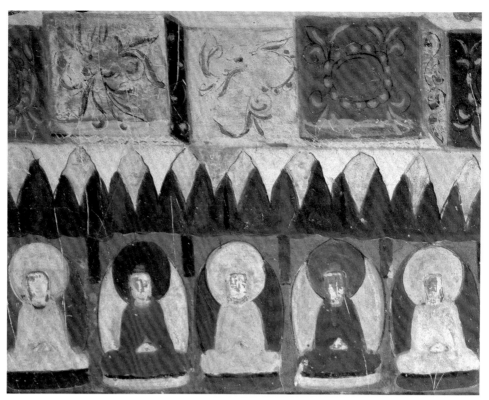

220　忍冬禽獸平台欄牆紋

在平台欄牆紋邊飾的方塊上繪以忍冬葉
組成的各種禽獸紋。藍色方格中的紋樣
形似兔頭，灰色方格中的紋樣形似狗。
這些葉紋動物形象全是畫工戲筆之作。
隋—唐　莫380　北壁

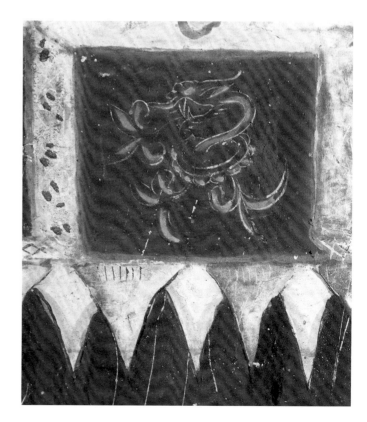

221　忍冬禽獸平台欄牆紋

此段平台欄牆紋中，赭褐色方格中的紋
樣形似龍，龍從圓環中騰起，口啣一葉
"仙草"。
隋—唐　莫380　東壁

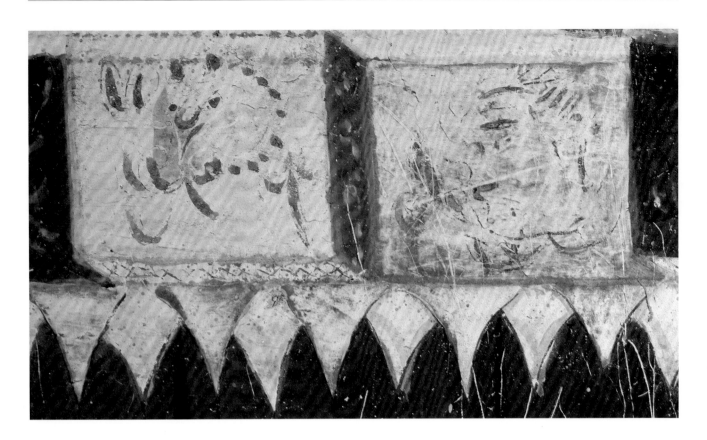

222 忍冬禽獸平台欄牆紋

平台欄牆紋中，白色方格中的紋樣形似
貓頭鷹，藍色方格中的紋樣形似側面人
像，均口啣一葉"仙草"。

隋—唐 莫380 東壁

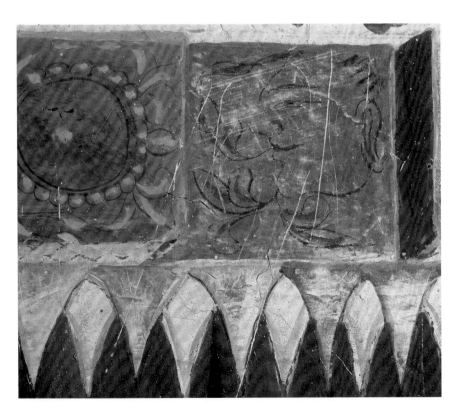

223 忍冬禽獸平台欄牆紋

平台欄牆紋中，藍色方格中的紋樣形似
側面人像口啣"仙草"，下頦的兩片葉
子如同鬍鬚，額頭上的長葉也會使人聯
想到髮辮。

隋—唐 莫380 南壁

224 忍冬禽獸平台欄牆紋

平台欄牆紋中，方格中的紋樣形似蹲着
的獅子。

隋—唐 莫380 南壁

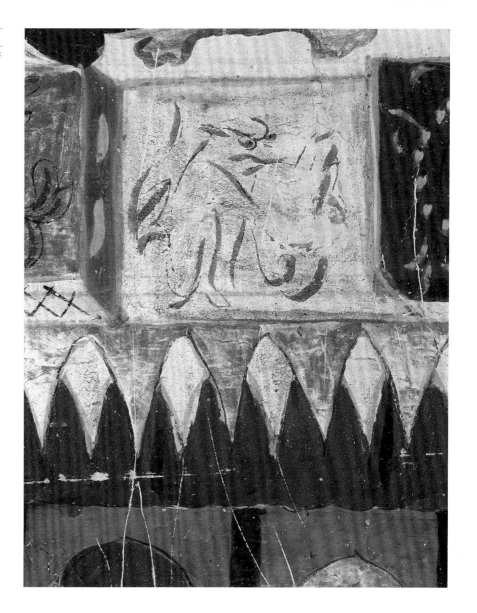

225 忍冬禽獸平台欄牆紋

平台欄牆紋中，藍色方格中的紋樣形似
喜鵲口啣"仙草"，白色方格中的紋樣
形似幼獅，花草形尾上捲。

隋—唐 莫380 南壁

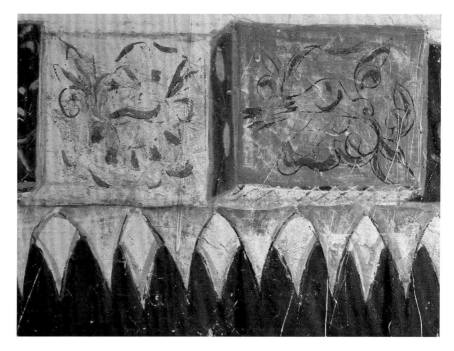

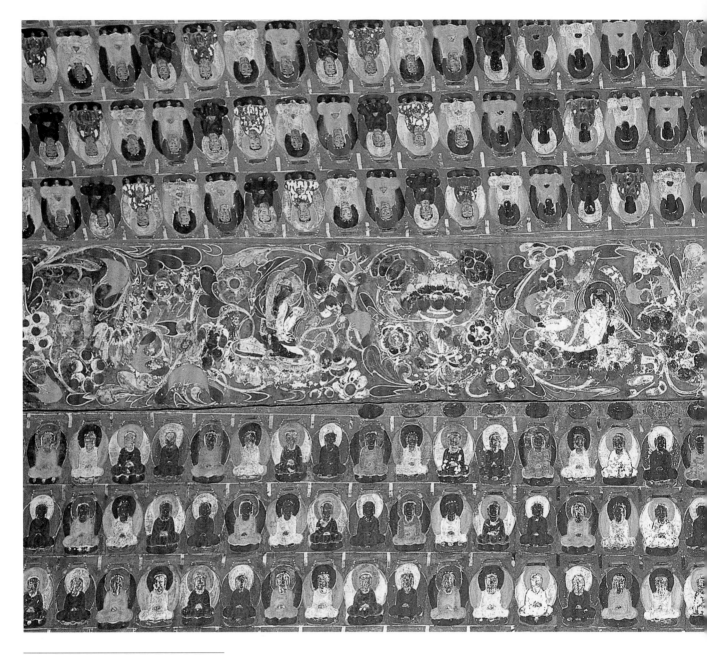

226 伎樂童子纏枝蓮荷紋中脊

以蓮花、荷葉、忍冬葉與纏枝組成帶狀
連續紋,繪在人字坡中脊上,主蓮花中
有伎樂童子,摩尼寶珠。色彩以深綠塗
地,用赭紅、深褐、淡朱色畫花,淺綠
色畫荷葉,乳黃色畫纏枝,白色綫勾
紋,色調明麗。

隋 莫427 窟頂

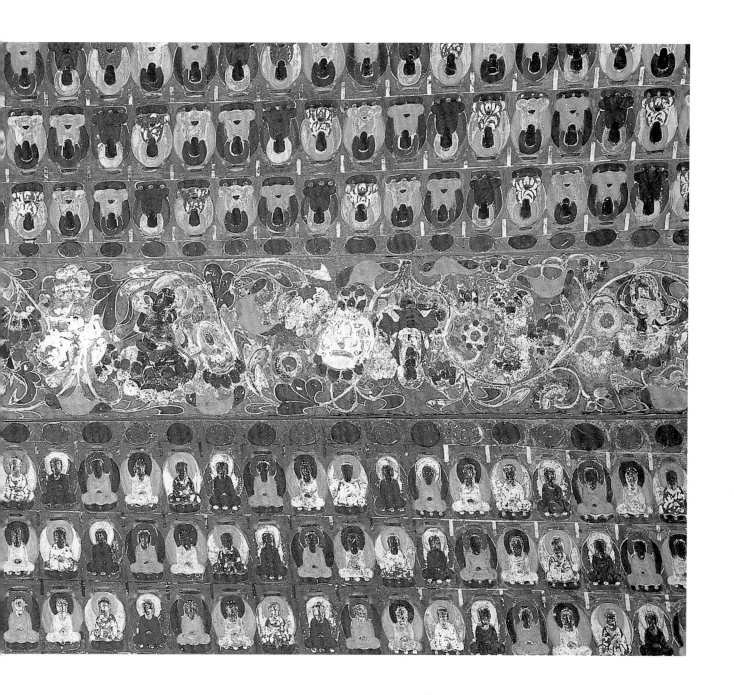

227　**伎樂童子纏枝蓮荷紋中脊** 見下頁▶

此段人字坡中脊紋飾是前圖的延續，在伎樂
童子一旁有蓮花摩尼寶珠。

隋　莫427　窟頂

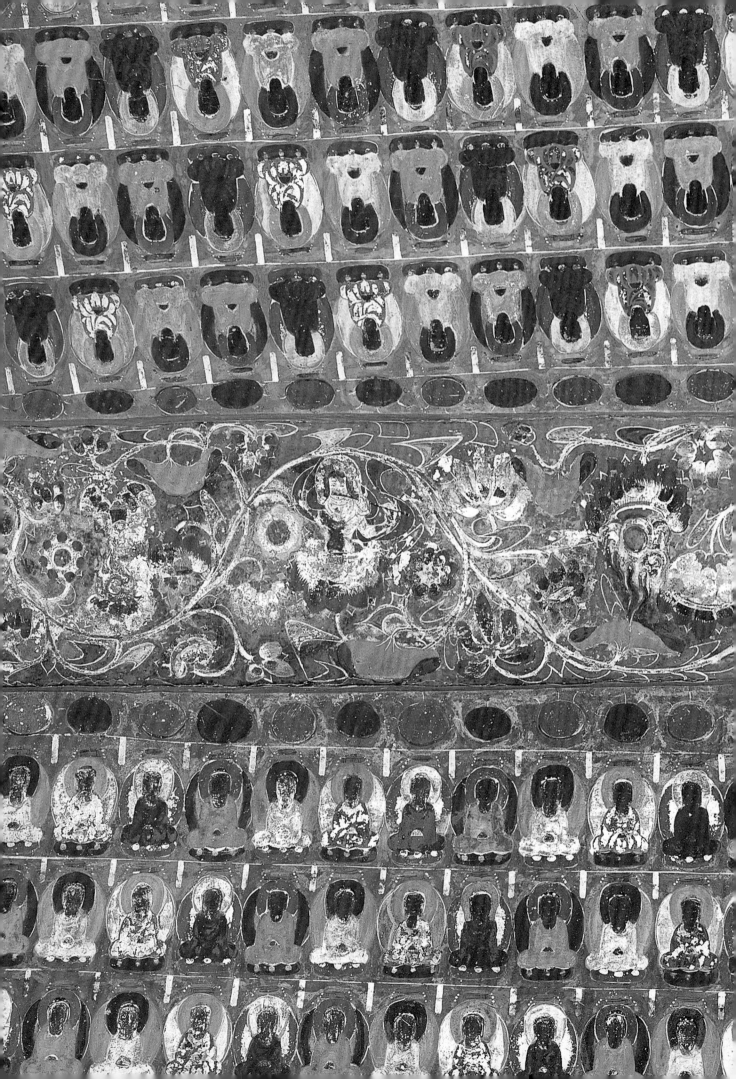

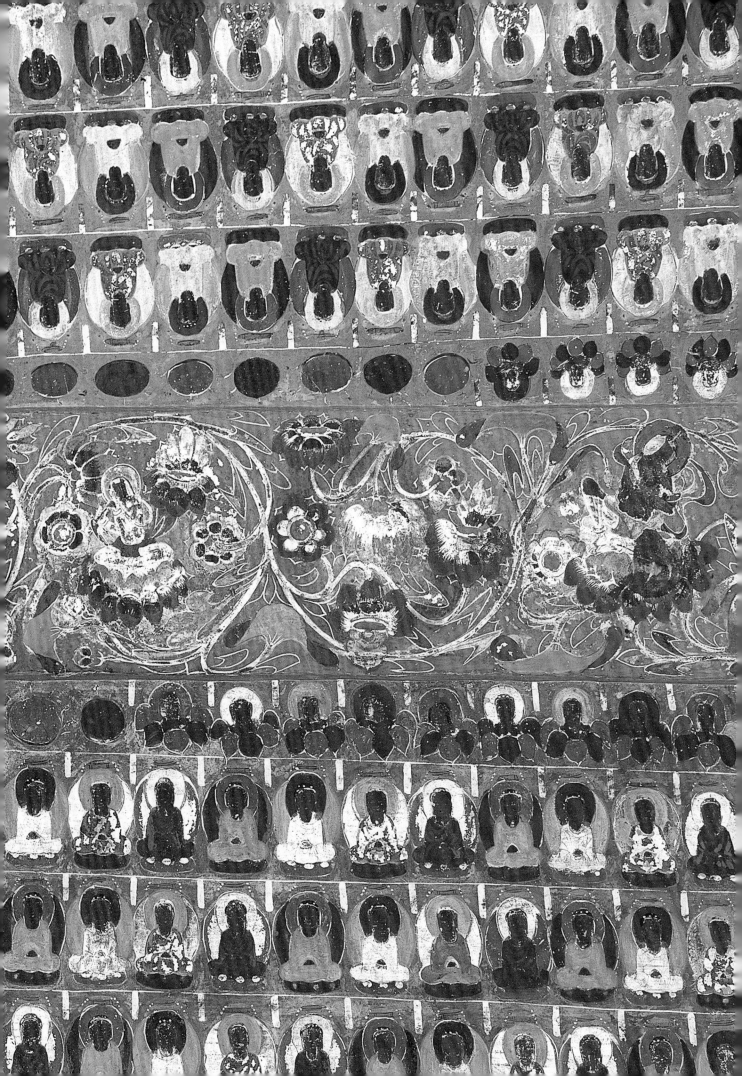

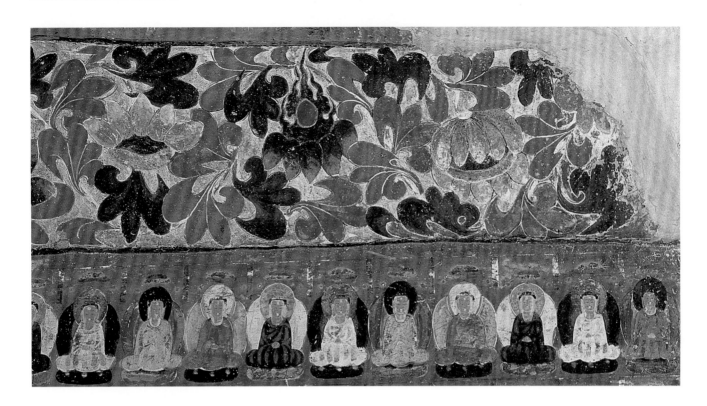

228 忍冬纏枝蓮荷紋中脊

繪在人字坡中脊上的忍冬蓮荷纏枝紋，
以密集的葉紋，首尾相續串成纏枝，回
轉的分枝蓮花上間有摩尼寶珠，色彩鮮
豔，紋樣清晰，樸實無華。

隋 莫292 窟頂

229 忍冬纏枝蓮荷紋龕沿

忍冬蓮荷纏枝紋龕沿邊飾，蓮花上間有
摩尼寶珠。

隋 莫292 中心柱南向龕

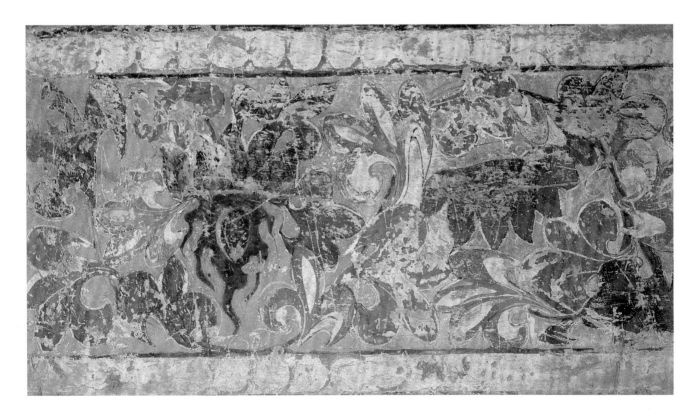

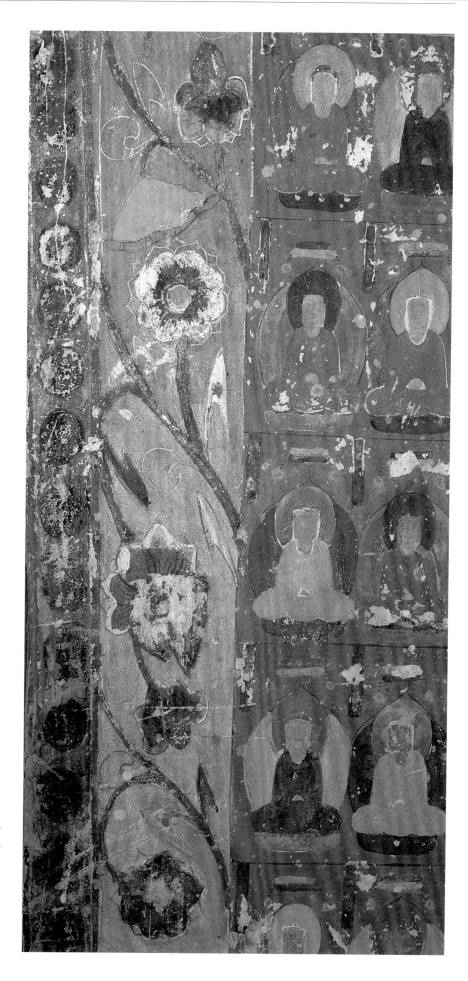

230 纏枝蓮荷紋龕柱

佛龕龕口兩側的龕柱，北朝時期均為泥
塑彩繪，隋代多為平面繪飾。此龕柱塗
綠地，繪金纏枝，枝上繪蓮花、荷葉、
摩尼寶，紋飾上的朱紅色多已脫落。但
仍可想見當年的色彩是多麼豔麗輝煌。

隋 莫404 西壁龕側

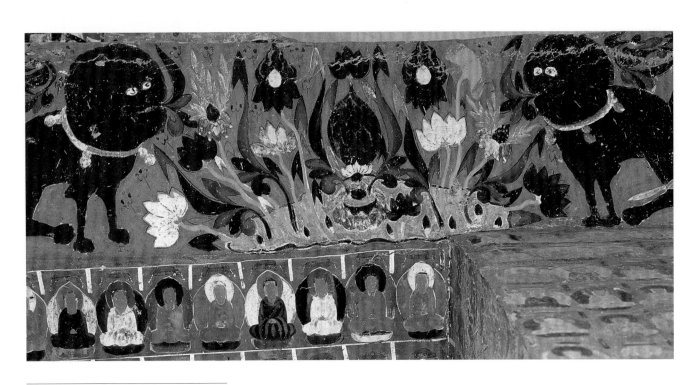

231 雙獅蓮花摩尼寶紋

一池碧水，中央是大蓮花摩尼寶，兩側
各有小蓮花摩尼寶和白蓮花，以及忍冬
葉和各色蓮花。左右有蹲獅守護。

隋 莫292 窟頂

232 雙獅蓮花摩尼寶紋

此紋是前圖的局部，蓮花中有摩尼寶。
紋飾勾綫流暢，色彩對比鮮明。摩尼即
"如意"，表示可隨願所求，是此時期
紋飾的重要內容之一。

隋 莫292 窟頂

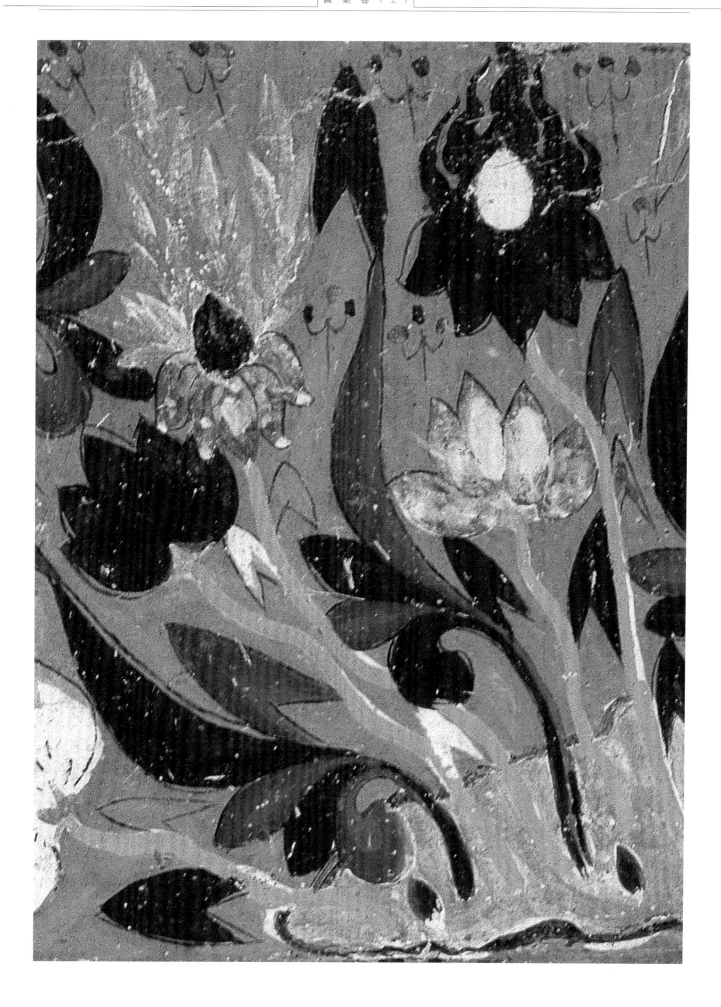

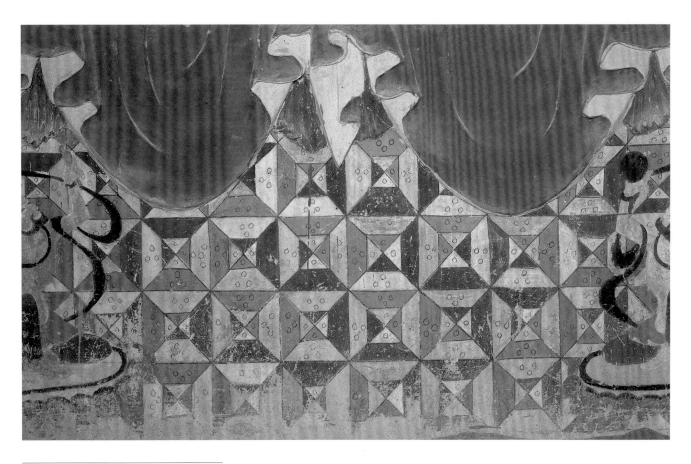

233　幾何紋佛座

佛座上繪幾何紋仿自犍陀羅雕刻。此圖
案構架為"回"字形四方連續，"回"
字形方格內交叉畫對角綫。四色相間塗
飾，由於佈色方位隨意，未能形成有序
的節奏。

隋一唐　莫380　西壁龕內

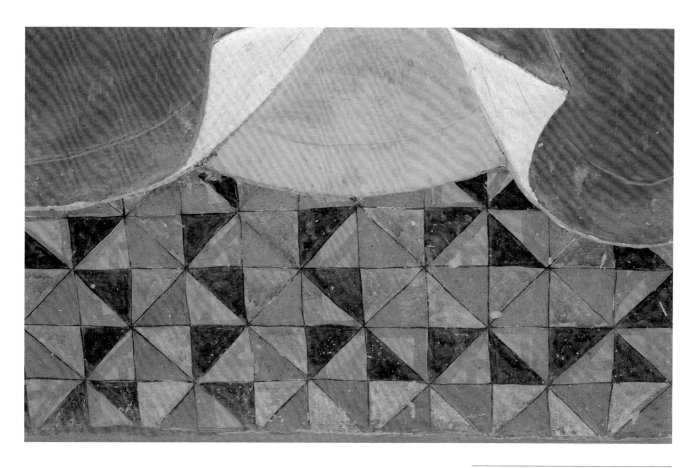

234 幾何紋佛座

佛座的圖案畫法是先畫網狀方格，在方格內交叉畫對角綫和"十"字，使方格變為相互制約的若干三角形，相間塗色。

隋 莫407 西壁龕內

圖版索引

敦煌石窟分佈圖

本全集所用洞窟簡稱：莫即莫高窟，榆即榆林窟，東即東千佛洞，西即西千佛洞，五即五個廟石窟。

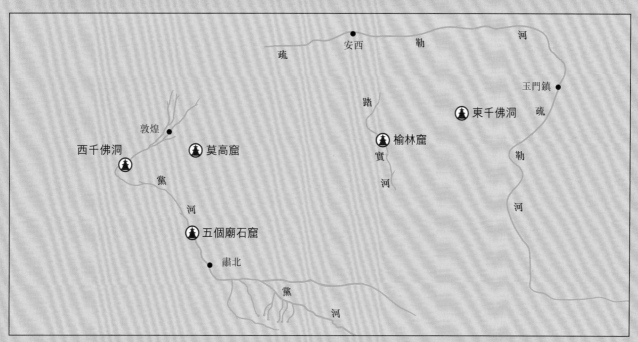

敦煌歷史年表

歷史時代	起止年代	統治王朝及年代	行政建置	備　注
漢	公元前 111 ～公元 219	西漢　公元前 111 ～公元 8 新　公元 9 ～ 23 東漢　公元 23 ～ 219	敦煌郡敦煌縣 敦德郡敦德亭 敦煌郡	公元前 111 年敦煌始設郡 公元 23 年隗囂反新莽；公元 25 年竇融據河西復敦煌郡名
三國	公元 220 ～ 265	曹魏　公元 220 ～ 265	敦煌郡	
西晉	公元 266 ～ 316	西晉　公元 266 ～ 316	敦煌郡	
十六國	公元 317 ～ 439	前涼　公元 317 ～ 376 前秦　公元 376 ～ 385 後涼　公元 386 ～ 400 西涼　公元 400 ～ 421 北涼　公元 421 ～ 439	沙州、敦煌郡 敦煌郡 敦煌郡 敦煌郡 敦煌郡	公元 336 年始置沙州； 公元 366 年敦煌莫高窟始建窟 公元 400 至 405 年為西涼國都
北朝	公元 439 ～ 581	北魏　公元 439 ～ 535 西魏　公元 535 ～ 557 北周　公元 557 ～ 581	沙州、敦煌鎮、 義州、瓜州 瓜州 沙州鳴沙縣	公元 444 年置鎮，公元 516 年 罷，為義州；公元 524 年復瓜州 公元 563 年改鳴沙縣，至北周末
隋	公元 581 ～ 618	隋　公元 581 ～ 618	瓜州敦煌郡	
唐	公元 619 ～ 781	唐　公元 619 ～ 781	沙州、敦煌郡	公元 622 年設西沙州，公元 633 年改沙州；公元 740 年改郡， 公元 758 年復為沙洲
吐蕃	公元 781 ～ 848	吐蕃　公元 781 ～ 848	沙州敦煌縣	
張氏歸義軍	公元 848 ～ 910	唐　公元 848 ～ 907	沙州敦煌縣	公元 907 年唐亡後，張氏 歸義軍仍奉唐正朔
西漢金山國	公元 910 ～ 914		國都	
曹氏歸義軍	公元 914 ～ 1036	後梁　公元 914 ～ 923 後唐　公元 923 ～ 936 後晉　公元 936 ～ 946 後漢　公元 947 ～ 950 後周　公元 951 ～ 960 宋　公元 960 ～ 1036	沙州敦煌縣 沙州敦煌縣 沙州敦煌縣 沙州敦煌縣 沙州敦煌縣 沙州敦煌縣	
西夏	公元 1036 ～ 1227	西夏　公元 1036 ～ 1227 蒙古　公元 1227 ～ 1271	沙州 沙州路	
蒙元	公元 1227 ～ 1402	元　公元 1271 ～ 1368 北元　公元 1368 ～ 1402	沙州路 沙州路	
明	公元 1402 ～ 1644	明　公元 1404 ～ 1524	沙州衛、罕東街	公元 1516 年吐魯番佔；公元 1524 年關閉嘉峪關後，敦煌凋零
清	公元 1644 ～ 1911	清　公元 1715 ～ 1911	敦煌縣	公元 1715 年清兵出嘉峪關收 復敦煌一帶，公元 1724 年 築城置縣

資料來源：史葦湘《敦煌歷史大事年表》等；製表：《敦煌石窟全集》編輯委員會（馬德執筆）